THE GREAT WESET

Die Deutsche Bibliothek verzeichnet diese Publikation in der Deutschen Nationalbibliografie; detaillierte bibliografische Daten sind im Internet unter https://portal.dnb.de abrufbar.

1. Auflage 2023, 2. Druck

www.the-great-weset.de

ISBN 978-3-948576-07-3

Printed in Germany

Ulrich Gausmann

WIRTSCHAFT UND FINANZEN NEU GEDACHT

Revolution der Menschlichkeit

massel

Anmut sparet nicht noch Mühe
Leidenschaft nicht noch Verstand
Daß ein gutes Deutschland blühe
Wie ein andres gutes Land.

Daß die Völker nicht erbleichen
Wie vor einer Räuberin
Sondern ihre Hände reichen
Uns wie andern Völkern hin.

Und nicht über und nicht unter
Andern Völkern wolln wir sein
Von der See bis zu den Alpen
Von der Oder bis zum Rhein.

Und weil wir dies Land verbessern
Lieben und beschirmen wir's
Und das Liebste mag's uns scheinen
So wie andern Völkern ihrs.

Bertolt Brecht
Kinderhymne 1950

Für meine Familie und unsere Kinder, immer und immer wieder.

Inhalt

I. WIRTSCHAFT

II. FINANZEN

III. ANHANG

»Was wir brauchen ist Nüchternheit:
einen Pessimismus des Verstandes,
einen Optimismus des Willens.«
(Antonio Gramsci)

Vorwort

Das vorliegende Buch wurde von einem Erlebnis, das sich im Frühjahr 2022 auf einem „Montagsspaziergang“ ereignete, ausgelöst, bei dem sich friedliche Handwerker, Lehrer, Ärzte und Therapeuten, Landwirte, besorgte Großmütter mit ihren Enkeln und viele andere trafen, um gegen die Maßnahmen der Bundesregierung im Zeichen des Virus zu demonstrieren. Besonders empörten viele die „Impfungen“ und der Plan, auch kleine Kinder damit zu bedrohen. Eingerahmt von Polizisten, von denen einige offensichtlich aus der näheren Umgebung stammten, stand man auf dem Marktplatz mit Kerzen, Protestschildern, einem Musikwagen.

Eine couragierte Großmutter löste sich aus der Gruppe und ging ruhig und zielgerade auf einen der bewaffneten Polizisten zu.

„Bist Du nicht Daniel?“, hörte ich sie fragen. Das uniformierte Gegenüber blieb stumm. „Aber klar!“, fuhr die ältere Dame bestimmt fort. „Du warst doch bei mir in der Grundschule. Dass Du Dich nicht schämst!“, empörte sich die Demonstrantin. „Geh sofort nach Hause!“ Der Polizist, offensichtlich verdutzt von seiner ehemaligen Lehrerin wie ein Schuljunge des Schulhofes verwiesen zu werden, tat erstaunlicherweise wie angeordnet – drehte sich wortlos um und verließ gehorsam den ihm zugewiesenen Standort.

Im Verlauf dieses Montagsspaziergangs kam ich mit der entschlossenen Dame ins Gespräch. Sie war sehr besorgt um die Gesundheit der Kinder und Enkel. Verzweifelt fragte sie mich, was man denn nun unternehmen solle, wen man um Rat und Hilfe fragen und mit wem man sich zusammentun könne.

Die Begegnung beschäftigte mich. Daraus entstand das Vorhaben, nach aktuellen Protestbewegungen, Initiativen und ihren Akteuren zu recherchieren und die Ergebnisse zu veröffentlichen, damit Menschen wie diese Dame Gleichgesinnte finden können, die ihnen konkret weiterhelfen und darüber hinaus eine neue Perspektive als Alternative zur bestehenden Agenda anbieten.

Sehr schnell zeigte sich aber nach den ersten Recherchen, dass ich mein Vorhaben gehörig unterschätzt hatte. Je mehr ich mit Aktiven sprach, Interviews führte, Internetseiten und Newsletter auswertete, Bücher las, desto umfangreicher wurde das Material. Daher konzentrierte ich mich vorerst auf das Thema „Wirtschaft und Finanzen“, weil ich hier die Hauptgründe für die aktuelle Situation vermutete.

Das Ergebnis dieser Arbeiten liegt nun vor. Im Mittelpunkt meines Buches stehen Interviews, die ich hauptsächlich 2022 mit Aktiven aus der Gegenbewegung führte. Insgesamt waren es über zwanzig Gespräche. Bei der Niederschrift der ausgewählten Beispiele stellte ich fest, dass die Menschen über ein erstaunliches Expertenwissen verfügten und der Angstmache mutig entgegentraten. Sehr klar konnten sie beschreiben, was sie nicht wollten. Eine gewisse Leerstelle bestand allerdings manchmal bei der Frage, wie es stattdessen weiter gehen soll. Zu diesem Zeitpunkt überraschte dies nicht, denn es war noch weitgehend unklar, was noch kommen würde, zumal sich die meisten Beteiligten erstmals politisch engagierten und noch auf keine selbst gemachten Erfahrungen zurückgreifen konnten.

Daher habe ich im Verlauf des Schreibens zusätzliche Literatur ausgewertet, deren Inhalt über die Beschreibung der aktuellen Zustände hinausgeht und versucht, die zugrundeliegenden Ursachen aufzuklären und grundsätzliche Lösungen aufzuzeigen.

Folgende Fragen bewegten mich besonders:

Was sind eigentlich die tieferliegenden Ursachen der ökonomischen Krisen des Kapitalismus? Wie soll gewirtschaftet werden und wie nicht? Was müsste demzufolge geändert werden, damit sich die Situation verbessern kann? Welche Probleme ergeben sich durch die Eigentumsfrage? Durch Privateigentum, Gemeinschaftseigentum oder Mischformen? Warum entstehen ständig neue Finanzkrisen? Wie müssen bessere Finanzsysteme der Zukunft aussehen? Gibt es Vorbilder und Beispiele, an denen wir uns orientieren können? Wie kann letztlich ein Leben in Frieden, Sicherheit und im Einklang mit der Natur in der Gesellschaft gelingen? Das vorliegende Buch will einen Beitrag zur Beantwortung dieser Fragen leisten. Ich hoffe, es ist mir ein wenig gelungen ist, Licht ins Dunkel zu bringen.

Die Konzentration auf die Bundesrepublik – von wenigen Ausnahmen abgesehen – liegt deshalb nahe, weil deutsche Leser sich wohl hauptsächlich für die Angelegenheiten im eigenen Land interessieren werden und hier ihren Wirkungskreis haben.

Ich habe mich um eine verständliche Ausdrucksweise bemüht und um die Verwendung der deutschen Sprache, mit der wir alles ausdrücken können, was wir wollen, damit das Buch von möglichst vielen gelesen wie auch verstanden werden kann und eine weitere Verbreitung finden möge. Fach- und fremdsprachliche Begriffe sind wo möglich durch deutsche ersetzt oder erläutert.

Dieses Buch ist journalistisch, nicht wissenschaftlich angelegt. Und es nimmt Partei für eine demokratische, soziale und solidarische Gesellschaft und richtet sich gegen neoliberale Grundhaltungen. Insofern ist dieses Buch parteilich. Es wurde versucht, Meinungen so darzubieten, dass sie nach einer kritischen Überprüfung auch demjenigen Leser Anregungen vermitteln, der meine Interpretationen nicht teilt. Aktuell ist die Situation noch zu unübersichtlich, als dass man alle wichtigen Aspekte, obwohl interessant und notwendig, ausreichend fundiert beurteilen kann. Stattdessen bietet das Buch eine subjektive Auswahl unterschiedlicher Konzeptionen an, die gegenwärtig in der Diskussion sind. Allenfalls handelt es sich hier um vorläufige, erste Einschätzungen, mehr nicht. Es geht mir neben mutmachenden Beispielen vor allem auch um die Richtung der Entwicklung. Hinweise zur Fortführung des Buches sind dem Verlag und mir willkommen.

Im Frühjahr 2023 wurde das Manuskript weitgehend abgeschlossen. Die Dynamik der Entwicklungen bringt es mit sich, dass die Darstellungen daher nicht tagesaktuell sein können und auch nicht sein müssen.

Das Buch ist gedacht für

- Menschen, die sich große Sorgen um ihr zukünftiges Leben machen
- Menschen, die nach Helfergemeinschaften suchen
- Menschen, die einen neuen Wirkungskreis suchen und eine beruflich erfüllende Arbeit mit Wert und Sinn verbinden möchten
- Menschen, die Angst um ihr Erspartes haben
- Menschen, die schon aktiv Gemeinschaften, die sich mit den Themen Arbeit, Wohnen, Finanzen, Energie, Ernährung und sozialer Zusammenhalt beschäftigten, aufbauen und nach weiteren Gleichgesinnten suchen
- Menschen, die sich eine Hinwendung zu einem irdischen Leben jenseits des bestehenden Geld- und Profitsystems wünschen
- Menschen, die wissen möchten, was die tatsächlichen Gründe für den gesellschaftlichen Zusammenbruch sind
- Menschen, die vielleicht zu keiner dieser Gruppen gehören und dennoch Betroffene sind
- Menschen, die Mut und Unterstützung brauchen und das Gefühl, dass sie nicht allein, sondern dass wir viele sind.

Gespräche mit Lesern des Manuskripts zeigten, dass es ein zunehmendes Bedürfnis nach einer tiefergehenden Beschäftigung mit den Themen dieser Veröffentlichung gibt. Daher habe ich mich entschlossen, Vorträge und Work-Shops dazu anzubieten. Bitte wenden Sie sich bei Interesse an folgende E-Mail-Adresse, um Kontakt aufzunehmen: revolutiondermenschlichkeit@posteo.de.

Das Buch gliedert sich in zwei große Teile:

Im ersten Teil geht es um alternative Produktionsweisen bei der Herstellung und Verteilung von Waren und Dienstleistungen für Grundbedürfnisse. Hier hat sich seit 2020, zum Teil auch schon erheblich früher, erstaunlich viel mit einem großen Spektrum etabliert. Von sehr beachtenswerten Initiativen im Umfeld der Sozialen Dreigliederung und der Gemeinwohlökonomie, der regionalen Energie- und Lebensmittelversorgung ist ebenso zu berichten wie von Initiativen aus dem unternehmerischen Mittelstand und den Gewerkschaften. Eingebettet wird dieses in Erläuterungen grundsätzlicher Art.

Der zweite Teil behandelt das Geld und das Finanzwesen.

Er widmet sich zuerst dem Hauptproblem: der Erschaffung des Geldes aus dem Nichts als Schuldgeld und dem Problem des Zinses. Silvio Gesell und das *Wunder von Wörgl* sollte jeder kennen, der die Schwierigkeiten des bestehenden Geldsystems verstehen möchte. Tauschringe und „Umsonst-Gemeinschaften“, die ohne Geld auskommen, sind inzwischen weit verbreitet. Dazu gehören auch Helfergemeinschaften, die erst vor wenigen Jahren gegründet wurden. Geld als Tauschmittel wird durch eigene Tauschmittel ersetzt und als Zahlungsmittel für den Handel mit Produkten, vornehmlich auf lokaler und regionaler Ebene, verwendet. Ferner werden alternative Geldsysteme und Komplementärwährungen vorgestellt, von denen weltweit immerhin etwa 10.000 verschiedene Versionen existieren bei etwa 200 nationalen Währungen.

Am Ende des Buches leitet ein Abschnitt über die Möglichkeiten von digitaler Planung und radikaler Demokratie in den letzten Themenkomplex ein. Die Bedeutung des Internets als Möglichkeit, sich weltweit zeitgleich Informationen zu beschaffen und sich zu vernetzen, kann den Boden für radikale Veränderungen bilden. Nationale Grenzen sind nun kein Hindernis mehr. Der vieldiskutierte „Öko-Sozialismus“ wird am Beispiel eines „Kompasses für eine Nachhaltigkeitsrevolution“ behandelt und daran anschließend die Frage erörtert, wohin die weltweiten Proteste führen und wie der Kampf um die Meinungsführerschaft („Hegemonie“ bei Gramsci) geführt wird. Wir enden mit Überlegungen, wer der soziale Träger einer „Revolution von unten“ sein kann.

Im Anhang finden Sie eine kommentierte Auswahl von Internetseiten, auf denen weiterführende Informationen zu Themen dieses Buches zu finden sind. Dazu zählen auch eine Auswahl von Texten, die zum weiteren Verständnis beitragen sollen. „Lesenswerte Bücher“ ermöglichen bei Interesse das weitere Selbststudium.

Wohin wird die Reise gehen? Ein vor dem Zusammenbruch stehendes Wirtschafts- und Finanzsystem; eine Politik, die erneut mit einem „Ausnahmezustand“ im Zeichen der Virus-Seuche droht und die Menschen unter dem Vorwand, den Klimawandel zu bekämpfen, in C40-Städten in unsichtbare Ketten legen will; eine (KI-)Technologie, die die Lebens- und Arbeitsverhältnisse auf den Kopf stellt oder eine Weltpolitik, in der der Frieden auf Messers Schneide steht … Dies alles wirkt mehr als beunruhigend.

Woher kommt die Rettung?

1871 schrieb der französische Transportarbeiter Eugène Pottier aus seinen persönlichen Erfahrungen der Pariser Kommune, an der er aktiv beteiligt war, eine weltbekannte Hymne, in der es heißt:

> *„Es rettet uns kein hö’hres Wesen, kein Gott, kein Kaiser, noch Tribun. Uns aus dem Elend zu erlösen, können wir nur selber tun!“*

Diese Zeilen werden öffentlich, zumindest in Deutschland, nicht häufig gesungen, viele werden sie überhaupt nicht kennen. Umso bemerkenswerter ist es zu sehen, wie viele in diesem Sinne begonnen haben, ihre Angelegenheiten in die eigenen Hände zu nehmen, angetrieben von Wut und Empörung, getragen vom zähen Willen des Widerstands der Vielen in aller Welt und inspiriert von dem Geschenk eines Lebens in wahrhaftiger Menschlichkeit.

Leonhard Frank, der vielleicht beste deutsche Schriftsteller des 20. Jahrhunderts, bemerkte einmal, dass es für den Menschen spreche, dass er unter einer Wirtschaftsordnung extremster Ungleichheit so menschlich ist, wie er ist.

Wird also die Konterrevolution von oben mit einer Revolution von ganz unten beantwortet werden – eine Revolution für die Gesundheit, die irdische Existenz, ja für das Leben selbst?

Wir nehmen teil an einer Revolution der Menschlichkeit, die vermutlich schon längst begonnen hat.

Ulrich Gausmann, im Oktober 2023

I. WIRTSCHAFT

1. Die Krise hat System

Unsere Welt hat sich in den letzten 15-20 Jahren, vor allem seit der globalen Finanz- und Wirtschaftskrise 2007/2008 stark verändert: die kapitalistische Weltökonomie, wesentlich beherrscht und gesteuert von der Finanzökonomie, der Aufstieg der Digitalisierungskonzerne[1], die sich ständig weiter aufblähten und miteinander verflochten, die rasante Zunahme der Militarisierung, die damit verbundene gigantische Aufblähung der Rüstungsetats und die Kriege um die Vorherrschaft der US-Hegemonie in der Welt. Sie veränderten schon seit 1990/1991 die riskanten politischen und wirtschaftlichen Rahmenbedingungen ins Globale. Und das Risiko einer offenen militärischen Auseinandersetzung droht bis hin zur Gefahr eines atomaren Krieges zu eskalieren. Die Ereignisse der Jahre ab 2020 haben alles noch einmal zusätzlich eskaliert. In weiten Teilen ist die Welt vollständig aus der Balance gebracht worden. Und sie organisiert sich auf globaler Ebene neu. Die Welt: ein Trümmerhaufen als Aussichtsturm[2] einer gründlich veränderten Welt. Hat die Krise System?

Einen strategischen Schlag gegen die Energieversorgung Deutschlands und damit den vorläufigen Höhepunkt einer De-Industrialisierung bedeutete die Sprengung der Erdgas-Pipeline

1 Shoshana Zuboff, *Das Zeitalter des Überwachungskapitalismus*, Frankfurt/New York 2018

2 Erschienen nach dem Zusammenbruch der Sowjetunion: *Der Trümmerhaufen als Aussichtsturm. Historische, aktuelle und perspektivische Vermessungen einer gründlich veränderten Situation*, Marburg 1991

Nord Stream 2 am 26.09.2022 in der Ostsee. Mit einer weltweit aufsehenerregenden Analyse informierte der US-Journalist Seymour Hersh die Weltöffentlichkeit über die Hintergründe des Anschlags und fragte danach, inwiefern der deutsche Bundeskanzler Scholz darüber (vorher) informiert gewesen sei. Nach Quellen von Hersh sei der Anschlag von der US-Regierung angeordnet worden. Zwar hätte es bald nach der Tat in Regierungskreisen „Entsetzen" und „Zorn über die Operation" gegeben. Dort sei man zu der Auffassung gelangt, US-Präsident Joe Biden habe, um „seine kurzfristigen politischen Ziele" zu realisieren, entschieden, im Zweifelsfall „Deutschland frieren [zu] lassen". Bidens Ziel sei es gewesen, urteilt Hersh, durch die Sprengung der Pipelines in einer Phase, in der „der Krieg für den Westen nicht gut lief", zu verhindern, dass Berlin seine militärische Unterstützung für Kiew[3] reduziere, um „die Pipeline wieder in Betrieb" zu nehmen. Mit Blick auf Bidens Ankündigung vom 7. Februar 2022 bei einer gemeinsamen Pressekonferenz mit Scholz[4] äußert Hersh, wenn er „eine parlamentarische Anhörung leiten" würde, würde er den Kanzler fragen: „Hat Joe Biden Ihnen davon erzählt?" Biden „plaudert gern", berichtet Hersh.[5]

Eine parlamentarische Untersuchung zu dem Anschlag ist in Berlin freilich nicht in Sicht.

> *„Wie Hersh in einer aktuellen Recherche unter Berufung auf eine Quelle ‚mit direkter Kenntnis von der Operationsplanung' berichtet, begann die US-Administration bereits Ende 2021, die Zerstörung der politisch unerwünschten Pipelines zu planen. Realisiert wurde der Anschlag demnach mit Hilfe der norwegischen Marine, die bei*

---

3 Zum Hintergrund liefert Thomas Röper in zwei Büchern eine große Anzahl von Fakten: *Das Ukraine-Kartell*, Gelnhausen 2023; *Die Ukraine-Krise. 2014 bis zur Eskalation. Wie der neue Kalte Krieg begann*, Gelnhausen 2022; sowie: Wolfgang Gehrcke/Christiane Reimann (Hg.), *Ein willkommener Krieg? NATO, Russland und die Ukraine*, Köln 2022

4 https://www.bundesregierung.de/breg-de/aktuelles/pressekonferenz-von-bundeskanzler-scholz-und-dem-praesidenten-der-vereinigten-staaten-von-amerika-biden-am-7-februar-2022-in-washington-2003648

5 https://www.german-foreign-policy.com/news/detail/9166

der Auswahl des Tatorts wie auch beim Anbringen der Sprengsätze an den Pipelines behilflich war. Letzteres, so schreibt Hersh, wurde im Juni 2022 während des alljährlich durchgeführten BALTOPS-Marinemanövers vollzogen. Hersh ist für seine investigativen Recherchen bekannt, seit er im Jahr 1969 gegen starke Widerstände das Massaker von My Lai öffentlich machte, bei dem US-Militärs mehr als 500 vietnamesische Zivilisten ermordeten. Deutsche Leitmedien befassen sich vorwiegend damit, Hersh unter Berufung auf Bundeswehr-Experten angebliche ‚Ungereimtheiten' vorzuwerfen sowie die banale Behauptung der US-Administration zu rechtfertigen, diese habe mit dem Anschlag nichts zu tun."[6]

Selbst die einflussreiche US-amerikanische *RAND Corporation*[7] ist inzwischen wohl der Meinung, dass sich ein langer Krieg für die USA in der Ukraine nicht lohnen würde[8]. Faktisch ist die NATO im Krieg gegen Russland, denn in der Ukraine kämpfen mittlerweile viele Söldner aus Westeuropa. Wie das organisiert wird, hat ein österreichischer Offizier in einer Podiumsdiskussion bei einer Veranstaltung der *Diplomatischen Akademie Wien* mit dem Titel *Der Ukrainekrieg und die neue globale Machtstruktur* am 27.01.2023 erklärt:

„Sie brauchen keine NATO-Soldaten in die Ukraine schicken. Ich ziehe meine Uniform aus, unterschreibe einen Vertrag und gehe in die Ukraine. Ich bin kein Angehöriger der österreichischen Streitkräfte mehr, sondern Vertragsbediensteter. Das ist die Lösung, die wir sehen. Was man daraus schließen kann, ist, dass sich eine hohe Anzahl von Söldnern in der Ukraine befinden, aber nicht von NATO-Soldaten."[9]

---

6 Der Originaltext ist hier zu finden: Seymour Hersh, *How America Took Out The Nord Stream Pipeline*, seymourhersh.substack.com 08.02.2023; automatisiert übersetzt zu finden auf den *NachDenkSeiten* unter: https://www.nachdenkseiten.de/?p=93548

7 Eine sehr einflussreiche Denkfabrik in den USA

8 https://www.rand.org/pubs/perspectives/PEA2510-1.html

9 Der vollständige Mitschnitt der Veranstaltung ist hier zu sehen: https://www.youtube.com/watch?v=wSGwroV8W6g

Wie immer sich die Kriegsgeschehnisse auch entwickeln werden: Man muss beim Ukraine-Krieg wohl von einem Stellvertreterkrieg der USA gegen Russland und gegen China sprechen mit dem Ziel, „ein für alle Mal" die Welt unter die Kontrolle und Herrschaft einer kleinen, ultrareichen und exzellent vernetzten globalen Elite zu bringen. Das ist die eine Seite. Die andere ist, dass die weltweiten Revolten und Aufstände seit Jahren nicht zur Ruhe kommen. Sie reißen nicht ab, und sie werden weiter zunehmen. Seit dem Ende des Finanzcasinos 2008, das seinen vorläufigen Höhepunkt mit dem Zusammenbruch des Bankhauses *Lehman* fand, nimmt der weltweite Widerstand kein Ende. Er zeigt sich im *Arabischen Frühling*, bei der *Occupy-Wall-Street*-Bewegung, bei den *Gelbwesten* in Frankreich, den Protesten gegen den weltweiten Belagerungszustand der Oligarchien gegenüber den Bevölkerungen im Zeichen der „Virus-Seuche". Mit allen verfügbaren Mitteln soll die Opposition niedergehalten werden, denn das Weltfinanzsystem, das den globalen Kapitalismus anführt, kämpft um seine Zukunft.

Wir wollen uns im Folgenden vor allem denjenigen Beispielen zuwenden, die Widerstand gegen die Zumutungen des Kapitalismus leisten und andere Wege suchen, die ein menschlich besseres Leben ermöglichen. Dabei ist die Zusammensetzung der Widerstandsbewegung so bunt und vielfältig wie auch die Alternativkonzepte, die am Markt sind. Einige sind nicht neueren Datums, sondern existieren schon erfolgreich seit vielen Jahren. Die weltanschaulichen und praktischen Vorstellungen zur Erhöhung der Wirksamkeit des Widerstands der Corona-Maßnahmenkritiker sind nicht einheitlich. Auch der Widerstand selbst ist in sich sehr heterogen.

Im Laufe unserer Recherchen haben wir viele regionale, ja sogar internationale Lösungsansätze gefunden und beschrieben, die existentielle Bereiche betreffen. Dabei haben wir festgestellt, dass es weder ein Zentrum etwa um eine charismatische Persönlichkeit noch um ein „ideologisches Zentrum" gibt, obwohl sich einzelne herausragende Persönlichkeiten gezeigt haben. Manche halten diese „Führungslosigkeit" für eine Schwäche, weil dadurch der Widerstand nicht genügend konzentriert werden könne. Hier kann man aus zwei Gründen auch anderer Meinung sein: Zum einen ist man eher davor geschützt, „fremden Göttern" zu folgen und das eigene Nachdenken einzustellen, wenn es keine „Zentrale" und keinen politischen Führer gibt. Und zum anderen kann die Gegenbewegung nicht so leicht zerstört werden, indem man ihre Führer erfolgreich bekämpft oder – wie im Fall von Michael Ballweg – ohne stichhaltige Gründe monatelang in politische Haft nimmt[10].

Die Wege und Methoden sind so vielfältig wie die Menschen, die sich engagieren, wenngleich auch einige gar nicht auf die Änderung der politischen Verhältnisse im weiteren Sinne aus sind. In den letzten Jahren verbreitet sich mit zunehmender Geschwindigkeit bei mehr und mehr Menschen die Einsicht, dass es vor allem wirtschaftlich nicht so weitergehen kann wie bisher, und dass alles irgendetwas mit den Auswüchsen „der Wirtschaft" zu tun haben könnte. Wir werden die Gesellschaft, über die wir hier sprechen, als das bezeichnen, was sie ist: als kapitalistische Gesellschaft oder Kapitalismus.[11]

In einer Minderheit der Bevölkerung wird über die Überwindung der wirtschaftlichen Produktionsweise des Kapitalismus und der daraus resultierenden Befreiung der Gesellschaft diskutiert, werden Vorschläge gemacht, wie es anders gehen könnte. Ob diese

---

10 Vgl. Alexander Christ, *Corona-Staat. Wo Recht zu Unrecht wird, wird Menschlichkeit zur Pflicht*, München 2022

11 „Kapitalismus ist eine Funktionsweise von Gesellschaften, die auf dem Privatvermögen an den wichtigsten Produktions- und Zirkulationsmitteln sowie an den Mitteln für die Erbringung von Dienstleistungen, die auf der Erzielung von Gewinn und der Vermehrung (Akkumulation) der hierfür eingesetzten Mittel, die als Kapital bezeichnet werden, durch Herstellung, Kauf und Verkauf von Waren oder die Erbringung und den Verkauf von Dienstleistungen beruhen. Sie werden im Folgenden als kapitalistische Gesellschaften bezeichnet." Georg Fülberth, *G Strich – Kleine Geschichte des Kapitalismus*, 7. Auflage, Köln 2021, S. 12; „Gesellschaft ist das Zusammenwirken von Menschen 1. zur Sicherung ihres Lebensunterhalts, 2. zum Unterhalt der noch nicht oder nicht mehr zur Sicherung des Lebensunterhalts befähigten Generationen und 3. zur Reproduktion und Sicherung ihrer territorialen Lebensvoraussetzungen." Ebenda

mehrheitsfähig werden können, lässt sich aktuell nicht absehen. Sie stellen aber eine wichtige intellektuelle und praktische Bereicherung dar, wenn über ein radikal „anderes Leben" diskutiert wird.

Der Ausgang der gesellschaftlichen Auseinandersetzung ist unklar und ungewiss. Es ist denkbar, dass es zu einer Etablierung von „zwei Welten" kommt, in deren Zentrum die Herrschaft über die universelle Währung steht: die Daten. Wer diese hat, besitzt die Kontrolle. Die „Pandemie" war nötig, um die „Impfung" durchzusetzen. Die „Impfung" war nötig, um die digitale ID durchzusetzen. Die digitale ID wird dazu genutzt, eine Datenbank mit biometrischen Daten aufzubauen. Die biometrischen Daten sind Grundlage für das digitale Zentralbankgeld. Das digitale Zentralbankgeld ermöglicht eine absolute Kontrolle über jeden Aspekt unseres Lebens, wie wir sie noch nie erlebt haben.

Dieser digitalen weltweiten Kontrollgesellschaft mit digitalem Zentralbankgeld steht eine Gegen-Welt gegenüber, die im Moment noch klein ist, aber eine erstaunliche Wachstumskurve aufweist. Das alles steht allerdings unter dem Friedensvorbehalt. Kommt es zu einem großen Krieg, weiß heute niemand, wo das enden wird. Der politische Journalist Ulli Gellermann kommentiert: „Der deutsche Tod wird atomar sein"[12].

Das vorliegende Kapitel hat eine längere Entstehungsgeschichte. Begonnen wurde es Anfang 2022, als auch auf Demonstrationen zunehmend Rat suchende Menschen die Frage bewegte, wie man denn „alternativ" handeln könne. Die staatlichen Corona-Maßnahmen brachten die Menschen, die aufgeklärt waren, schon frühzeitig dazu, sich anders zu organisieren. Es ging zunächst darum, sich mit anderen zusammenzutun, um die Lebensmittel- und Energieversorgung sicherzustellen. Schnell wurde klar, dass man eine andere

12 Ulli Gellermann, *Der deutsche Tod wird atomar sein. Ausweitung des Ukraine-Kriegs nach Deutschland?* Rationalgalerie 24.09.23; https://www.rationalgalerie.de/home/der-deutsche-tod-wird-atomar-sein

Art der Produktion bräuchte, vor allem regional, eine andere Art des Konsums, des Zusammenlebens und auch des Geldes. Überall im Land entstanden neue Initiativen oder man kam auf bereits bestehende Projekte zurück.

Also entstand die Idee, diese exemplarisch darzustellen und zu verbreiten. Es zeigte sich aber im Laufe des Schreibens, dass immer wieder ein zentraler Punkt in den Fokus geriet. Über den aktuellen Anlass hinaus gab es zunehmend Bedarf nach einer grundsätzlichen Gesellschaftskritik. Lösungen waren gefragt.

Viele gehen zunächst den Weg des konkreten Widerstands und des Überlebens für sich und die Nächsten. Nach einem weiteren Jahr kann man jetzt, im Jahr 2023, sagen, dass sich anfängliche zarte Versuche inzwischen etabliert haben, Nachahmer finden und erste größere Vernetzungen der Initiativen untereinander zu sehen sind.

Die Zuspitzung der Krise für die Bundesrepublik infolge der Sanktionspolitik gegen Russland und die drohende Einführung von digitalem Zentralbankgeld führt dazu, dass man sich letztlich der Frage stellen muss, warum das Geld und der Kreislauf von Geld, Ware und Mehrgeld[13] nicht den Menschen dient, die es erarbeiten, und ob die Eigentumsverhältnisse ein grundsätzliches Hindernis darstellen. Vom Ende des Kapitalismus ist nun die Rede – aber was ist seine Alternative?

Um diese Fragen zu beantworten, ist es sinnvoll und nützlich, dass wir uns zu Beginn mit einigen aktuellen Veröffentlichungen beschäftigen, die den gesellschaftlichen Diskurs prägen und dazu Überlegungen anstellen. Anschließend werden alternative Konzepte und Projekte von unterschiedlichen Initiativen vorgestellt. Welchen von diesen man sich anschließt oder auch nicht, bleibt dem Leser selbst überlassen. Auf jeden Fall sollte er sie für eine fundierte Entscheidung kennen.

---

13 Marx verwendet die Formel G – W – G, also: Geld – Ware – Mehrgeld

Beginnen wir mit Grundsätzlichem aus der Entstehungszeit des industriellen Kapitalismus. Thomas Dunning, ein englischer Schuhmacher, der um 1840 die Proteste seiner Handwerkskollegen gegen die Einführung von industriellen Fertigungsmethoden in der Branche im Nordwesten Englands organisierte, fasste seine Erfahrungen in folgende Sätze:

> *„Das Kapital hat einen Horror vor Abwesenheit von Profit oder sehr kleinem Profit. Mit entsprechendem Profit wird Kapital kühn. Zehn Prozent sicher, und man kann es überall anwenden. 20 Prozent, es wird lebhaft; 50 Prozent, positiv waghalsig; für 100 Prozent stampft es alle menschlichen Gesetze unter seinen Fuß; 300 Prozent, und existiert kein Verbrechen, das es nicht riskiert, selbst auf die Gefahr des Galgens."*[14]

Einen Gedanken von Karl Marx fortführend, der den Kapitalismus „aus allen Poren blut- und schmutztriefend zur Welt gekommen" sah, hat dies Rosa Luxemburg zu der Bemerkung veranlasst, dass neben dem „friedlichen Wettbewerb" und dem Warenaustausch die andere Seite der Kapitalakkumulation die sei, bei der „ganz unverhüllt und offen Gewalt, Betrug, Bedrückung und Plünderung zutage getreten" und unter „diesem Wust der politischen Gewaltakte und Kraftproben", der kolonialen Zugriffe und Kriege „die strengen Gesetze des ökonomischen Prozesses aufzufinden"[15] seien.

Heute, etwa 180 Jahre nach dem Auftreten des englischen Schuhmachers, hat der Industriekapitalismus mächtige weitere Kinder

---

14 Marx bezieht sich in einer Übersetzung auf eine Textpassage des englischen Gewerkschaftsfunktionärs T. J. Dunning und gibt sie im 1. Band des *Kapitals* wieder. Hier zitiert nach: Werner Biermann/Arno Klönne, *Kapital-Verbrechen. Zur Kriminalgeschichte des Kapitalismus*, Köln 2005, S. 10; dort auch weitere Literaturhinweise; aktuell: Sven Beckert, *King Cotton. Eine Geschichte des globalen Kapitalismus*, 2. und 3. Auflage, München 2015; für die Liebhaber von Belletristik: Upton Sinclair, *Gesammelte Werke in Einzelausausgaben. 14 Bände und 8 Ergänzungsbände*, Malik Verlag, Berlin und Prag, erschienen 1925-1938, antiquarisch erhältlich.

15 Biermann/Klönne, a. a. O., S. 7

geboren: das Finanzkapital, die Digitalkonzerne, Konzerne der Biotechnologie- und Pharmaindustrie und hat sich weltweit fast alle einflussreichen Medien untertänig gemacht. Letztlich sind diese die Profiteure von kriegerischen Auseinandersetzungen, und anders als im 19. Jahrhundert kommt eine Ware ins Spiel, an der der digital-finanzielle Komplex außerordentlich interessiert ist: Information, Daten. Wer sie besitzt und beherrscht, dominiert das Leben von Milliarden von Menschen.

Arno Klönne charakterisierte schon 2003 den Kern der kapitalistischen Wirtschaftsweise folgendermaßen:

> *„Eine Grundregel der kapitalistischen Wirtschaftsweise ist, die menschliche Arbeitskraft als Mittel für die Schaffung von Profit einzusetzen. Das von persönlichen Banden gelöste Arbeitsverhältnis macht den Arbeiter zu einem Produktionsfaktor in einem Prozess, bei dem Geld über Warenproduktion in Mehrgeld verwandelt wird, das nach Abzug aller dabei entstehenden Kosten den Profit bildet. Die Höhe der Profitrate, also des Profits im Verhältnis zum eingesetzten Kapital, ist maßgeblich von den Verhältnissen in der Produktion abhängig, daher der Drang, die Lohnkosten zu senken und die Produktivität steigernde Maßnahmen zu treffen. So wird der prinzipiell a-soziale Charakter der kapitalistischen Wirtschaftsweise verständlich, deren humanes Gesicht, etwa in der Ära des Wohlfahrtsstaates, immer nur das Ergebnis gesellschaftlicher Auseinandersetzungen sein kann.“*[16]

Daran hat sich grundsätzlich nichts geändert. Die Monopolisierung dieser Macht und die Instrumentalisierung des kapitalistischen Staates in weltweit agierenden Organisationen, die diese Interessen abzusichern haben, ist eine Entwicklung des 21. Jahrhunderts. Der Staat ist also nichts Neutrales, sondern seine Aufgabe ist es – neben der inneren Organisation des Gemeinwesens –, die Profitinteressen

---

16 Biermann/Klönne, a. a. O., S. 15 f.

gegen den Widerstand Lohnabhängiger und anderer Gegner zu schützen. Und das weltweit. Der Staat ist nicht das Volk und das Volk ist nicht der Staat. Und so ist die Profitrate auch ein Ergebnis von neoliberaler[17] Politik, die staatlich organisiert wird.

Karl Marx begann *Das Kapital* mit dem folgenden Satz: „Der Reichtum der Gesellschaften, in welchen kapitalistische Produktionsweise herrscht, erscheint als eine ‚ungeheure Warensammlung', die einzelne Ware als seine Elementarform."

Alles ist käuflich, die Rendite steht im Mittelpunkt, deren Maximierung ist der Endzweck aller Verwertung auf dem Markt. Und wer kein Geld hat, muss sehen, wo er bleibt. Davon bleibt kein Bereich des menschlichen Lebens und der Natur verschont.

Mit seiner Warenproduktion und dem Zwang, diese immer mehr auszuweiten und durchzusetzen, produziert der Kapitalismus zugleich seine permanenten Krisen. Aus dem Industriekapitalismus des 19. Jahrhunderts erwuchs der Zwang immer mehr zu produzieren, zur Akkumulation. Der Begriff kommt aus dem lateinischen „cumulus" und heißt Haufen. Aus einem kleinen Haufen wird ein immer größerer Haufen, aus Geld wird immer mehr Geld akkumuliert. In der Folge können diese Überakkumulationen nur zum Teil reinvestiert werden und suchen sich den Weg in die globale Welt und vor allem auch in die Finanzmärkte seit Beginn dieses Jahrhunderts. Das führt zu weiteren permanenten Krisen und neuen Gefahren. Viele Menschen wehren sich gegen diese Auswüchse. Das zunehmend labilere Wirtschafts- und Finanzsystem musste auch deshalb „stabilisiert" werden, aber auch um die eigenen Verwertungsbedingungen auf eine neue Stufe zu stellen. Der Staat half dabei kräftig mit und pumpte Milliarden „in die Märkte". Die Eliten hatten aus der Beinahe-Katastrophe – die letzte war in den Jahren 2008/2009

17 Als neoliberal bezeichnet man aktuell eine Politik, die vor allem auf Privatisierung von öffentlichen Dienstleistungen und Deregulierung (Abbau von staatlichen Regulierungen) gekennzeichnet ist.

– Schlussfolgerungen gezogen, und die Investitionsstrategien wurden verändert. Die bisherigen Finanzstrategien, über die Börsen mit kurzfristigem „Trading“[18] dem Treiben der Hedge-Fonds und einem, vor allem in den USA, spekulativ aufgeblähten Immobilienmarkt Gewinne zu realisieren, wurde geändert. Zugleich, so Werner Rügemer, „stagnieren die Volkswirtschaften in der ‚westlichen Wertegemeinschaft‘, und zwar systemisch und dauerhaft. Nicht nur Unternehmen, auch die Staaten investieren immer weniger und sind zugleich immer höher verschuldet“[19]. Von einem „Investitionsstreik in Europa“ war die Rede. Aber: „Bestimmte Investoren“, so Rügemer weiter, „haben nämlich sehr viel Vertrauen in die Zukunft. Seit der Finanzkrise, die nicht die ihre war, investieren sie noch mehr, in aller Stille und Konsequenz. Sie haben aber gar nicht die Absicht, zusätzliche Arbeitsplätze zu schaffen und das volkswirtschaftliche Wachstum zu beflügeln. Im Gegenteil, sie nutzen die Stagnation und fördern selektives Wachstum.“[20]

In diesem Zusammenhang schlug die große Stunde von *BlackRock & Co.*[21], dem aufgrund seiner weltweiten systematischen Direkt-Investitionen in Unternehmen mächtigsten US-amerikanischen Finanzinvestor. Dabei ist *BlackRock* nur die Spitze des neokapitalistischen Blocks[22], dessen verzweigte Strukturen weitgehend verborgen werden. Schon in den 1980er Jahren wurden unter der Präsidentschaft von Clinton die Finanzmärkte dereguliert, das bedeutet, dass neue Finanzprodukte erlaubt wurden, die es bisher noch nicht gab.

---

18 Darunter versteht man den ständigen Kauf und Verkauf von Wertpapieren mit dem Ziel, durch kurzfristige Kursschwankungen Gewinne zu erzielen.

19 Werner Rügemer, *Die Kapitalisten des 21. Jahrhunderts. Gemeinverständlicher Abriss zum Aufstieg der neuen Finanzakteure*, Köln 2018, S. 12 f.

20 A. a. O., S. 13 f.

21 Dazu ausführlich: Werner Rügemer, *Blackrock & Co. enteignen! Auf den Spuren einer unbekannten Weltmacht*, Frankfurt am Main 2023

22 „Die nächstgrößeren Kapitalorganisationen dieser neuen Art heißen *Vanguard, State Street, Capital Group, Amundi, Wellington, Fidelity, T. Rowe Price, Northern Trust, Norges, Baillie Gifford, Geode Capital, Dimensional Fund, Massachusetts Financial, Harris Associates, Temasek und Qatar Holdings.*“ A. a. O., S. 25 f.

So begann der *BlackRock*-Gründer Lawrence („Larry") Fink schon in den „1980er Jahren mit der Bündelung und dem Verkauf von individuellen Hypothekenkrediten (für den Kauf von Eigentumswohnungen und Eigenheimen) an Banken und die Verwandlung in handelbare Wertpapiere."[23] Auch nach der Finanzkrise 2008 unterlagen *BlackRock & Co.* nicht den bisherigen und neuen Bank-Regulierungen. Im Gegenteil: Unter US-Präsident Obama wurde *BlackRock* der Berater der US-Zentralbank *FED* und konnte sich unter den insolventen Banken und Vermögensverwaltern die lukrativsten Reste sichern. *BlackRock & Co.* gelten rechtlich nicht als Banken, sondern offiziell immer noch als „Schattenbanken", die weitgehend unreguliert agieren können. Der operative Hauptsitz ist in New York mit weiteren Filialen, der rechtliche Unternehmenssitz als Corporation ist in der US-Finanzoase Delaware. 2020 wurde *BlackRock* sogar zum offiziellen Berater der Europäischen Kommission. Durch die Deregulierungen stieg die Zahl der Superreichen sprunghaft an, ab etwa 50 Millionen Dollar wird man Kunde des Vermögensverwalters. Die „Volks"aktie *ETF* wird an Millionen Kleinanleger verkauft, die Verwaltung anonym roboterisiert.[24]

Der Aufstieg der Digitalkonzerne seit Ende der 1990er/Anfang der Nullerjahre ermöglichte diesen den Ausbau der Herrschaft zu einer Vorherrschaft und über den entscheidenden wirtschaftlichen Einfluss auch die immer stärkere digitale Kontrolle über die Menschen. Insbesondere durch die Pandemie-Politik der westlichen Regierungen wurden die Gewinne dieser Konzerne noch weiter vorangetrieben. Und *BlackRock & Co.* als führende Miteigentümer von *Google, Apple, Microsoft, Facebook, Amazon* verdiente kräftig mit.[25] Der Kapitalismus war nicht zusammengebrochen. Er hatte seine Form geändert und den Inhalt beibehalten. Er hatte sich transformiert. Die technologische Entwicklung von immer besseren Investitionsalgorithmen

---

23 A. a. O., S. 28 ff.

24 A. a. O., S. 30

25 A. a. O., S. 31

führt nämlich langfristig zu Finanzmärkten mit perfekten Informationen und Detailwissen, es lassen sich Szenarien simulieren und die Planung wird immer zentraler. Man könnte sagen, dass in dieser Planung ein gewisses sozialistisches Element liegt. Darauf werden wir noch später zu sprechen kommen.

Die Gefahren sind allerdings alleine damit noch nicht gebannt. Auch diese Strategie führt unweigerlich zu systemimmanenten Krisen, die Widersprüche hervortreten lassen und in sich das Potential bergen, zu systemgefährdenden oder gar revolutionären Krisen zu werden. Die Menschen beginnen, vermehrt nach Auswegen zu suchen, ein Boden für Utopien wird bereitet, die mehr oder weniger Realitätsgehalt haben. Natürlich wurden „Utopisten" in der Geschichte immer entweder ignoriert, belächelt oder bekämpft. Aber umso mehr gilt, was Ernst Bloch mit folgenden Worten zusammenfasste: „Gerade Utopien müssen nicht gezählt, sondern gewogen werden."[26] Er meinte damit, dass es nicht auf die Zahl, sondern vielmehr auf die Qualität von Utopien ankomme. Diese unterscheidet von Schwärmereien also ein ernsthaftes Bemühen, darum zu kämpfen, was nicht mehr und was anders sein soll. Utopien entstehen unter konkreten gesellschaftlichen Bedingungen, sind also an sie geknüpft. Ohne Wirtschaftskrisen gibt es wohl kaum Überlegungen, wie eine Welt ohne sie und dieses sie produzierende kapitalistische Profitsystem aussehen kann.

Auf diesem Boden gedeihen dann zum Beispiel Postwachstumskonzepte, Fragen nach anderen Finanzsystemen oder einer möglicherweise anderen Organisation der Gesellschaft. Allerdings muss man bedenken: Es gibt keinen linearen geschichtlichen Fortschritt, der automatisch zum Ziel führt. Ein gutes Anliegen oder Programm allein führt noch nicht zum Ziel. Geschichte ist nicht nur ein Nebeneinander, sondern auch ein Miteinander und ein Durch-Einander.

---

26 Ernst Bloch, *Das Prinzip Hoffnung* – Band 2, in: *Gesammelte Werke*, Frankfurt am Main 1985, S. 633

Und immer kann es sein, dass es noch schlimmer kommt als gedacht, wie die europäische und deutsche Geschichte, insbesondere des 20. Jahrhunderts, eindrücklich belegt.

„Wir müssen uns auf ein Ereignis vorbereiten, dessen Datum ungewiss ist", denn zur Emanzipation gehört „der richtige Moment"[27]. Der Soziologe Theodor Adorno sagte über das „Gestalten der Utopie": „[D]a[ss] man konkret sagen würde, was bei dem gegenwärtigen Stand der Produktivkräfte der Menschheit möglich wäre – das lä[ss]t sich konkret und das lä[ss]t sich ohne Ausmalen und das lä[ss]t sich ohne alle Willkür sagen."[28]

Alle, die sich mit der herrschenden Ordnung nicht abfinden wollen, haben wohl eines gemeinsam: Sie wollen ein Leben in Freiheit im Denken, in gesicherten ökonomischen Verhältnissen und in einem juristischen Rahmen, der diese Rechte absichert, wie sie das Grundgesetz verbrieft.[29] Und sie wollen Frieden. In dieser Wertorientierung stecken individuelle Triebfedern der Veränderung, die die Verhältnisse grundlegend zum Besseren umzuwandeln vermögen – nicht werden.

Es stehen grundsätzliche neue Fragen auf der Tagesordnung, wie sie so in Zeiten radikaler Veränderung im 21. Jahrhundert „bei dem gegenwärtigen Stand der Produktivkräfte der Menschheit" noch nicht standen wie zum Beispiel: Welche Bedeutung hat die „4. Industrielle Revolution" und die sie beherrschende Oligarchie für den notwendigen Wandel? Wie lässt sich dieser „Katastrophenkapitalismus"

---

27 Zitiert nach: Alexander Neupert-Doppler, *Kritik, Utopie und Kairos*, in: Alexander Neupert-Doppler, *Konkrete Utopien. Unsere Alternativen zum Nationalismus*, Stuttgart 2018, S. 12

28 Ebenda, S. 13

29 Grundgesetz für die Bundesrepublik Deutschland Art. 20 lautet:
(1) Die Bundesrepublik Deutschland ist ein demokratischer und sozialer Bundesstaat.
(2) Alle Staatsgewalt geht vom Volke aus. Sie wird vom Volke in Wahlen und Abstimmungen und durch besondere Organe der Gesetzgebung, der vollziehenden Gewalt und der Rechtsprechung ausgeübt.
(3) Die Gesetzgebung ist an die verfassungsmäßige Ordnung, die vollziehende Gewalt und die Rechtsprechung sind an Gesetz und Recht gebunden.
(4) Gegen jeden, der es unternimmt, diese Ordnung zu beseitigen, haben alle Deutschen das Recht zum Widerstand, wenn andere Abhilfe nicht möglich ist.

(Naomi Klein) durch Panikmache, Impfpflicht, Lockdowns, digitale Totalkontrolle und wirtschaftlichen Zusammenbruch verhindern? Gibt es Möglichkeiten, einen radikalen Kurswechsel einzuleiten? Kann dabei an die Möglichkeiten der IT-Revolution angeknüpft werden und diese mit direkter Demokratie verbunden werden? Gibt es auch „Halbinseln" in dieser Gesellschaft, auf der man leben kann, ohne die Gesellschaft insgesamt auf den Kopf stellen zu müssen? Haben solche „Halbinseln" überhaupt eine realistische Chance, verwirklicht zu werden? Was sind die Bedingungen der notwendigen Veränderung? Und wer wird die Machtergreifung von unten durchführen?

Sprechen wir also zunächst über Beispiele von Gegenökonomien aus der Realwirtschaft und aus dem Finanzbereich, die sich seit der Corona-Pandemie gefunden, gegründet und auch etabliert haben. Zum Teil sind sie auch schon einige Zeit davor entstanden und kein unmittelbares Ergebnis des „Belagerungszustands". Die Darstellung kann nicht vollständig sein, daher ist die Auswahl subjektiv und exemplarisch. Der erste Teil soll zeigen, dass es Gemeinschaftsprojekte gibt, die z.T. schon Erstaunliches geleistet haben, zum Beispiel im Bereich der Lebensmittelversorgung, aber auch der Energieautonomie und der Nutzung des Internets. Man nennt diese Ansätze Solidarische Ökonomie.[30] Dazu gehört zum Beispiel auch die Postwachstumsökonomie, von der seit geraumer Zeit verstärkt die Rede ist. Auch Unternehmer beginnen, sich im Widerstand zu befinden, und soziale Protestbewegungen nehmen Fahrt auf.

Doch bevor wir in die konkreten Fallbeispiele einsteigen, lohnt es sich, vorab zu sichten, was in der Bundesrepublik aktuell diskutiert und vorgeschlagen wird, wie es weitergehen soll.

---

30 „[…] gibt es auch für die Solidarische Ökonomie weder ein annähernd einheitliches theoretisches Konzept noch eine eindeutige Definition, nicht einmal einen vereinigenden Begriff. Dafür finden sich weltweit viele Betriebe, Projekte und lockerer Zusammenschlüsse, mit sehr unterschiedlichen Gesichtern, die zur Solidarischen Ökonomie gezählt werden." Gisela Notz, *Theorien alternativen Wirtschaftens*, Stuttgart 2022, S. 119

2. Kapitalismus ade?

Eine besondere Bedeutung in der aktuellen gesellschaftlichen Diskussion hat die Postwachstumsökonomie[31], weil sie seit einigen Jahren stark diskutiert wird und zugleich ein umstrittenes Feld ist, vor allem vor dem Hintergrund der grassierenden weltweiten Umwelt- und Naturzerstörung. Unter Postwachstumsökonomie[32] versteht man zuallererst Wachstumskritik und damit Kritik am Kapitalismus und seiner Produktionsweise. Sie setzt sich für ein Wirtschaftssystem ein, das auf einer beschränkten Ressourcennutzung und ihrer Nachhaltigkeit basiert. Im Vordergrund steht der soziale Wohlstand, nicht das unbedingte Wachstum um jeden Preis. Damit fordert sie eine Überwindung des konventionellen Wirtschaftswachstumsparadigmas, insbesondere gemessen am nominalen Wachstum der Bruttoproduktion von Waren und Dienstleistungen und dies wiederum gemessen am Bruttoinlandsprodukt (BIP).

Kapitalistisches Wachstum geschieht über die Reinvestition der Gewinne, ihre Akkumulation, darüber sprachen wir bereits. Dies geschieht durch Druck auf die Lohnhöhe, technische Innovationen oder die Ausweitung der Geschäftsfelder. Diese Aktivitäten durchdringen inzwischen alle Bereiche des menschlichen Lebens, soziale Aktivitäten bis hin in persönliche, intime Beziehungen. Ökonomisch, politisch und kulturell wird der Profit verherrlicht. Die Waren bekommen einen Selbstzweck, von ihnen geht an sich eine hohe Anziehungskraft aus. Marx spricht vom „Warenfetisch". Eine Wachstumsnotwendigkeit wird geschickt über die Erzeugung von

31 Vgl. dazu auch: Giacoma d'Alisa, Federico Demaria und Giorgos Kallis (Hg.), *Degrowth. Handbuch für eine neue Ära*, München 2016

32 Englisch: degrowth, französischer Begriff: Décroissance, der auf den französischen Intellektuellen André Gorz zurückgeht.

neuen „Bedürfnissen" angeregt. Sie dient angeblich dem Gemeinwohl und wird damit ihres privatkapitalistischen Charakters beraubt. Entpolitisierung ist ein Ergebnis.

Die Verfechter der Postwachstumsökonomie sind sich über die Zwangsläufigkeit der kapitalistischen Expansion nicht wirklich einig. Für einige kann Kapitalismus auch mit negativem oder Null-Wachstum leben (engl.: degrowth). Die Folgen der Rezessionen, die dann auftreten z.B. die Arbeitslosigkeit, müssen dann staatliche Institutionen auffangen. Aktuell ist Ulrike Herrmann eine prominente Verfechterin dieser Position.

Die Journalistin und TAZ-Redakteurin prophezeit in ihrem aktuellen Buch *Das Ende des Kapitalismus*. Ihre Grundthese ist, dass der Kapitalismus zwar viel Positives bewirkt habe, aber durch seinen inneren Wachstumszwang inzwischen Klima und Umwelt nachhaltig zerstöre, zu einer existentiellen Gefährdung der Menschheit führe und am Ende sich selbst abschaffe. Daher sei eine ökologische Kreislaufwirtschaft, die zu einem Schrumpfen der Wirtschaftstätigkeit führen müsse, überlebensnotwendig. Weniger Konsum sei die einzige Möglichkeit, die Klimakrise zu überwinden.

Herrmann referiert ausführlich die zivilisatorischen Fortschritte, die die kapitalistische Wachstumswirtschaft ermöglicht habe: breiter Wohlstand, Bildung, Gleichberechtigung, Demokratie, Überwindung von Hunger und Epidemien, Zugang zu Elektrizität. Zugleich produziere der Kapitalismus seine zyklischen Krisen, die im wesentlichen Akkumulationskrisen seien. Da ökonomisches Wachstum an einen enormen Ressourcenverbrauch gebunden sei, der sich auf die fossilen Energien stütze, habe er einen Punkt erreicht, der zerstörerisch für das Klima sei.[33] Der Umstieg auf Ökostrom scheitere aber an der weltweit nicht ausreichenden Kapazität und seiner fehlenden Speichermöglichkeiten. Außerdem sei der Ökostrom teurer als die

33 Ulrike Herrmann, *Das Ende des Kapitalismus. Warum Wachstum und Klimaschutz nicht vereinbar sind – und wie wir in Zukunft leben werden*, Köln 2022, S. 11

fossilen Energieträger (Kohle, Gas, Öl). Da eine Umstellung auf ihn wegen der Schäden für die Umwelt und das Klima dennoch zwingend sei, gäbe es nur eine Konsequenz: Eine grüne Kreislaufwirtschaft mit schrumpfendem Wachstum! Produziert wird nur noch, was auch recycelt werden kann.[34]

Für Deutschland prognostiziert Herrmann als Folge dieses „grünen Schrumpfens" den Rückgang der Wirtschaftsleistung mit etwa 30 Prozent (!) mit deutlich spürbaren Wohlstandseinbußen, vergleichbar dem Niveau der 1970er Jahre.

Aber welche Bereiche unseres gesellschaftlichen und wirtschaftlichen Lebens genau können schrumpfen? Auf was können wir verzichten? Wie soll dies konkret umgesetzt werden?

Herrmanns Eintreten für eine klimaneutrale Planwirtschaft, in der die Verteilung der Ressourcen und der Konsum gezielt gesteuert werden, schränkt demokratisch-politische Freiheiten ein. Nach ihren Vorstellungen werden Eingriffe in die Rahmenbedingungen von natürlichen Regenerationszyklen tiefgreifend sein. Ganze Branchen würden wegfallen, Konsumverhaltensweisen wirksam unterbunden werden und eine riesige Arbeitslosigkeit zur Folge haben. So würden beispielsweise sämtliche Flughäfen geschlossen[35], da es zu Kerosin als Treibstoff keinen ökologischen Ersatz gebe. 850.000 Arbeitsplätze stünden zur Disposition. Der private Kraftfahrzeugverkehr – insbesondere E-Autos können ebenfalls nicht mit Ökoenergie betrieben werden[36] – würde weitgehend eingeschränkt und umgestellt auf Bus- und Bahnverkehr[37]. Banken würden überflüssig, weil keine neuen Kredite benötigt würden, um Wachstum zu finanzieren. Auch die Investmentbanking-Branche stehe vor dem Aus wie auch ihre Dienstleister (Makler, Wirtschaftsjuristen, Steuerberater). Bei einem eingestellten Flugverkehr würden die Aktien der Flugzeugbauer (*Airbus*, *MTU*)

34 A. a. O., S. 12
35 A. a. O., S. 210
36 A. a. O., S. 163 ff.
37 A. a. O., S. 210

einbrechen, die Aktien der Finanzkonzerne und Autobauer ebenfalls, da Menschen und Güter nunmehr mit der Bahn transportiert würden.[38] Zu rechnen sei mit einem Einbruch bei etwa der Hälfte der DAX-Konzerne.[39] Profitieren würden aber Digital- und Technikkonzerne, u. U. auch Energieriesen bei einer Umstellung auf grünen Strom.[40] Versicherungen würden auch überflüssig wie auch PR-Agenturen, die den bisherigen Konsum bewerben. Die Messe-Logistik als Branche sei damit ebenfalls unnötig geworden. Die Wohnungen würden kleiner und neue Bürogebäude- und Logistikzentren werde es auch nicht mehr geben. Auch Zeitungen und *Google* stünden vor unklaren Finanzierungsproblemen, wenn die Anzeigenschaltungen ausbleiben.[41]

Der Staat müsse eine ökologische Kreislaufwirtschaft organisieren. Millionen Arbeitsplätze würden durch die Stilllegung ganzer Branchen entfallen. Für diese Menschen sind Ersatzarbeitsplätze bereitzustellen.

Von Herrmann erfahren wir nicht, ob und wie dies gelingen kann und sie räumt selbst ein: „Für diesen Übergang hat die Degrowth-Bewegung keine Lösung, weil sie zwar eine Kreislaufwirtschaft anstrebt, aber diese Vision zugleich für den Weg hält."[42] Herrmann ahnt, dass hier die Gefahr lauere, dass diese Transformation rechtsradikale Kräfte auf den Plan bringe und der Ruf nach einem Diktator zu befürchten sei. Parteien wissen, dass sie sofort Stimmen verlieren, wenn sie von Verzicht sprechen.

Wie also kann es zu dieser Transformation kommen? Herrmann bietet eine historische Analogie an und verweist auf die britische Kriegswirtschaft ab 1939 bis 1954, die eine Umstellung auf die militärische Produktion bei Beibehaltung der zivilen Versorgung

38 A. a. O., S. 211
39 A. a. O., S. 212
40 Ebenda
41 A. a. O., S. 210
42 A. a. O., S. 214

sichergestellt habe. Auf der Basis einer staatlichen Planwirtschaft (volkwirtschaftliche Gesamtrechnung) seien Rationierungen für alle umgesetzt worden. Die Betriebe blieben privat, der Staat habe festgelegt, was noch hergestellt wurde und sich um die Verteilung der knappen Güter gekümmert und habe dabei große Zustimmung in der Bevölkerung gehabt.[43] Schließlich sei es gegen Hitler gegangen und darum, den Krieg möglichst schnell zu gewinnen. Das habe die Menschen in einer „Überlebenswirtschaft" zusammengebracht.[44]

Das Gefühl, dem Faschismus überlegen zu sein und letztendlich zu siegen, habe offensichtlich zu einer großen Zustimmung bei den gravierenden Eingriffen in die persönliche Freiheit durch die Kriegswirtschaft geführt. Die voraussichtlich begrenzte Zeit dieses Ausnahmezustandes habe die Zugeständnisse unterstützt. Das alles habe die zivilgesellschaftlichen Kräfte zusammengeführt, weil es um ein konkretes Ziel von enormer Wichtigkeit gegangen sei. Die Argumentation klingt plausibel, ist aber der Kriegssituation geschuldet. Beim Klimawandel ist das offensichtlich so nicht der Fall. Daher ist dieser historische Einzelfall nicht auf die aktuelle Problematik anwendbar, da die gesellschaftlichen Bedingungen andere sind. War der Gegner im Zweiten Weltkrieg konkret, so ist die konkrete Gefahr heute eher abstrakt („das Klima") und der Zeithorizont ist unbestimmt lang, übersteigt vielleicht auch die eigene biologische Lebenszeit.

Das Gefühl, immer noch in einer „Überflussgesellschaft" zu leben und selbst nicht betroffen zu sein, überwiegt. So bleibt bei dieser historischen Analogie lediglich die staatliche Gesamtplanung bei privater Durchführung übrig. Ein Modell, das sich in einer historisch einzigartigen Situation bewährte. Eigentlich wäre dies die Zeit für Volkswirte, die eine Makroökonomie für eine Planungswirtschaft entwerfen müssten. Viele ignorieren, dass die Zukunft bedroht ist.

43 A. a. O., S. 240
44 A. a. O., S. 229 ff.

„Viele Menschen hängen immer noch dem Irrtum an, dass sie die Wahl hätten. Nach dem Motto: Wenn der Abschied vom Kapitalismus so mühsam ist, dann behalten wir ihn eben. Doch diese Wahl gibt es nicht. Die Industrieländer stehen vor einer Alternative, die eigentlich keine ist [...] In jedem Fall wird der Kapitalismus untergehen und eine neue Wirtschaftsordnung entstehen. Sie ließe sich wohl am besten als ‚Überlebenswirtschaft' bezeichnen, denn es geht um die Rettung der Menschheit."[45]

Dennoch: „Eine ‚Überlebenswirtschaft'", schreibt Herrmann, „scheint derzeit politisch nicht durchsetzbar. Trotzdem folgt daraus nicht, dass die Analyse falsch wäre, dass der Kapitalismus enden muss [...] Noch leben wir in einer Überflussgesellschaft, sodass genereller Mangel kaum vorstellbar ist und die Idee fremd wirkt, dass staatliche Planung und Rationierung nötig sein könnten. Doch erste Zuteilungen sind schon abzusehen – vor allem beim Wasser."[46] Im Rahmen des aktuellen Repräsentationssystems läge wohl die Planungskompetenz bei den politischen Parteien und Wissenschaftlern. Nach den dreijährigen Erfahrungen in der „Pandemie" mit den Parteien und regierungstreuen „Wissenschaftlern" dürfte dieses Vorhaben nicht auf die Zustimmung der Mehrheit der Bevölkerung stoßen, erst recht nicht auf die freiwillige Unterstützung.

Die bereits heute vorhandene breite Entfremdung und Ablehnung des Repräsentativsystems würden tiefe Einschnitte in die private Lebensführung zum „Wohle des Klimas" kaum möglich machen. Und wer als Partei staatliche Planwirtschaft propagiert, wird wohl kaum gewählt. Das gesteht auch Herrmann ein. Hinzukommen müssten Instrumente der politischen Partizipation von unten, wie sie beispielsweise Klaus Dörre mit Transformations- und Nachhaltigkeitsräten, auf die wir noch zu sprechen kommen, vorschlägt.

45 A. a. O., S. 256 f.
46 A. a. O., S. 259

Zu kritisieren ist weiterhin, dass Herrmann sich der Eigentumsfrage nicht stellt. Sie thematisiert sie einfach nicht. Aber ohne erhebliche Eingriffe in die Verfügungsgewalt über privates Konzerneigentum wird es nicht gehen.[47] Die Lösung sieht sie in nationalen, staatlich gelenkten und finanzierten Kreislaufwirtschaften. Im englischen Beispiel der 1930/1940er Jahre gab es ebenfalls keine Überlegungen der privaten Enteignung. Und aktuell kann es sich bei der Idee der Enteignung nur um wirkliche Großvermögen handeln, Produktionsmittel wie Industrieanlagen, Grundstücke und vor allem auch Finanzvermögen, dies stellt auch Raul Zelik klar[48].

Herrmann vertritt eine Wirtschaftspolitik, die mit Hilfe des Staates den Kapitalismus reformieren will, um die Menschheit zu retten. Welche Gesellschaftsordnung danach folgt, erfahren wir von Herrmann nicht, außer dass diese „neu", eine Art demokratische, private Planwirtschaft ist. Ihre Vision ist eine nebulöse „ökologische Kreislaufwirtschaft". Unklar bleibt, wie die Beschäftigungsfrage gelöst werden soll, wenn Flugverkehr, Autoverkehr, Banken und Versicherungen nicht mehr benötigt werden. Werden die Gewerkschaften mitmachen oder ist mit Streiks und Widerstand zu rechnen? Mit „grünem Schrumpfen" könnte eine „ökologische Kreislaufwirtschaft" schnell ihr „blaues Wunder" erleben.

Natürlich werden alternative Beschäftigungen benötigt und auch im Umweltschutz ist viel zu tun. Dazu gibt es aber bei Herrmann keine konkreten Ausführungen. Das maximal Erreichbare ist eine kapitalistische Planwirtschaft mit einem starken Staat.

Demgegenüber argumentieren marxistische Theoretiker, dass Profite auch bei fehlendem Wachstum vorübergehend gesichert werden könnten. Dies führe allerdings zu einer Verschlimmerung der Krise und zu Staatskrisen. Zudem seien politische Institutionen natürlich auch abhängig von der Akkumulationsproblematik

47 Dieses ist nach Art. 14 des Grundgesetzes möglich.

48 Siehe Kapitel 19 *Sind wir Untote des Kapitals?*

und Teil des Systems. Da die Reproduktion des Kapitals durch die Reproduktion des Mehrwerts erfolgt, ist Akkumulation ein Prozess; das ist etwas anderes als ökonomisches Wachstum. Wachstum wird, wie schon gesagt, an der Zunahme der Produktion von Gütern und Dienstleistungen im BIP gemessen. Aus marxistischer Sicht ist der Zweck des Einsatzes von Kapital in der Produktion der steigende Profit, nicht das schiere Geld oder die Vergrößerung des Anlagevermögens. Außerdem durchdringt das Kapital immer die sozialökonomischen Beziehungen bis zu einem bestimmten Punkt, nimmt also Einfluss auf die sozialen, politischen und ideologischen Institutionen, die die Akkumulation stützen. Die Akkumulation um der Akkumulation willen ist das strukturelle Merkmal von Kapitalismus und führt zum „Wachstum".

Einig ist man sich allerdings in einem: In einer begrenzten Welt kann es kein grenzenloses Wachstum geben. Die Folgen dieser Versuche seien inakzeptabel. Die „Überakkumulation", also die Schwierigkeit, einen immer größeren Mehrwert zu reinvestieren, führt zur Privatisierung (um neue Investitionsmöglichkeiten zu schaffen) oder zur Expansion der Schulden und benötigt Finanzmärkte, um Investitionsmöglichkeiten zu schaffen. Dies hat die Krisenanfälligkeit des kapitalistischen Systems erhöht.

Einig ist man sich auch grundsätzlich darin, dass es ebenso absolute biophysikalische Grenzen des Wachstums gibt und diese schon erreicht oder gar überschritten sind. Die Überschreitung dieser Grenzen in dem Drang, Menschen und Natur als Vorratskammer und Abfallgrube zugleich immer mehr zu einer Ware zu machen, führt auch zu absoluten Grenzen bis hin zur Vernichtung der eigenen Lebensgrundlagen.

Und drittens ist man sich einig darin, was die Möglichkeit oder besser die Unmöglichkeit eines „grünen" Kapitalismus betrifft. Skeptisch bis ablehnend steht man marktorientierten oder technischen Lösungen gegenüber, ökologische Probleme in den Griff zu bekommen. Verwiesen wird auf Rebound-Effekte („Jevons-Paradoxon“[49]). Ob Degrowth/Postwachstumsökonomie und Kapitalismus vereinbar sind, ist eine umstrittene Frage. Öffentlich wird dieses Thema gerne umgangen. Kapitalismus sei ja auch mehr als pure Ausbeutung und habe auch seine guten Seiten. Die weltweite Degrowth-Bewegung[50] werde durch ihre Ausbreitung und alternativen Projekte die Erosion des Kapitalismus von innen heraus automatisch bewerkstelligen, weil man ein anderes Wachstum wolle, das u. a. andere Aktivitäten, andere Energieformen, andere Arbeitsorganisationen, andere Aufteilungen zwischen bezahlter und unbezahlter Arbeit, andere Beziehungen zwischen den Geschlechtern und zu Umwelt und Natur sowie den Aufbau einer reproduktiven Ökonomie zum Ziel habe.

Schließlich scheut man sich auch vor öffentlicher Ablehnung des Kapitalismus als Gesellschaft aus Furcht vor Nicht-Anerkennung des Mainstreams. Man müsste auch das S-Wort (Sozialismus) in den Mund nehmen, denn darauf laufe es hinaus.

---

49 Unter dem Jevons-Paradoxon versteht man in der Ökonomie eine Beobachtung von William Stanley Jevons, der zufolge technischer Fortschritt, der die effizientere Nutzung eines Rohstoffes erlaubt, letztlich zu einer erhöhten Nutzung dieses Rohstoffes führt, anstatt sie zu senken. In einem erweiterten Sinn wird heute von einem Rebound-Effekt gesprochen. https://de.wikipedia.org/wiki/Jevons-Paradoxon

50 www.degrowth.info; einen komprimierten Überblick bieten Matthias Schmelzer/Alexis Passadakis, *Postwachstum*, VSA Verlag, Hamburg 2011, dessen Argumenten wir hier folgen.

3. Postwachstum – was ist das?

Nachhaltigkeit, grüne Technologien und grünes Wachstum stehen hoch im Kurs. Nicht nur die „Alternativökonomie" – auch die Regierung(en) und Großunternehmen werben damit. Die EU hat sogar einen eigenen *Europäischen Grünen Deal* auf ihre Agenda gesetzt. Die Treibhausgase sollen auf null reduziert und der europäische Kontinent damit bis 2050 klimaneutral werden.

Beifügungen wie „Bio", „nachhaltig", „aus der Region" finden sich an zahlreichen Produkten in den Regalen der Discounter genauso wie auf Plakatwänden in den Städten, den Werbesendungen, die im Briefkasten und im E-Mail-Eingang landen, oder dem Kindernachrichtenkanal „Logo".

Gleichzeitig tobt ein weltweiter ökonomischer und sozialer Konkurrenz- und Ausbeutungskampf, der mit Nachrichten über seine globalen Zerstörungen einhergeht. Soziale Rechte und Absicherungen werden „Schlag auf Schlag" geschliffen, die Menschen mit einer permanenten sozialen Abstiegsangst in Schach gehalten. Es scheint fast so, als ob es keine Alternative zum Wachstum als Krisenlösungsstrategie gibt. Margret Thatcher, die ehemalige britische Premierministerin, nannte das TINA: „there is no alternative" (deutsch: Es gibt keine Alternative). Für echte Utopien und reale Alternativen scheint da wenig Platz zu bleiben.

„Nur noch Utopien sind realistisch"[51] – behauptete Oskar Negt 2012 und dachte darüber nach, wie Menschen für alternative Zukunftsentwürfe erreicht werden können, die normalerweise mit den Mühen des Alltags mehr als genug zu tun haben. Es geht für all

51 Oskar Negt, *Nur noch Utopien sind realistisch: Politische Interventionen,* Steidl Verlag, Göttingen 2012

diese Menschen um die Suche nach einer gemeinsamen Zukunft und einem fairen Gemeinwesen, das soziale Gerechtigkeit und ökologische Verträglichkeit miteinander verbindet.

„Ökologische Kreislaufwirtschaft" soll zukünftig nach den Vorstellungen der Postwachstumsverfechter die Messlatte des Wirtschaftens sein. Darin sind sich die unterschiedlichen Konzepte und praktischen Vorschläge der Vertreter der „Postwachstumsökonomie", die im englischen Sprachgebrauch „Degrowth" genannt wird, eigentlich einig.

Wir unterscheiden zwei unterschiedlich Richtungen: Die „Verzichtsökonomie", das bedeutet ein Leben, in dem der eigene Konsum eingeschränkt und – so weit möglich – auf überregionale Produkte verzichtet wird, und zum anderen eine „kapitalismuskritische Ökonomie", die kein „grünes Wachstum" will, aber vor allem eine andere Wirtschaftsweise mit einer sozial gerechten und ökologisch verträglichen Umverteilung. Dabei wird die Umstellung auf einzelne „grüne" Technologien durchaus befürwortet. Folgt man diesem Ansatz, ergibt sich ein neues Phänomen: der sogenannte Rebound-Effekt, von dem schon die Rede war. Ein praktisches Beispiel ist die Umstellung auf LED-Beleuchtungen. Diese sind zwar energiesparender und werden dadurch von den Verbrauchern häufiger gekauft und installiert. In der Gesamtbetrachtung könnten Ressourcen- und Energieverbrauch – in einer Art Bumerang-Effekt – durch Herstellung, Betrieb und Entsorgung aber trotzdem ansteigen.

Die „Verzichtsökonomie"[52] sieht einen ökologischen Kollaps kommen, wenn es so weitergehe wie bisher und allein wirtschaftliches Wachstum das Dogma bleibe.[53] Politisch sei eine Umsteuerung nicht durchsetzbar, die Mehrheit der Menschen würden diesen Weg nicht

52 Es wird auch der Begriff „subsistente Regionalökonomie" verwendet.

53 Nico Paech, *Befreiung vom Überfluss. Auf dem Weg in die Postwachstumsökonomie*, 8. Auflage, oekom Verlag, München 2015; vgl. auch: Boris Heil, Postwachstum als konkrete Utopie, in: Alexander Neupert-Doppler, *Konkrete Utopien. Unsere Alternativen zum Nationalismus*, Schmetterling Verlag, Stuttgart 2018

unterstützen und es sei reine Zeitvergeudung, dies zu versuchen. Also bliebe nur übrig, in Ruhe zuzuschauen, wie die ganze Entwicklung in ein wirtschaftliches Desaster führe und als Gegenmaßnahme sofort autonome Rettungsinseln zu gründen, um sich persönlich und seine Lieben in Sicherheit zu bringen. Diese „Zusammenbruchpolitik" ist für die Mehrheit der Menschen natürlich überhaupt nicht akzeptabel und stürzt diese sehr bald in massive Lebensprobleme und ist nur für diejenigen verfolgbar, die über ein hohes sicheres Einkommen und Vermögen verfügen, um mit Hilfe von diesem zu „überwintern".

Erst nach einem Zusammenbruch käme dann die große Zeit der Experimente in den neu eingerichteten Nischen der Gesellschaft. Der neue Lebensstil sei zukünftig geprägt von Einschränkungen des persönlichen Konsums, Nutzung der lokalen und regionalen Wirtschaft, Selbstversorgung, Eigenanbau und Nachbarschaftshilfe („Ökonomie der Nähe"). Produkte müssten langlebiger und reparaturfreundlicher hergestellt werden.

Der Mehrbedarf an privater Zeit für die Eigenversorgung führe dazu – so wird argumentiert –, dass Arbeitszeitverkürzungen auf 20-30 Wochenstunden möglich würden, der Einkommensverlust würde aber durch die zunehmende preiswertere Eigenversorgung ausgeglichen. Über eingesetzte Regionalgelder könnten Verbraucher zugleich auch die Regionalwirtschaft (mit-)finanzieren und so deren Wachstumsdruck verringern, weil die Zinsbelastungen durch Bankenkredite für die Erzeuger sinken würden. Ein „grünes Wachstum" finde eben im Kleinen in diesen neuen Nischen statt.

Für regionale Räume und eine begrenzte Anzahl von Menschen sei eine solcherart aufgestellte Produktions- und Lebensweise durchaus realisierbar, wird von den „Verzichtsökonomen" behauptet.

Verbraucher haben in diesem Konzept ein schlechtes Image. Sie sind im Wesentlichen konsumfixierte und im Grunde auch überbezahlte Verbraucher, die durch ihren Konsum- und Lebensstil diese verheerenden Folgen des Wachstums erst herstellen und daher aus Eigennutz einer radikalen Veränderung im Wege stehen. Diese

Anschauung verkehrt die Ursachen kapitalistischer Produktionsweise vollständig in ihr Gegenteil. Denn vielmehr ist es denkbar, dass das Konsumverhalten genauso eine Folge der Profitwirtschaft sein könnte und eben nicht ihre Ursache. Dass dieser spezielle Konsumismus und die damit zusammenhängende Lebensart als Hebel und Verstärker wirken (können), steht außer Frage. Dennoch bleiben sie sehr oft eine Folge der systembedingten und profitorientierten „Angebotspolitik".

Das Ausstiegsmodell hat noch eine weitere wichtige Folge. Da es nur bestimmten Teilen der Bevölkerung aus den Mittelschichten als Option zur Verfügung steht, führt dies zum faktischen Ausstieg aus der gesamtgesellschaftlichen Solidarität und politischer Wirksamkeit. Wer sich mit Eigenanbau und *Solidarischer Landwirtschaft* beschäftigt und dort seine Rettung sieht, versorgt sich selbst und leistet gleichzeitig einer ökologisch orientierten Wirtschaftsweise einen Bärendienst. Die Widerstandspotentiale sind nicht mehr wirksam, werden weitgehend passiv und ohne echten Einfluss. Was nützt es denjenigen, die zum Bespiel unter prekären Verhältnissen leben, den Alten mit Minirenten und der stetig steigenden Zahl von anderen Menschen mit wenig Einkommen? Kontraproduktiv wirkt es, wenn sich dadurch die Gesellschaft noch weiter aufspaltet in diejenigen, die sich Verzicht leisten und eine „Arche Noah" bauen können und denjenigen, für die aufgrund ihrer prekären Situation kein Platz im Rettungsboot ist. Wer soll dann einen Kurswechsel der Titanic durchführen, um die Kollision mit dem Eisberg zu verhindern?

Und noch ein weiteres Argument gegen die Verzichtsökonomie sei hier angeführt: Ist es nicht geradezu naiv zu glauben, dass Unternehmen auf dem Weg der „besseren Einsicht" einvernehmlich die Arbeitszeit verkürzen (auf eine 20-30 Stundenwoche!) und auf ihre eigenen Gewinne zugunsten einer Regionalwirtschaft verzichten, aus der sie dann selbst aber weitgehend ausgeschlossen werden? Kann so das kapitalistische Akkumulationsregime beendet oder aus einer „Verzichtsökonomie" eine „Armutsökonomie" werden?

Bei den Kapitalismuskritikern innerhalb der Postwachstumsdiskussion verhält es sich anders. Statt das Schiff zu verlassen und zur nächsten rettenden Insel zu rudern, wird hier für einen gemeinsamen Kurswechsel gekämpft, um eine Kollision und den Untergang zu vermeiden. Das Schiff soll auf einen neuen Kurs gebracht und unversehrt in den Hafen gesteuert werden.

Im Unterschied zu den Anhängern des „grünen" Wachstums stehen die Verteilung des gesellschaftlichen Reichtums, insbesondere der Wirtschaftsleistung, Kriterien der Gerechtigkeit, ökologischer Verantwortung und Verträglichkeit im Mittelpunkt. Die zunehmende Spaltung der Gesellschaft in Arm und Reich, das Abrutschen der Mittelschicht und (aktuell) die drohende Deindustrialisierung der Bundesrepublik infolge der Sanktionspolitik der Bundesregierung und der EU erzwingen dies förmlich.

Das Ziel einer Transformation, die an sozialen und ökologischen Kriterien gemessen wird, ist denkbar einfach formuliert: wirtschaftliche Sicherheit, gesellschaftliche Freiheit und die Erhaltung der natürlichen Lebensgrundlagen.

Um einem Missverständnis vorzubeugen: Es geht hier nicht um eine „Schrumpfwirtschaft" à la Ulrike Herrmann, sondern um eine qualitative Veränderung der Ergebnisse der wirtschaftlichen Leistungen. Also nicht um ein „weniger wirtschaften", sondern um ein „anders wirtschaften". Dieses muss unter den Beteiligten auf demokratische Weise ausgehandelt werden und gerecht in den Folgen für die Beschäftigten sein. Wie könnte dies konkret aussehen? Folgende Aspekte müssten auf jeden Fall berücksichtigt werden:

1. Ausstieg aus den Wirtschaftsbereichen, die besonders viele Ressourcen an Energie und Rohstoffen verschlingen und nicht sozial ausgewogen und ökologisch vertretbar umgebaut werden. Dies betrifft beispielsweise die „Atom- und Kohlekraftwerke, die Rüstungsindustrie und die industrielle Landwirtschaft"[54].

54 C. Burkhart et. al., *Degrowth. In Bewegungen, um Alternativen zu stärken und*

2. Eine (gerechte) Begrenzung des „motorisierten Individualverkehrs, Flugverkehrs, internationaler Gütertransporte oder Werbung".[55]

3. Unterstützung der Bereiche, die „ein gutes Leben" ermöglichen wie „erneuerbare Energien, ökologische Landwirtschaft, solidarische und genossenschaftliche Betriebe, öffentlicher Personennahverkehr, Bildung, Gesundheits- und Altersversorgung".[56] Im Ergebnis wird die wirtschaftliche Gesamtleistung, gemessen am Bruttoinlandsprodukt (BIP), sinken.

Weiterhin: Strukturelle Veränderungen und gravierende Umverteilungen sind in den Bereichen Arbeitszeit, Einkommen und Vermögen und Staatsausgaben notwendig. Weiter angestrebt werden radikale Arbeitszeitverkürzung, Grundsicherung, Einführung von Höchsteinkommen als Etappenziele und Finanzierung über eine höhere Steuerprogression, Besteuerung von umweltschädlichen Aktivitäten, hohe Erbschaftssteuer, Verhinderung der Vermögensverschiebung in Steueroasen und Veränderung der Verteilungspolitik des Bundeshaushaltes.[57]

Wenn man persönlich auf etwas verzichte, dann müsse dies ausgeglichen werden. Dazu gehöre die kostenfreie Nutzung von öffentlichen Dienstleistungen bei Bildung, Gesundheit und öffentlichem Nahverkehr. Solche konkreten Maßnahmen dienen auch dazu, die öffentliche Akzeptanz von Postwachstumsökonomie zu erhöhen und zu einer Bewusstseinsveränderung beizutragen. Zu den Handlungsfeldern in praktisch-ökonomischer Hinsicht gehören Allmenden (Gemeingüter), aber auch kostenfreie Software, Open Access (freier Zugang zu wissenschaftlicher Literatur) und Wissensallmenden

---

Wachstum, Wettbewerb und Profit zu überwinden, In: Konzeptwerk Neue Ökonomie & DFG-Kolleg Postwachstumsgesellschaft (Hg.): *Degrowth in Bewegung(en). 32 alternative Wege zur sozial-ökologischen Transformation,* oekom Verlag, München 2017, S. 34 f.

55 Ebenda, S. 35

56 Ebenda, S. 34

57 Matthias Schmelzer/Alexis Passadakis, *Postwachstum. Krise, ökologische Grenzen und soziale Rechte,* VSA Verlag, Hamburg 2011, S. 84 f.

im Internet (z.B. *Wikipedia*). Commons, die solidarische Wirtschaft betreiben, spielen eine große Rolle. Dazu gehören: Gemeinschaftsgärten, Energiegenossenschaften und im Weiteren Transition Towns, Ökodörfer, Gartenringe, Wohngenossenschaften (z.B. *Mietshäuser-Syndikat*), Genossenschaftsbanken (z.B. *GLS Bank*, *WIR Bank*), offene Werkstätten, Repaircafés, Foodsharing, Tauschringe, Umsonstläden, selbstverwaltete freie Schulen und Kitas, freie Radios, Kulturzentren.

Sie können „Sand ins ökonomische Getriebe werfen", eine solidarische Wirtschaftsweise erproben, das eigene Bewusstsein erweitern und vielleicht zu Ausgangspunkten politischen Widerstands werden. Wichtig wird die Vernetzung mit anderen sozialemanzipativen Protestbewegungen, kritischen Wissenschaftlern und Gewerkschaften.[58] Hier liegen die strategischen Reserven, um die Degrowth-Bewegung aus ihrem Nischendasein herauszuführen und anschlussfähig für breitere Schichten der Bevölkerung werden zu lassen.

Ob dies durch praktische Projekte geschehen kann, sofern diese überhaupt den Anspruch haben, sich auch gesellschaftspolitisch zu engagieren, ist zweifelhaft. Da sind Forderungen nach einer sozialökologischen Steuerreform und Arbeitszeitverkürzung sicherlich näher am Interesse der allergrößten Mehrheit der Bevölkerung.

---

58 S. auch: Konzeptwerk Neue Ökonomie e. V. (Hg.), DFG-Kolleg Postwachstumsgesellschaften (Hg.), *Degrowth in Bewegung(en). 32 alternative Wege zur sozialökologischen Transformation,* Oekom, München 2017

4. Neue Finanzakteure

Das aktuelle Finanzkapital hat seine Rolle und Strategie in wesentlichen Punkten gegenüber der Zeit des beginnenden 20. Jahrhunderts verändert. Die damalige Erkenntnis, dass es aus Machtpolitik den Nationalstaat dominiert, lässt sich unter unseren aktuellen Verhältnisse erweitern. Es agiert international und nimmt von überall Kapital auf und orientiert sich ausschließlich an Gewinninteressen. „Die rivalisierenden Finanzblöcke," schrieben Biermann und Klönne 2001, „die nach Lenin eine der Ursachen des Imperialismus waren, gibt es nicht mehr.

Das heutige Finanzkapital operiert nicht in einem Konkurrenzverhältnis zwischen den führenden Industriezentren. Stattdessen ist es als ein weitgehend geschlossener Block zu verstehen, der die Interessen dieser Zentren gegenüber der restlichen Welt durchzusetzen bestrebt ist. Schließlich weicht das heutige Finanzkapital von den Hilferdingschen und Bucharinschen Interpretationen[59] in einem wesentlichen Punkt ab: Das Kapital befindet sich nicht länger unter der Kontrolle von Banken und Industriellen. Finanzkapital ist heute global nach Herkunft und Verwendung mit einer sehr starken spekulativen Komponente verbunden, die außerhalb der Industriesphäre eingesetzt wird und dieser möglicherweise sogar schadet."[60] Und sie kommen zur Schlussfolgerung, dass „der heutige Staat fast keinen

---

59 Rudolf Hilferding (1877-1941) war Autor des Werkes *Das Finanzkapital* (1910) und hat darin die Verschmelzung von Staats- und Monopolinteressen beschrieben. Nicolai Bucharin (1888-1938) war ein bedeutender Theoretiker der russischen Revolution und vertrat die These des entstehenden „Ultraimperialismus", in dem Kriege zwischen den Nationalstaaten aufgrund der internationalen Ausdehnung des Finanzkapitals überkommen seien. Bucharins bedeutendstes theoretisches Werk ist *Imperialismus und Weltwirtschaft* (1914/1915)

60 Werner Biermann/Arno Klönne, *Globale Spiele. Imperialismus heute – Das letzte Stadium des Kapitalismus?* PapyRossa, Köln 2001, S. 15

Handlungsspielraum mehr für eine von den großen Unternehmen unabhängige Wirtschaftspolitik" hat.

Im Zuge der Covid-Krise fand eine wesentliche Kursänderung im liberalen Kapitalismus statt, die als Machtergreifung von oben beschrieben werden kann und innerhalb derer der Gesellschaft eine „neue Normalität" aufgezwungen werden sollte.

„Jede Machtausübung im liberalen Kapitalismus", analysiert van der Pijl, „beruht auf einem Gesellschaftsvertrag mit einer begleitenden Ideologie, einem *umfassenden Herrschaftskonzept,* das die Rolle ersetzt, die zuvor die Religion, die Nation oder eine Zivilisation gespielt hat.[61] Diesmal hat sich die herrschende Klasse dafür entschieden, nicht darauf zu warten, dass sich eine ‚neue Normalität' organisch aus dem Prozess der Klassenbildung ergibt, wie nach dem Zweiten Weltkrieg oder in den 70er Jahren. Der Kapitalismus ist nicht mehr in der Lage, einen rationalen Klassenkompromiss herbeizuführen, und hat stattdessen begonnen, mittels Worst-Case-Szenarien zu regieren."

Daraus sei ein neuer Machtblock erwachsen, „der", so van der Pijl weiter, „aus den nachrichtendienstlichen Bedürfnissen des nationalen Sicherheitsstaats der USA hervorgegangen ist und durch IT-Monopole und ausufernde (Multi-)Medienkonglomeraten privatisiert wurde."[62] Er „hat das Covid-Szenario durch einen externen Schock von oben aufgezwungen, der eine Überwachungsgesellschaft schaffen soll. Das Finanzwesen hatte von den IT-Innovationen profitiert, aber nach dem Crash von 2008 [Zusammenbruch von *Lehman Brothers* in den USA; d. A.] wurden die riskantesten Formen der Spekulation durch die Umstrukturierung der Finanzkontrolle in Form von ‚passiven Indexfonds' wie *BlackRock* eingedämmt."[63] Dabei könne man die genauen Motive, nämlich einem drohenden Finanzkollaps zuvorzukommen oder die Wiederwahl Donald Trumps zu verhindern,

61 Vgl. dazu auch Kapitel 36 *Der Kampf um die Meinungsführerschaft und …*

62 Kees van der Pijl, Die belagerte Welt, a. a. O., S. 10

63 Ebenda

für diese Kursänderung nicht genau ausmachen. „Der nationale Populismus, der die politische Krise der westlichen Demokratie überwinden will, indem er wie in den 1930er Jahren die Unzufriedenheit gegen die privilegierten städtischen Kader und gegen Einwanderer mobilisiert, präsentiert sich als revolutionäre Kraft. Doch unter den gegenwärtigen Bedingungen scheint der Mainstream in der Oligarchie diese Hilfskraft vorerst nicht zu brauchen."[64]

Worin besteht denn nun das Ziel der Machtergreifung und das revolutionäre Potential? Es solle „verhindert werden, dass die Revolution der Informationstechnologie einen demokratischen Wandel einleitet [...] [I]n der Zwischenzeit hatte sich in der Weltbevölkerung eine nie dagewesene Unruhe entwickelt [...] Die Unruhen, die nach 2008 aufkamen, gingen in alle Richtungen – *Arabischer Frühling*[65], *Occupy Wall Street*[66], die *Gelbwesten*[67] in Frankreich und so weiter. Streiks, Unruhen und regierungsfeindliche Demonstrationen sowie Massenmigration und Drogenmissbrauch haben seither alle bisherigen Rekorde gebrochen – bis die Weltgesundheitsorganisation den Notstand ausrief [...] Es handelt sich um eine komplexe, historische Krise, eine Machtergreifung durch die weltweit herrschende Klasse, die von verschiedenen Ausgangspunkten aus eingeleitet wurde [...]"[68] Die Mainstream-Medien spielen in diesem Komplex der Machtergreifung eine wichtige Rolle dabei, wann das Lügengebäude zusammenbrechen wird. „Entscheidend ist, dass die Macht-

64 Ebenda; unter „Kader" wird hier vor allem die Gruppe der meinungsbildenden Politik und der Mainstream-Medien verstanden. Unter „Oligarchie" versteht man die Herrschaft der Reichen ohne Beachtung der geltenden Gesetze.

65 Ende 2010 in den arabischen Staaten (Tunesien, Naher Osten, Nordafrika) stattgefundene Proteste und Revolutionen gegen die seinerzeitigen Machthaber. Die Bewegung wurde maßgeblich über die sozialen Medien organisiert.

66 Protestbewegung in Nordamerika 2011 gegen die Folgen des Finanzcrashs und vor allem für die Kontrolle des Banken- und Finanzsektors und die Zurückdrängung des wirtschaftlichen Einflusses auf die Politik. Die Bewegung verbreitete sich weltweit.

67 Protestbewegung in Frankreich 2018/2019 gegen die Steuererhöhung auf Treibstoffe, die sich in der weiteren Folge auch auf Forderungen nach Erhöhung der Mindestlöhne und der Renten ausweitete.

68 Kees van der Pijl, *Die belagerte Welt*, a. a. O., S. 7 f.

ergreifung der ‚Coronisten' einen demokratischen Übergang zu einer Gesellschaft jenseits des Kapitalismus verhindert. Die revolutionäre Krise, die jetzt akut geworden ist, besteht darin, dass die Regierungen ihre Bevölkerungen als Geiseln genommen haben und sie nicht freizulassen wagen oder [freilassen] können. Dies ist ein weiterer Grund, warum das ganze Unternehmen zum Scheitern verurteilt ist"[69], und in einem offenen Konflikt ausgetragen werden wird.

Wir werden im Weiteren der Frage nachgehen müssen, welche möglichen Entwicklungen sich aus dieser Frontstellung ergeben können. „Reale Utopien", die ein systemüberwindendes Potential haben, bereits heute zu realisieren, bewegte zeitlebens den US- amerikanischen Soziologen Erik Olin Wright.

69 https://www.politikchronist.org/index.php/shop/product/68-die-belagerte-welt-hardcover.html

5. Utopien hinter dem Rücken der Gesellschaft?

Der 2019 verstorbene US-amerikanische Soziologe Erik Olin Wright sucht nach Wegen der Transformation innerhalb des Kapitalismus. Sowohl Reform als auch Revolution hätten ihre Möglichkeiten erschöpft, behauptet Wright und schlägt stattdessen „reale Utopien" vor, die er folgendermaßen kennzeichnet:

> *„Anstatt den Kapitalismus durch Reformen von oben zu zähmen oder mittels eines revolutionären Bruchs zu zerschlagen, sollte, so der Kerngedanke, der Kapitalismus dadurch erodiert [abgetragen; d. A.] werden, dass in den Räumen und Rissen innerhalb kapitalistischer Wirtschaften emanzipatorische Alternativen aufgebaut werden und zugleich um die Verteidigung und Ausweitung dieser Räume gekämpft wird. Reale Utopien sind Institutionen, Verhältnisse und Praktiken, die in der Welt, wie sie gegenwärtig beschaffen ist, entwickelt werden können, die dabei aber die Welt, wie sie sein könnte, vorwegnehmen und dazu beitragen, dass wir uns in dieser Richtung voranbewegen."*[70]

Hinsichtlich einer Überwindung des Kapitalismus ist er skeptisch. Der kapitalistische Charakter des Staats mache dies unmöglich.

> *„Um bei der Überwindung des Kapitalismus eine nennenswerte Rolle zu spielen, müssen reale Utopien auf verschiedene Weise*

70 Erik Olin Wright, *Reale Utopien*, S. 11

> *staatlich unterstützt werden. Würden sich aber emanzipatorische Formen wirtschaftlicher Tätigkeit und wirtschaftlicher Verhältnisse jemals bis zu dem Punkt entwickeln, an dem sie die Vorherrschaft des Kapitalismus bedrohen, dann würden sie schlichtweg vom kapitalistischen Staat zerschlagen. Darin bestehe ja gerade eine der Kernfunktionen des kapitalistischen Staates: in der Reproduktion des Kapitalismus. Wie kann also der Aufbau realer Utopien, angesichts des Klassencharakters und der Zwangsmittel des Staates, das Herzstück einer Strategie zur Überwindung des Kapitalismus darstellen?"*[71]

Darauf folge laut Wright zweierlei: Sobald es also systemgefährdend werde, müsse man erstens mit der Behinderung, Verunmöglichung oder Zerstörung des entsprechenden Projektes rechnen. Daher sei es zweitens zielführend, eine Lösung innerhalb des bestehenden Systems zu finden und auch Kooperationen mit dem Staat zu suchen. Im bestehenden Wirtschaftssystem fänden Produktion und Verteilung von Gütern und Dienstleistungen durch den Staat und die Familie statt, darüber hinaus in der Sozialwirtschaft, der solidarischen Ökonomie, in Genossenschaften und im direkten persönlichen Austausch (Peer-to-Peer-Netzwerken). Es finden sich Mischformen wie kapitalistisch/nichtkapitalistisch, gänzlich nichtkapitalistisch, antikapitalistisch. Von sozialistischen Formen ist nicht die Rede. Zusammenfassend schlussfolgert Wright:

> *„Wir benötigen ein gesellschaftliches und politisches Projekt, das im Kampf um reale Demokratie innerhalb von Wirtschaft, Staat und Gesellschaft verankert ist. Das ist die Vision realer Utopien."*[72]

Reale Utopien als solche Konzepte, die bereits heute im praktischen Leben der Menschen umgesetzt werden und zunächst die materiellen Lebensgrundlagen sichern wollen, gibt es nicht erst seit heute. Vor

71 A.a.O., S. 13
72 A.a.O., S. 12

allem die Genossenschaften, die auf eine mindestens zweihundertjährige Geschichte verweisen können, erleben eine Renaissance. Als „Nothilfe" und „soziale Reformbewegung" bezeichnet, finden wir sie heute z.B. in der Versorgung mit Wohnraum oder Konsumgütern. Die Solidarische Ökonomie als kooperative Handlungsform gegen die neoliberale Ellbogengesellschaft ist „reale Utopie, die hier und heute verwirklicht werden kann"[73]. Wo liegen ihre realen Möglichkeiten und ihre Grenzen?

73 Gisela Notz, *Genossenschaften. Geschichte, Aktualität und Renaissance*, 2. Auflage, Stuttgart 2023, S. 16

6. Ein Wort zu wirksamen Gegenstrategien

Solidarische Ökonomie ist „in", manchmal wird sie gar zum entscheidenden Rettungsanker für viele Menschen, die ihre Grundbedürfnisse (Ernährung, Wohnen) dort stillen können. Aktuell sind die Neugründungen von Solidarischen Landwirtschaften ein Beleg dafür. Lockdowns, rasante Preissteigerungen und andere Zumutungen wirken wie ein Booster. Die soziale Zusammensetzung der Beteiligten geht quer durch fast alle Klassen und Schichten. Die beruflichen Herkünfte der sich Beteiligenden sind sehr vielfältig. Jedenfalls sind die jeweiligen Akteure nutzen- und nicht gewinnorientiert. Die Aktiven wollen, dass Wirtschaften den Menschen dient und nicht umgekehrt. Sie bestehen auf demokratische Kontrolle und Transparenz. Es existieren kleinere oder größere Unternehmen in unterschiedlichen Rechts- und Eigentumsformen. Nachhaltiges Wirtschaften zum Erhalt der Ressourcen ist durchgängige Praxis. Das Eigentum ist vergemeinschaftet, Gewinne werden wieder im Unternehmen angelegt, ökologische und soziale Ziele haben eine große Bedeutung. In die bestehenden Wirtschaftskreisläufe sind sie eingebunden.[74] Sofern sie dem unmittelbaren Konsum dienen, sind sie häufig Konsumgenossenschaften.[75]

Die „Bewegung" ist zwischen Reparatur und Ablehnung des Systems verortet. Allgemeingültige strategische, explizit linke, kapitalismusüberwindende Konzepte fehlen dort.

---

74 Vgl. Gisela Notz, *Theorien alternativen Wirtschaftens. Fenster in eine andere Welt.* 3. Auflage, Stuttgart 2022, S 121 f.

75 Wolfgang Fabricius, *Profitfreie Räume! Gemeingutökonomie als Transformationsstrategie – eine engagierte Bestandsaufnahme, Büchner Verlag, Marburg 2022;* Fabricius gibt in seinem Buch einen historischen Überblick über Genossenschaftstypen (S. 106-192), nichtgenossenschaftliche Projekte in der Bundesrepublik (S. 193-230) und im Ausland (S. 231-256)

Ursachen der Schwächen für eine doch vornehmlich wirtschaftliche Selbsthilfe und ihr relatives Schattendasein sind:[76]

1. Marxistische Gruppierungen verharren in der Analyse und im Protest; Marx selbst propagierte die wirtschaftliche Selbsthilfe nicht, sondern im Gegenteil, er riet von ihr ab. Er schreibt den Genossenschaften immerhin einen kleinen Beitrag zu.[77]
2. Das Dritte Reich hat die gesamte erstarkende und schon sehr mächtige wirtschaftliche Selbsthilfe restlos zerstört und den Aufbau von Kartellen favorisiert.
3. Der Neoliberalismus und der Reale Sozialismus haben bzw. hatten kein Interesse an wirtschaftlicher Selbsthilfe.
4. Wirtschaftliche Selbsthilfe ist nicht Thema der universitären Ökonomien.
5. In den Medien wird über Projekte wirtschaftlicher Selbsthilfe selten und wenn, dann nicht ausreichend fundiert, berichtet.
6. Viele Projekte alternativer Ökonomien scheiterten oder scheitern an falschen Konzepten und leisten der wirtschaftlichen Selbsthilfe damit keinen guten Dienst im öffentlichen Ansehen.
7. Entscheidend sind solidarische Abnehmer. Selbsthilfeprojekte müssen sich deshalb beispielsweise nicht um die Arbeiterschaft, sondern um die Kundschaft organisieren und unter schrittweiser Einbeziehung der Produktion ihre Selbstversorgung auf- und ausbauen.
8. Die Rücklagen der Arbeitnehmer reichen nicht aus, Ressourcen und Infrastruktur zu übernehmen. Es sind zusätzlich die Rücklagen der Verbraucher erforderlich. Das führt zu Finanzierungsengpässen.[78]

In Konsumgenossenschaften gehen die Aktivisten den Weg, Konsument und Produzent in einer Kooperation zusammenzulegen,

---

76 Fabricius, S. 35 f.

77 Karl Marx im 3. Band des *Kapitals*, I, S. 427

78 Fabricius 2022, S. 35 f.

Produktion und Handel untereinander zu organisieren und damit den Konkurrenten (z.B. den Discountern, *Amazon* etc.) den Weg zur Wertschöpfung zu versperren. Mit diesem Vorgehen wäre zwar nicht die Wertschöpfung selbst organisiert, aber immerhin ein Teilziel erreicht.

Wenn die Genossenschaftsbewegungen weltweit über eine Milliarde Mitglieder haben – mit Familienangehörigen nach Schätzung von Elmar Altvater sogar 2,5 Milliarden Menschen –[79] also ein gutes Drittel der Menschheit sich beteiligt, müsste man auf dem Weg zu einer Systemänderung und dem Bruch mit dem Kapitalismus in der Vergangenheit eigentlich schon weitergekommen sein, sofern man es überhaupt wollte. Offensichtlich gelten wohl die oben genannten acht Merkmale weltweit zusätzlich zu der nicht intendierten Systemüberwindung.

„Nicht nur durch ihre genossenschaftlichen Betriebe, Wohnungen und Einrichtungen", so fasst Gisela Notz zusammen, „sondern auch durch ihre politischen Aktivitäten wirken Genossenschaften nach innen und nach außen. Sie setzen auf ein aktives Vorleben für eine Gesellschaft, in der die „freie Entwicklung eines jeden die Bedingung für die freie Entwicklung aller ist"[80]. Insofern könnten Genossenschaften eine dritte Säule neben Parteien und Gewerkschaften (sowie globalisierungskritischen Bewegungen), ein Ort des gegenseitigen politischen und wirtschaftlichen Lernens und Handelns werden.[81]

Dazu zählen Bürger- und Sozialgenossenschaften, die als Wirtschafts- und Wertegemeinschaft Selbsthilfeangebote in möglichst vielen Bereichen des täglichen Lebens schaffen.[82]

79 Angaben nach Fabricius, S. 39

80 Gisela Notz, *Genossenschaften*, a. a. O., S. 258

81 So auch Neupert-Doppler in: *Konkrete Utopien. Unsere Alternativen zum Nationalismus*, Schmetterling Verlag, Stuttgart 2018, S. 18

82 Gisela Notz, *Genossenschaften*, a. a. O., S. 206 ff.

Die Wahrnehmung zunehmender Krisentendenzen des Kapitalismus sowie der Natur-, Umwelt- und Ressourcenfrage (Klimawandel) und die Reaktion der Politik darauf haben seit den 1970er Jahren eine gesellschaftliche Diskussion in Gang gebracht. Im Kern ging es dabei um die Frage, ob die aktuellen Produktionsweisen aus diesen Gründen an die Grenzen des Wachstums gekommen sind, die noch oder eben nicht mehr zu vertreten sind. Daraus entwickelte sich eine politische, wissenschaftliche und gesellschaftliche Debatte, in deren Folge verschiedene Strömungen einer alternativen oder ökologischen Wirtschaft entstanden. Gemeinsam ist ihnen, dass sie ein vermindertes „Wachstum" wollen, das einen sparsamen Ressourcenverbrauch, vor allem der fossilen Ressourcen (v.a. Kohle, Öl) zum Ziel hat. Beginnend in den 1990er Jahren hat sich bis etwa 2006 die Diskussion angesichts des zunehmenden Wachstums mit den (un) absehbaren ökologischen Folgen, auch für die Lebensbedingungen der Menschheit, die Erkenntnis durchgesetzt, dass Wirtschaftswachstum in der bisherigen Weise und nachhaltige Entwicklung nicht zu vereinbaren sind.

Die Wachstumskritik hat verschiedenartige Konzepte der Postwachstums- bzw. Degrowth-Ökonomie hervorgebracht, die sich u.a. darauf stützen, die Industrie und ihre bisherige Energiebasen zurückzubauen, Lebensstile an regionale Möglichkeiten anzupassen, Regionalökonomie und Kreislaufwirtschaften zu etablieren, also Wachstum nicht an der quantitativen Zunahme der Produktion zu messen. Dies reicht bis hin zu Vorschlägen eines „grünen Schrumpfens", also einer radikalen Reduzierung der Warenproduktion.

7. Anders wirtschaften!

Die Solidarische Ökonomie will die wirtschaftlichen Beziehungen der Menschen auf Gemeinwohl, Nachhaltigkeit und gegenseitige Unterstützung konzentrieren. Das umfasst Praxen wie Gemeinwohlunternehmen, Genossenschaften, Tauschringe und lokale Währungen (Komplementärwährungen), die auf den Prinzipien der Solidarität, Teilhabe und Gerechtigkeit aufgebaut sind. Sie ist insofern eine Alternative zu kapitalistischen und konsumorientierten Wirtschaftsmodellen und versteht sich auch so. Dazu gehören neben den Eigentumsformen auch die Verkehrsformen. Darunter fallen ganz wesentlich auch Kommunikationsstrukturen, die allen gehören und möglichst kostenlos zur Verfügung stehen sollen. Diese können nach neuerer Erfahrung gegen Ausspionieren und Störungen durch Gegner (Hacker) geschützt werden. Ein großer Vorteil ist, dass mittels der global verfügbaren Medien und Plattformen die Distanzen zwischen Produzenten und Konsumenten lokal und global aufgehoben werden können. „Global denken und lokal handeln" kann dadurch Praxis werden und Zwischenhändler können umgangen werden, indem eine direkte Verbindung untereinander geschaffen wird. Dieses Vorgehen nennt sich Peer-to-Peer-Kommunikation. Die zentrale Macht dafür, das Internet, steht als Werkzeug der Alternativbewegung ebenso zur Verfügung wie der Plattformökonomie und hat immense Möglichkeiten eröffnet.

Wolfgang Fabricius schildert dies in seinem kürzlich erschienenen informativen Buch über *Profitfreie Räume!*[83] unter anderem am Beispiel

83 Wolfgang Fabricius, *Profitfreie Räume! Gemeingutökonomie als Transformationsstrategie – eine engagierte Bestandsaufnahme,* Büchner, Marburg 2022, S. 27 ff. Im Folgenden wird auf Fabricius Bezug genommen. Der Autor bedankt sich bei ihm für hilfreiche weitere Auskünfte.

der freien Software, der Open-Source-Software und ihrer Projekte, als ein Teil der Open-Data-Bewegung. Er erzählt dazu die Gründungsgeschichte einer weitverbreiteten Open-Source-Entwicklung.

Im Januar 1989 wurde die *GNU General Public License* (GPL) veröffentlicht, mit deren Hilfe Software im Quellcode kostenlos zur Verfügung steht. Als ein Beispiel für ein solidarisches Projekt wurde diese Lizenz 1991 für das Betriebssystem *Linux* verwendet. Inzwischen hat eine große Entwicklergemeinde diese kostenlose Software weiterentwickelt. Sie gehört allen als „Software-Allmende" (Gemeingut). *Ubuntu* ist die inzwischen meistgenutzte Linux-Distribution und kann auch von Laien leicht verwendet werden. Durch das Internet könnten alle Menschen mit Hilfe von *Linux* (und auch *Android*) beispielsweise ihre wirtschaftlichen Beziehungen auf eine andere, solidarische Ökonomie umstellen.[84] Es entsteht so etwas wie eine „elektronische Naturalwirtschaft",[85] an der sich inzwischen kommerzielle Software-Unternehmen und Internet-Giganten finanziell beteiligt haben. Zur Open-Source-Szene[86] gehören nach Fabricius unter anderem:

- *Wikipedia, Open Knowledge* als Plattformen des freien Wissens
- *OpenOffice, LibreOffice,* etc. als Alternativen zu *Microsoft Office*
- *MySQL*, ein Datenbanksystem
- *Wordpress, Typo3* und *Drupal*, u.v.a. Content-Management-Systeme (CMS) zum Aufbau von Webseiten, Blogs und Portalen
- *Magento* und *OS-Commerce*, Software zum Aufbau von Online-Web-Shops
- *OpenStreetMap*, eine Online-Kartierungssoftware als Alternative zu *Google Maps*
- Freie Funknetze, z. B. *Freifunk*

---

84 A. a. O., S. 29

85 Ebenda

86 Als Open-Source wird Software bezeichnet, deren Quelltext öffentlich ist. Er kann eingesehen, geändert und genutzt werden. Die Software ist in der Regel kostenfrei erhältlich.

In diesen und vielen weiteren Bereichen hat sich eine Peer-to-Peer-Produktion mit einer dezentralen und flachen Hierarchie – sofern es überhaupt eine gibt – entwickelt, in der durch freiwillige Beiträge von Anwendern und Technikern an den gemeinsamen Projekten gearbeitet wird.

Alle diese Konzepte befinden sich im immateriellen Bereich. Um sie auf den materiellen Bereich zu übertragen, sind Grundforderungen zu beachten. Beispielsweise die, dass „die Produktionsmittel [...] in die Hände ihrer Nutzer [gehören], sie müssen zu Commons werden. [...] Die Frage heißt nun nicht mehr, wie die Produktionsmittel enteignet werden können, sondern wie wir neue Produktionsmittel von vornherein als Gemeinbesitz (Commons) herstellen können und sie gar nicht mehr in die Spirale kapitalistischer Profiterwartung hineingeben."[87] Es geht also auch immer, und zwar wesentlich, um die Eigentumsfrage. Hier wird der kapitalistischen Grundordnung scheinbar ein „Schnippchen geschlagen", in dem man sie einfach vom Eigentum an den Produktionsmitteln (hier: der Software) ausschließt. Allerdings muss diese Aussage insofern eingeschränkt werden, als dass auch Internet-Giganten (*HP*, *Intel*, *IBM*, *Google*, *Microsoft*) bei diesen Projekten beteiligt sind.

In der alternativen Ökonomie hat sich inzwischen eine Vielzahl von Ansätzen herausgebildet. So gibt es zum Beispiel die gerade genannte Peer-to-Peer-Ökonomie, die Gemeinwohlökonomie, die Postwachstumsökonomie (Degrowth), den Computer-Sozialismus, die Solidarische Ökonomie, die Umsonst – und Tauschökonomie, die Share-Ökonomie und vieles mehr. In der alternativen Ökonomie wird viel diskutiert und praktisch erprobt, es fehlt aber häufig die Einbeziehung historischer Erfahrungen, die zum Beispiel in der Genossenschaftsbewegung gemacht wurden, und die Antwort auf die Frage, wie der Kapitalismus grundsätzlich überwunden werden kann. Am ehesten wird dies in der Postwachstumsökonomie thematisiert.

87 https://peerconomy.org/wiki/Commons-Netzwerke (letzter Abruf: 22.01.2023)

8. Gemeingutökonomie

Die Gemeingutökonomie ist Teil der Solidarischen Ökonomie. Wolfgang Fabricius beschreibt sie folgendermaßen:

> *„Mit der Gemeingutökonomie soll das profitmaximierende System durch konfluierende*[88] *profitfreie Räume abgelöst und eine profitfreie Gesellschaft aufgebaut werden. Diese Ablösung kann nicht auf der Anbieterseite des kapitalistischen Marktes durch ‚solidarische Optimierung' der Produktion erfolgen. Der Schwerpunkt ökonomischen Denkens und Handelns muss von der Produktion, in der konkurrierend im Überfluss produziert wird, auf die Reproduktion*[89] *verlagert werden. Der menschliche Bedarf löst die Rendite als Triebfeder der Wirtschaft ab. Die in jeder Gesellschaft vorhandenen kooperationswilligen Menschen schließen sich in Kooperativen zusammen und übernehmen schrittweise Infrastruktur und Ressourcen für ihre eigene Reproduktion. Die Gemeingutökonomie geht also von den Verbrauchern als Akteuren aus, die zunächst die Dienstleistung der Verteilung der von ihnen benötigten Produkte organisieren und damit beginnen, profitfreie Räume zu schaffen. Anschließend wird dann schrittweise die Produktion in diesen Prozess integriert. Infrastruktur und Ressourcen werden als Solidarkapital Gemeingut. Entsprechende Entscheidungsstrukturen werden entwickelt und implementiert."*[90]

---

88 Gemeint ist, dass sich mehrere einzelne Veränderungen wiederum miteinander verbinden. Sie gehen dann fließend ineinander über.

89 Die Reproduktionsarbeit findet in jeder Gesellschaft außerhalb der unmittelbaren Produktionsarbeit statt, z. B. die Erziehung der Kinder, Krankenpflege, Bildungsarbeit. Marx schreibt dazu im *Kapital, Band I*: „So wenig eine Gesellschaft aufhören kann zu konsumieren, kann sie aufhören zu produzieren. In einem stetigen Zusammenhang und dem beständigen Fluß seiner Erneuerung betrachtet, ist jeder gesellschaftliche Produktionsprozeß daher zugleich Reproduktionsprozeß." MEW Bd. 23, Siebenter Abschnitt: *Der Akkumulationsprozeß des Kapitals*, S. 589-604

90 Fabricius, S. 49

Es handelt sich also um eine Selbstversorgungsökonomie, die sich auf Projekte konzentriert, „die von den Konsumenten auf der Abnehmerseite des kapitalistischen Marktes mit der Reproduktion befasst sind. Sie beginnt mit Dienstleistungsprojekten in der Daseinsvorsorge, zunächst im Lebensmittelbereich (Dorfläden, Versorgungsgemeinschaften, Konsumgenossenschaften etc.)“.[91] Die Perspektive liegt also in der Eigenverantwortung für die Arbeit und das Zusammenleben im Kapitalismus, neben den vorherrschenden Formen, ohne auf eine radikale Umgestaltung der allgemeinen Bedingungen zu warten.[92] In aller Regel sind Unternehmen dieser Art lokal tätig, da hier „die Kontrolle der Gemeinwesen über die Wirtschaft und den lokalen Zusammenhalt verstärkt“[93] wird. Die Gemeingutökonomie möchte, dass sich die Konsumenten organisieren, um sowohl die Anbieter als auch die Nachfragerseite dem Profitsystem zu entziehen. Ihre Grundprinzipien können folgendermaßen zusammengefasst werden: schrittweise Eliminierung des Profits durch interne Investoren, Übernahme der Infrastruktur und der Ressourcen, Selbstversorgung, zumindest in der Aufbauphase ehrenamtliche Arbeit, Ausrichtung auf regionale Produkte, nur geringfügige Zusammenarbeit mit Parteien, Gewerkschaften, Kirchen und dem Staat.

> *„Im Kapitalismus wird Gemeingut (Allmende) schrittweise in Privateigentum überführt. Mit der Gemeingutökonomie soll dieser Prozess umgekehrt und privates wieder in kollektives Eigentum überführt werden. Gemeingutökonomie heißt also, die Welt nicht mehr aus der Sicht des Anlegers als profitmaximierenden Betrieb anzusehen […], sondern als nachhaltigen Lebensraum für alle Menschen zu begreifen und zu gestalten, in welchem sich jeder*

---

91 A. a. O., S. 50

92 So Gisela Notz, *Theorien alternativen Wirtschaftens. Fenster in eine andere Welt*, 3. Auflage, Stuttgart 2022, S. 126

93 A. a. O., S. 125

einzelne und die Gesellschaft insgesamt nicht nur physisch, sondern auch sozial, intellektuell und kulturell reproduzieren und weiterentwickeln kann. Grundsätzlich geht es darum, das leistungslose Kapitaleinkommen über Kapitalerträge, zumindest aus dem Bereich der gesellschaftlich notwendigen Arbeit, also der Daseinsvorsorge, zu eliminieren."[94]

Da der wirtschaftliche Reichtum das Ergebnis menschlicher Arbeitskraft ist, wie durch wissenschaftliche Forschungsergebnisse überzeugend nachgewiesen wurde,[95] wird sie in den Mittelpunkt der Bemühungen gestellt. In einer kapitalistischen Produktionsweise bekommt der Beschäftigte nur einen Teil seiner Arbeitszeit bezahlt und der Unternehmer eignet sich den anderen Teil als Gewinn (Mehrwert) an. Diesen Vorgang kehren die Solidargemeinschaften um.

Die Abschöpfung des Mehrwerts entziehen sie den Profiteuren dadurch, dass sie die Regie in die eigenen Hände nehmen. Dazu treten sie als „interne Investoren" auf und finanzieren auch ihre Unternehmen. Sie wollen Konsumenten und Produzenten zugleich sein und müssen daher auf „externe Investoren" verzichten. Da sich diese Vorhaben vor allem auf die Daseinsvorsorge, also auf die Produktion von Konsumgütern konzentrieren, bilden sie Konsumgenossenschaften. Über die verschiedenen Produktionsstufen wird der Mehrwert zwar abgeschöpft, von Stufe zu Stufe aber in den Zwischenprodukten weitergereicht und verbleibt in der Solidargemeinschaft. Auf der Ebene des Verbrauchers macht der Mehrwert dann im Mittel etwa 40 % aus. Durch den gemeinsamen Einkauf

---

94 Fabricius, S. 51

95 Beschreibung für England: Emmanuel Farjoun und Moshé Machover, *Laws of Chaos. A Probilistic Approach to Political Economy*, London 1983; Für 18 Gesellschaften hat dies nachgewiesen: Dave Zachariah, *Labour value and equalisation of profit rates: a multi country study* 2006; Die schottischen Ökonomen W. Paul Cockshott und Allin Cottrell belegen dies empirisch für England und die USA; Fritz Helmedag, *Warenproduktion mittels Arbeit. Zur Rehabilitierung des Wertgesetzes*, Marburg 1992; Zusammenfassend: Nils Fröhlich, *Die Aktualität der Arbeitswerttheorie. Theoretische und empirische Aspekte*, Marburg 2009

lässt sich alles rationeller gestalten und eventuell sogar Rabatte aushandeln. Durch Übernahmen von verschuldeten Betrieben, Gebäuden und gepachteten Grundstücken können Umschuldungen vorgenommen werden.[96] Erforderliche Kredite werden nicht bei Banken aufgenommen, sondern bei den Mitgliedern der Konsumgenossenschaften. Diese erhalten dafür Wertscheine, mit denen sie Produkte und Dienstleistungen erwerben können. Eine Zinsfreistellung senkt die Preise. Die Vorstellung geht dahin, dass die nächsten Stufen der Wertschöpfungsketten in Angriff genommen werden können, bis man am Ende sogar bei der Rohstoffgewinnung angelangt ist. Im Ergebnis dieser Gemeingutökonomie entsteht eine mehrwertfreie, profitfreie Wertschöpfungskette.

Profitfreie Räume schaffen

Die Gemeinwohlökonomie, die auf Christian Felbers 2010 entwickeltes Modell der „Gemeinwohl-Ökonomie"[97] zurückgeht, bewegt sich zwischen kapitalistischer und gemeinwohlorientierter Wirtschaft. Grundlage der Transparenz sind die von ihm entwickelten Gemeinwohl-Bilanzen. Im Wesentlichen sind dies immaterielle Größen wie Gesundheit, Teilhabe, Nachhaltigkeit und weitere. Die *Regionalwert AG* in Freiburg hat dazu in mehrjähriger Arbeit mit öffentlich-finanzieller Unterstützung eine eigene Leistungsrechnung entwickelt, mit der Unternehmen der Landwirtschaft mit Hilfe von über 300 Kennzahlen die Nachhaltigkeit ihrer Betriebe in den Bereichen Ökologie, Soziales und Regionalökonomie berechnen können.[98] Es handelt sich bei Betrieben der Gemeinwohlökonomie um Betriebe, die Produkte unter den geforderten besonderen Bedingungen herstellen und als weiterer Anbieter am Markt auftreten, also in Konkurrenz zum kapitalistischen Normalbetrieb agieren. Dessen Praktiken sind

96 Das hat zum erfolgreichen Wachstum der *Regionalwert AG* beigetragen.

97 Michael Felber, *Die Gemeinwohl-Ökonomie – Das Wirtschaftsmodell der Zukunft*, München 2018

98 https://www.regionalwert-leistungen.de/leistungsrechnung/

sie ausgesetzt. Die Verbindung zu den Verbrauchern ist nur lose. Von Kritikern wird die dadurch latente Gefahr beschrieben, dass diese Betriebe in einer wirtschaftlichen Rezession scheitern oder zwangsweise zur ursprünglich kapitalistischen Produktionsweise zurückkehren.[99]

99 Dabei wird auf das Oppenheimersche Transformationsgesetz von 1896 Bezug genommen. https://de.wikipedia.org/wiki/Genossenschaftsbewegung (letzter Abruf: 22.01.2023)

9. Die Mut-Macherin: Menschlich Werte schaffen

„Ich möchte nicht mehr *gegen* etwas, sondern *für* etwas stehen“[100], sagt Sabine Langer, seit fast 30 Jahren Unternehmerin aus Stralsund, Mutter von drei Kindern und Kandidatin der Partei *dieBasis* zur Landtagswahl in Mecklenburg-Vorpommern im September 2021. Ihr ganzes Leben schon war sie in der „Straßen- und Bürgerbewegung“ zunächst in Berlin und dort auch in den 1980er Jahren Mitgründerin der *Alternativen Liste*. „Menschlich aktiv“, wie sie sagt, sei sie immer gewesen.

Als Sabine Langer im März 2020 aus dem Urlaub in Norwegen zurückkehrte und sich im ersten Lockdown „über Nacht“ des Landes verwiesen fühlte, sei bei ihr der Verdacht aufgekommen, dass hier etwas nicht stimme. Ihre Erfahrungen mit der „Vogelgrippe“ und später mit der „Schweinegrippe“ hatten sie skeptisch gemacht. Zupackend, wie es ihre Art ist, rief sie mit anderen in Mecklenburg-Vorpommern die Initiative *Sofort Zurück zur Demokratie* ins Leben. Die Schweriner Ärzte seien mit als Erste auf der Straße gewesen. Überhaupt hätten die Menschen in der ehemaligen DDR alles schneller verstanden als sie selbst, die aus dem Westen zugezogen war. Schnell sei klar geworden: „Es kommt etwas Größeres auf uns zu.“ Den Aufgewachten habe der Gegenwind ins Gesicht geblasen:

> *„Man hat geschlafen, wurde wach und war plötzlich alles das, was man bekämpft hat: man war Antisemit, Aluhutträger, rechtsradikal – Dinge, wogegen ich mich mein Leben lang eingesetzt habe.“*[101]

---

100 Gespräch mit dem Autor am 22.02.2022

101 *Rubikon*-Exklusiv-Gespräch *The Great WeSet. Alternativen suchen* am 19.03.2022; https://www.manova.news/artikel/alternativen-suchen

Unsere Menschlichkeit sei über Jahrzehnte nach und nach abgebaut worden, stellt sie fest. Das Mit- und Füreinander sei durch neue Technologien und das Einschließen in unsere Wohnungen verloren gegangen. Statt Mitmenschlichkeit wurde die Angst in die Herzen getrieben, aus der Angst in die Panik gehetzt, die Denkstrukturen wurden ausgeschaltet. „Das ist alles schon sehr gut gemacht."

Es sei zum ersten Kontakt zu dem Arzt Dr. Wolfgang Wodarg gekommen, berichtet Sabine Langer weiter, mit dem sie heute sehr eng zusammenarbeite. Aber es sei noch einige Zeit vergangen, bis sie sich mit Gleichgesinnten am Jahresende 2020 getroffen habe. Dass es so nicht weitergehen könne, sei schnell klar gewesen. Man habe sich beraten, diskutiert, Pläne geschmiedet. Heraus sei ein Zehnjahresplan gekommen: *Vision 2030*. Aber diese zeitliche Dimension habe ihr viel zu lange gedauert. Nach dem Treffen habe sie entschieden: „Meine Vision beginnt früher, und ich habe dann angefangen". Sie habe sich mit Axel Burkart getroffen, Kenner der Anthroposophie Rudolf Steiners und der sozialen Dreigliederung. Sie selbst habe sich schon länger mit diesem Ansatz beschäftigt, auch ihr Engagement in der Partei *dieBasis* habe daher gerührt.

„Ich bin eines Tages wach geworden und hatte die Idee von *Menschlich Wirtschaften* im Kopf."[102] Durchsetzungskraft, klare Vorstellungen und Mut zeichnen Sabine Langer aus, Angst ist nicht ihre Sache. Ihre ungezwungene Fröhlichkeit steckt an und nimmt jeden mit.

Als Unternehmerin weiß sie, dass bis zu einem Entschluss auch durchwachte Nächte gehören und dann irgendwann eine Entscheidung getroffen werden muss. Erst recht, wenn sich die eingeschlagene Richtung als eingelaufener Weg, als Sackgasse herausstelle, und die scheinbar sichere Basis mit einem schmalen Brett getauscht werde, auf dem der Weg weitergehe. Wer immer alles überprüfe, werde sich nie entscheiden. Offenheit für die Möglichkeiten

102 Gespräch mit dem Autor am 22.02.2022; https://menschlich-werte-schaffen.de

und Mut würden stattdessen benötigt. Herzensqualitäten eben. Am anderen Ende warte eine mutmaßlich neue, eine menschlichere Welt.

Für Sabine Langer geht es nicht um „irgendein Viren-Thema", sondern um etwas ganz Grundsätzliches:

> *„Wir Menschen brauchen uns alle, wir sind soziale Wesen und leben nicht von der Arbeit allein, sondern von einem Miteinander, was hält und trägt. Konkurrenz, Milliardäre und Bettler, Lebensmittelvernichtung und Verhungern, das sind Gegensätze, die eine mit dem Geist verbundene Gesellschaft nicht stehen lassen kann und neue Wege anfängt zu suchen."*[103]

Entstanden ist daraus eine stetig wachsende Genossenschaft, die *Menschlich Wirtschaften e. G.*[104], die am 05.10.2021 gegründet wurde und inzwischen über 300 Genossenschaftsmitglieder und knapp 8.000 aktive angemeldete Nutzer auf der Plattform zählt.[105] *Menschlich Wirtschaften* ist ein Zusammenschluss von Menschen, Unternehmern, Handwerkern, Dienstleistern, Ärzten, Wirtschaftlern, Professoren, Privatpersonen, die die aktuelle Krise und Bedrohung des Lebens als Chance für ein neues Miteinander und Füreinander in der Gesellschaft sehen – durch die Gliederungsprinzipien der sozialen Dreigliederung.

Die drei Säulen der Genossenschaft bilden diese Prinzipien ab. Sie hat unter anderem die Ziele, Handel von Waren und Dienstleistungen über eine digitale Plattform zu organisieren, Wirtschaftsassoziationen zu ermöglichen und dadurch auch Arbeitsplätze zu schaffen. Gewinne aus diesen Bereichen unterstützen den Aufbau eines „freien Gesundheits-, Bildungs- und Wissenschaftswesen". Soziale Wohnformen wie „Generationen übergreifendes Wohnen" sollen gefördert werden. Spannend ist der Aufbau einer „Weisheits-Universität", um „altes Wissen" zu bewahren und weiterzugeben.

---

103 Schriftliche Auskunft vom 21.09.2023

104 https://menschlich-werte-schaffen.de

105 Stand: September 2023

Längerfristig wird der Aufbau einer eigenen „genossenschaftlichen Bank- und Versicherungsstruktur“ anvisiert.[106] Wir werden darauf noch näher eingehen.

„Erkläre mir die soziale Dreigliederung,“ bat ich Sabine Langer. Sie erklärt:

> *„Wir haben drei Säulen in unserer Gesellschaft: das Rechtswesen (Politik heute), vor dem wir alle gleich sein sollten, die Wirtschaft, die brüderlich handeln sollte und das freie Geisteswesen. Alle drei Säulen sollten nach der Sozialwissenschaft auf Augenhöhe miteinander kommunizieren und in diesem Miteinander [sollte] die Kompetenz des Einzelnen geachtet und genutzt werden. Heute sehen wir, wohin eine absolute Übergriffigkeit in die andere Säule führen kann. Nehmen wir die Politik, die von der Wirtschaft in starkem Maße korrumpiert wird. Die Politik und die Wirtschaft, die der Wissenschaft jedwede Freiheit nehmen durch zweckgebundene Gelder. Die Bildung, die nach Rahmenplänen oft genug von der Wirtschaft bestimmt jede Freiheit im Denken verliert und und und. Wenn also heute die Politik der Wissenschaft sagt, ich hätte gern folgendes Ergebnis, damit ich es verwenden kann, dann hat das nichts mehr mit freier Wissenschaft zu tun. Wenn Diskurs nicht möglich ist und Künstler nicht auftreten können und Probleme offenbaren können, dann stimmt was nicht.“*[107]

Was wir stattdessen benötigen würden, sei eine Föderation von freien Menschen, die frei handeln. Sie sehe die Krise als Chance. Ein Hauch von Revolution wehe, eine zärtliche, aber eine innere Revolution, mit der eine äußere Veränderung zwingend einhergehe.

Die soziale Dreigliederung ist eine gesellschaftliche Forderung Rudolf Steiners von vor etwa 100 Jahren. In seinem Konzept wendet er sich gegen den nationalen Einheitsstaat. Stattdessen werden nach

---

106 Die Ziele der Genossenschaft im Detail sind zu finden unter: https://menschlich-werte-schaffen.de/genossenschaft/

107 Gespräch mit dem Autor vom 22.02.2022

seiner Vorstellung die gesellschaftlichen Prozesse anders organisiert, indem die Gesellschaft – der „soziale Organismus" – in drei grundsätzlich verschiedene Bereiche aufgeteilt wird:

1. Das Geistesleben umfasst im Wesentlichen Bildung, Wissenschaft, Medizin, Presse, Religion und Kultur.
2. Das Rechtsleben umfasst Gesetze, Regeln und demokratische Vereinbarungen der Gesellschaft.
3. Das Wirtschaftsleben ist schließlich die Produktion, der Handel und der Konsum von Waren und Dienstleistungen. Dabei verhandeln und entscheiden Gruppen gemeinsam, was für wen benötigt wird und was es kosten soll. Sie schließen als Assoziationen (Vereinigungen) Verträge mit Produzenten, Händlern und Konsumenten.

Jedem der drei Bereiche wird ein leitendes Motiv der Französischen Revolution zugeordnet: die Freiheit dem Geistesleben, die Gleichheit dem Rechtsleben und die Brüderlichkeit dem Wirtschaftsleben.[108]

Die soziale Dreigliederungsbewegung und die thematisierte soziale Frage waren 1919 eine öffentliche Bewegung für jedermann zur Erneuerung der überkommenen Kriegsgesellschaft. Steiners *Aufruf an das deutsche Volk und an die Kulturwelt*[109], den er in unmittelbarer Folge der Ergebnisse des Ersten Weltkriegs formulierte, fand große Publizität in den wichtigsten Zeitungen Deutschlands, Österreichs und der Schweiz und über 250 Unterzeichner aus der wirtschaftlichen und kulturellen Welt. Er erläutert darin seine Ideen, um an einer europäischen Friedensordnung zu arbeiten mit dem Kern einer Sozialreform im Sinne der Dreigliederung. Ein Verständigungsfrieden war das Ziel.[110] Steiner hatte seine Kernbotschaft schon 1917 in

---

108 Als ersten Überblick: https://de.wikipedia.org/wiki/Soziale_Dreigliederung_nach_Rudolf_Steiner

109 Rudolf Steiner, *Die Kernpunkte der sozialen Frage in den Lebensnotwendigkeiten der Gegenwart und der Zukunft (1919)*, Dornach 1961, S. 125 ff.

110 Zu den Hintergründen der Dreigliederungsbewegung 1917-1922: Christoph Strawe, *Soziale Dreigliederung,* Dornach 1989 mit weiteren Literaturhinweisen.

mehreren Memoranden veröffentlicht und die völlige Entflechtung des Einheitsstaates durch die Etablierung eigener, autonomer Parlamente gefordert. Aufgrund der Vielzahl von Ethnien in der damaligen k.u.k.-Monarchie befürchtete Steiner dauerhafte Konflikte durch die Etablierung eigener Staaten, wenn diese die individuellen Freiheitsrechte einschränken würden. Das Konzept konnte sich aber vor allem nicht gegen die Positionen des US-Präsidenten Wilson und Lenins durchsetzen. 1922 kam die Dreigliederungsbewegung damit zu einem vorläufigen Ende[111]. Die Waldorfschulen und die *Anthroposophische Gesellschaft* wurden verboten. Die Reformbewegung teilte damit das Schicksal so vieler anderer fortschrittlicher Ansätze, die in der Weimarer Republik nicht durchgesetzt werden konnten. Sie wurde aber nicht ad acta gelegt, sondern inspirierte nachfolgend verschiedene Initiativen, die dem sozialen Wandel verbunden sind, mit weltweitem Erfolg. Beispiele dafür sind die Waldorfbewegung, die *Camphill*-Bewegung und auch das ethische Bankwesen mit Nachhaltigkeitsstandards. Zu einer gewissen Renaissance kam es in der Bundesrepublik der 1968er Jahre. Bei der Gründung der Partei *Die Grünen* wirkten Dreigliederungsanhänger mit[112].

Auf die globale Ausdehnung der kapitalistischen Ökonomie mit ihren verheerenden wirtschaftlichen, sozialen und ökologischen Folgen versuchten Teile der zivilen Gesellschaft ebenfalls globale Antworten zu ihrer Verhinderung zu finden wie etwa die Bewegung der Weltsozialforen. Man startete den Versuch einer „globalen Dreigliederung" mit dem ersten weltweiten Treffen 2001 in Porto Alegre in Brasilien.[113]

Die Gründungsgeschichte der Genossenschaft *Menschlich wirtschaften* in Stralsund begann mit der „Säule der Wirtschaft". Das

---

111 S. Christoph Strawe, *Impulse und Perspektiven der sozialen Dreigliederung im 20. und 21. Jahrhundert*, in: Sozialimpulse 1/09, S. 9

112 Zum Beispiel Joseph Beuys und der Achberger Kreis: https://www.erziehungskunst.de/artikel/soziale-dreigliederung-100-jahre-voraus/

113 http://weltsozialforum.org

war naheliegend, kommt Sabine Langer doch selbst aus einem wirtschaftlichen Beruf. „Amazon hat viele kleine Unternehmen kaputt gemacht, die Gewinne werden unversteuert in Holdings ins Ausland verlagert. Das System wird missbraucht".[114]

Das Konzept der Genossenschaft beinhaltet dagegen, die Wirtschaft zu regionalisieren, die Menschen vor Ort mitzunehmen, ihren Interessen und Bedürfnissen dienend. Regionale Anbieter und regionale Konsumenten müssen demzufolge zusammengeführt werden.

Das Werteleitbild der Genossenschaft ist außergewöhnlich in der Genossenschaftswelt und gleichzeitig ihr Alleinstellungsmerkmal. Alle Verträge, die geschlossen werden, beginnen mit der Präambel: „Wir bauen jetzt alle zusammen unsere neue Gesellschaft und jeder kann mitmachen."[115] Es lohnt sich, das Werteleitbild aufmerksam zu lesen.

Mit den Erträgen, die im Bereich der Wirtschaft erzielt werden, oder mit der Infrastruktur, die entsteht, können innerhalb der Genossenschaft freie Schulen, freie Kindergärten, freie Universitäten, eine freie Presse, eine freie Kultur unterstützt und wieder neu belebt werden. Die Rechtsform der Genossenschaft bietet sich dazu an, weil dort die Mitwirkungsmöglichkeiten sehr weitgehend sind. Wie in einem eigenen Mikrokosmos können alle eine achtsame und menschliche Welt aufbauen, in der Lösungen gefunden werden, die alle mittragen.

Gestartet wurde mit einem Anzeigenmarktplatz, über den Unternehmer und Freiberufler ihre Produkte und Dienstleistungen anbieten. In den Kategorien Gesundheit, Einkaufen, Handwerk, Dienstleistungen gibt es bereits ein vielfältiges Angebot, das jeden Tag weiterwächst. Das Stöbern lohnt sich und ist eine spannende Entdeckungsreise. Auch ein Angebot für ein „menschliches Reisen" von und für alle, die auf der Seite registriert sind, hat bereits zu sehr vielen interessanten Begegnungen geführt.

---

114 Gespräch mit dem Autor am 22.02.2022

115 https://menschlich-werte-schaffen.de

Einige Bereiche des *Marktplatzes für ein Ganzheitliches Leben* gehen allerdings über den Bereich einer Handelsplattform hinaus. Beispielweise unterstützt die Genossenschaft insbesondere darstellende Künstler dabei, sich mit außergewöhnlichen und auch privaten Veranstaltungsorten zu vernetzen. Dazu finden sich auch Menschen, die solche Veranstaltungen unterstützen können, beispielweise in der Anbahnung, im Auf- und Abbau, im Catering oder einfach, indem sie für Künstler Übernachtungsmöglichkeiten anbieten. Für alle Beteiligten geht es darum, selbstverantwortlich für den Erhalt einer Kultur einzustehen, die unsere Seele nährt und uns inspiriert, weiter zu denken, und unser Herz stärkt.

Der Bereich „Beruf & Berufung" ist ebenso ein Beispiel dafür, dass es um mehr als einen gewöhnlichen Stellenmarkt geht. Viele spüren, dass wir uns in einer Zeit der Transformation befinden und stellen damit auch ihr bisheriges Berufsbild in Frage. Die Zeit drängt es uns beinahe auf, uns noch einmal zu fragen, was unsere eigentliche Aufgabe in diesem Leben ist. Um diesen Prozess zu unterstützen, kann man ein Team von erfahrenen und achtsamen Coaches und Mentoren bei *Menschlich Wirtschaften* finden, die jeden auf Wunsch bei der Erforschung dieser Lebensfrage unterstützen können.

In diesen Zeiten entstehen besondere Lernorte und viele freie Schulen. *Menschlich Wirtschaften* arbeitet daran, diesen Prozess mit einer überregionalen Vernetzung zu unterstützen. Auch dafür wird die Vernetzungsplattform weiter ausgebaut, so dass diese Lernorte von suchenden Eltern gefunden werden können, so dass Lehrer neue sinnvolle Betätigungsfelder finden, und dass Wissen zur Verfügung gestellt wird, welches nicht durch jede einzelne Gründung neu erarbeitet werden muss.

Das eigentliche Kernstück des Engagements von *Menschlich Wirtschaften* ist der „Visions-Denk-Raum". Sabine Langer und Heidi Herbig erläutern diesen folgendermaßen:

> *„Wir alle erkennen, die Zeit ist reif und wir sind gefordert, eine*

> *menschlichere Welt mitzubauen. Viele stellen sich die Frage: Welchen Beitrag kann ich selbst für die Veränderung leisten? In dem Forum von Menschlich Wirtschaften laden wir jeden ein, in den unterschiedlichsten Themenbereichen eigene Impulse einzubringen und Menschen zu treffen, mit denen Ideen für eine menschlichere Welt im Miteinander wachsen und umgesetzt werden. Vieles wächst in gemeinsamen Gesprächen und Workshops auf wundervolle Weise in die neue Welt. In einem Denk- und Kommunikationsraum, in dem zugehört wird, respektvoll mit den Meinungen anderer umgegangen wird, können neue Erkenntnisse gewonnen, eine positive Zukunftsvorstellung entwickelt und echte Projekte ins Leben gebracht werden. Hier finden sich Arbeitsgruppen zu den Themen Gesundheit, Schule, Wissenschaft, Wirtschaft, Kultur und Kunst. Dieses Forum wird auch von Gruppen genutzt, um zunächst einmal völlig unabhängig von Menschlich Wirtschaften eigene Projekte zu starten. Um diesen Arbeitsprozess zu erleichtern, bietet das Forum viele Möglichkeiten, wie Umfragen, Dateienspeicher, Veranstaltungsplanung und natürlich eine Chatmöglichkeit mit Kommentar und Weiterleitungsfunktion. Gruppen können dort auf Wunsch auch völlig im Verborgenen agieren.“*[116]

Zurzeit wird das Konzept der *Genossenschaftsläden* gemeinsam in Workshops entwickelt. Es geht darum, sowohl eigene Läden der Genossenschaft aufzubauen, als auch bestehende und in anderen Gemeinschaften gerade entstehende Läden in einer Form einzubinden, sodass eine starke Gemeinschaft entsteht und gleichzeitig das Besondere jedes einzelnen Ladens zur Geltung kommt. Durch einen Verbund in einer größeren Gemeinschaft kann ein assoziatives Wirtschaften[117] entstehen, das landwirtschaftlichen Betrieben, Gärtnereien und Manufakturen langfristig einen gesunden Absatzmarkt

116 Schriftliche Auskunft vom 08.08.2022

117 Die wirtschaftlich tätigen Unternehmen organisieren bewusst ihre wirtschaftlichen Tätigkeiten miteinander.

gewährleistet und eine Begegnung mit dem Kunden auf Augenhöhe ermöglicht. Die Angebote wachsen mit dem Engagement aller. Die Nutzung der Plattform und das Stöbern auf dem Marktplatz sind allen registrierten Benutzern möglich, ohne bereits Mitglied der Genossenschaft zu sein.

Das Ganze lebt vom Umdenken der Menschen, der Anbieter und der Konsumenten, von der Verankerung in der Region. Gleichwohl ist der Genossenschaftsradius aber bundesweit. Zuverlässig organisiert und betreut wird alles von Heidi Herbig, die fast von Anfang an in der Leitung der Genossenschaft tätig und nicht mehr wegzudenken ist. Zu erwähnen sind ebenfalls Henryk Mioskowski, der im April mit in die Arbeit eingestiegen ist, und Kornelia Henke, die viel Schriftliches und alle Abrechnungen bewältigt, und so viele andere, die angefangen haben, auf ehrenamtlicher Basis mitzuarbeiten.

Menschen, die sich anschließen wollen, melden sich auf der Internetseite *www.menschlich-werte-schaffen.de* an und stellen sich dort persönlich vor. Wer ein Angebot einstellen möchte, kann das in den entsprechenden Kategorien tun und wird von dort mit der eigenen Internetseite oder dem Internet-Shop verlinkt. Inserate können dort zunächst für einen Euro pro Monat eingestellt werden. Geplant ist mittelfristig eine gemeinsame Handelsplattform zu errichten, über die die Produkte der Anbieter auch direkt erworben werden können. Über eine Provisionierung können dann die Überschüsse für soziale Anliegen verwendet werden. Dies können ganzheitliche Präventionshäuser, freie Schulen oder auch ein altersgerechtes Wohnkonzept sein.

> *„Mit den Unternehmensmitgliedern der Genossenschaft wünschen wir uns, nach und nach in einen gemeinsamen Lern- und Entwicklungsprozess im Sinne der Sozialen Dreigliederung einzusteigen. Wir werden dabei in diesen Zeiten natürlich vor riesige Herausforderungen gestellt, wenn wir postulieren, jeder muss das verdienen, was er tatsächlich braucht. Ein Weg dazu werden die*

> *sogenannten Assoziationen sein. Unternehmen und Konsumenten einer Wertschöpfungskette setzen sich zusammen, begegnen sich auf Augenhöhe und verhandeln miteinander, was wirklich gebraucht wird.*
> *Auch die Stellung der Mitarbeiter wird sich in diesen Unternehmen zunehmend verändern. Sie werden mehr und mehr zu Mitunternehmern. Allein dadurch könnte noch einmal ein unglaubliches Innovationspotential freigesetzt werden und damit möglicherweise den Mittelstand stützen. Dies kann nur Erfolg haben, wenn es in dem Geiste entsteht, allen zu dienen und nicht dem eigenen Profit. All dies kann nur gemeinsam erarbeitet werden. Dazu wird es Arbeitsgruppen für Unternehmen, möglicherweise Beratungsformate und Kongresse geben.*"[118]

Der Aufbau einer neuen Welt in der Dreigliederung verlangt auch neues Denken durch Lernen und Probieren.

Als Mitglied der Genossenschaft erhält man einen vergünstigten Zugang zu den Schulungen der *Akademie Zukunft Mensch*[119] von Axel Burkart. Das neue Denken und wie die Zusammenarbeit mit anderen Produzenten, Kunden und Lieferanten organisiert wird, muss gelernt werden. Wie sich jedoch in den letzten Monaten der gemeinsamen Arbeit vieler Beteiligten zu Themen wie der Gründung einer neuen Gesundheitskasse oder einer eigenen Akademie zeigt, sind diese bereits auf einem Weg, auf dem das neue Denken erkennbar wird und wunderbar funktioniert. Alle sind gemeinsam in einen Lernprozess eingestiegen, von dem noch niemand weiß, wo genau und wann er endet, der aber Zuversicht und Kraft gibt, in diesen Umbruchzeiten die richtigen Entscheidungen zu treffen.

Zu folgenden Bedingungen kann man sich an der *Genossenschaft* beteiligen:

Mitglied in der Genossenschaft können natürliche Personen

118 Schriftliche Auskunft vom 08.08.2022
119 https://akademie-zukunft-mensch.com

(Privatpersonen), Personengesellschaften (wie GmbH & Co. KGs) sowie juristische Personen des privaten (wie GmbHs und Vereine) und des öffentlichen Rechts (wie Kommunen, Religionsgemeinschaften und Stiftungen) werden. Mitglied kann nur werden und bleiben, wer die in der Satzung formulierten Ziele der Genossenschaft unterstützt und nicht gegen deren Geist verstößt. Dazu wird neben der Zeichnung der Anteile auch das Werteleitbild unterschrieben und akzeptiert.

Unternehmen mit Mitarbeitern zeichnen Geschäftsanteile in Höhe von mindestens drei Anteilen, die 600 Euro kosten. Privatpersonen und sogenannte Solo-Selbständige kaufen einen Anteil zu 200 Euro. Zusätzlich ist ein einmaliges Eintrittsgeld in Höhe von 400 Euro für Unternehmen und 100 Euro für Einzelpersonen und Solo-Selbständige zu entrichten.

Das Eintrittsgeld deckt die Aufnahmegebühr und die laufenden Kosten der Genossenschaft ab und wird bei Beendigung der Mitgliedschaft nicht erstattet. Von dem Eintrittsgeld wird auch ein kleines Gehalt an die bisher ehrenamtlich arbeitenden Mitarbeiter gezahlt. Mit Zustimmung des Vorstands kann man sich mit weiteren Geschäftsanteilen beteiligen. Die Übernahme der Genossenschaft durch Großinvestoren ist verwehrt – auch Großinvestoren haben nur eine Stimme.

Wenn die Mitglieder den Handel beginnen und über die Plattform Umsätze machen, geben sie einen kleinen Prozentsatz (2-3 %) oder mehr als Sozialbeitrag an die Genossenschaft ab, an der sie selbst beteiligt sind, damit das freie Geistesleben unterstützt werden kann. Interessenten können sich an die Genossenschaft wenden, wenn sie Projekte wie freie Schulen, freie Kindergärten, freie Künstler, ein freies Gesundheitswesen bezuschusst haben möchten.

Mit diesem Modell bewegt sich die Genossenschaft im bestehenden System: 2/3 des Gewinns der Genossenschaft gehen durch die Mitgliedschaft und den Beschluss des Vorstands der Genossenschaft in soziale Projekte. Das heißt auch, jeder Sozialbeitrag ist eine steuerliche Betriebsausgabe. 1/3 des Gewinns wird an die Unternehmen als Ausschüttungen zurückgezahlt oder die Unternehmen bestimmen, dass dieser im Unternehmen (= Genossenschaft) verbleiben und für unternehmerische Zwecke (die Förderung der Projekte) verwendet werden soll. Steuerlich ist die Vorgehensweise gut gelöst. Im Ergebnis wächst die Genossenschaft aus eigener Kraft „im System", sie ist nicht „dagegen" konzipiert, also „außerhalb des Systems". Mit dieser Regelung hat man das Finanzamt gleich auf seiner Seite.

Sabine Langer folgt damit Wrights These (s. Fußnote 73), dass man das bestehende System aus seinen Rissen heraus verändern kann: „Wir können aus der Gesellschaft wie ein Licht größer werden", sagt sie.[120]

In der Gründungsgruppe waren neben ihr und Heidi Herbig insgesamt 24 Personen wie Axel Burkart, Lothar Hirneise, Christian Kreiß und andere. Dem Vorstand und Aufsichtsrat von *Menschlich wirtschaften* ist ein Beirat zugeordnet, dem unter anderem Axel Burkart, Prof. Dr. Christian Kreiß, Friederike de Bruin, Gunnar Kaiser, Jens Fischer Rodrian und Dr. Wolfgang Wodarg angehören, die mit ihren jeweiligen fachlichen Erfahrungen die Arbeit unterstützen und aufgrund ihrer Bekanntheit zur Verbreitung aller Vorhaben beitragen.

Aktiv tätig sind zurzeit etwa 15 Personen, die sich um den Aufbau von Netzwerken auf Usedom kümmern, die die IT managen (hierbei wurde darauf geachtet, dass die eigenen Server in Deutschland stehen) und vieles andere mehr. Als Antriebskräfte dienen vor allem die ehrenamtlichen Vorstände Heidi Herbig, Henryk Mioskowski und Sabine Langer sowie Axel Burkart. „Es gibt aber auch in den Arbeitsgruppen wunderbare Menschen, ohne die wir nichts erreichen können. Und dass dieses Engagement jeden Tag mehr wird, zeigt uns, dass wir auf dem richtigen Weg sind."[121]

---

120 Gespräch mit dem Autor vom 22.02.2022
121 Schriftliche Auskunft vom 08.08.2022

Insbesondere die akute Not im Gesundheitswesen, vor allem in der Pflege, und die räumliche Unterbringung von älteren Menschen haben dazu geführt, sich mit der Einrichtung von *Gesundheitshäusern* zu beschäftigen. Sie sollen der Start in eine andere Art von Gesundheitswesen sein. Dabei ist gedacht an kleine, mittlere oder große Einrichtungen. Sie erinnern durch die Mitarbeit von allen Fachgruppen (z. B. Ärzte, Heilpraktiker, Heiler, Homöopathen) an Polykliniken, sind aber mit diesen nicht identisch. Gemeint sind Gesundheitshäuser, die eine ganzheitliche Medizin praktizieren. Selbstverständlich gehören auch gesunde Ernährung, Ernährungsberatung und viele andere gesundheitsfördernde Maßnahmen dazu: Große Außenbereiche in der Natur, ein Geburtshaus, Alters-Wohngruppen mit gemeinschaftlicher Küche, Wochenendseminare von Ärzten, Wohnungen für Waisenkinder.

Diese und weitere Innovationen stellen sich die Arbeitsgruppen vor. Dazu laufen bereits Pilotprojekte, an denen Ärzte und Arztgruppen beteiligt sind. Insbesondere die Idee, dass Alt und Jung zusammenwohnen, fasziniert, denn mehrere Studien aus Dänemark[122] zeigen: Wenn Ältere mit Jüngeren zusammen sind, geht es beiden Gruppen besser. Man könnte dort selber Kräuter anbauen, Hochbeete anlegen, die älteren Menschen mit einbeziehen, die Küche für alle nutzen. Auch für eine kleine Schule sei vielleicht noch Platz. Wolfgang Wodarg ist einer der Berater beim Aufbau der neuen *Gesundheitshäuser.*

Die *Weisheitsakademie* ist bereits angelaufen. Wieder steht der Gedanke des Mit- und Füreinander Pate. Menschen, die im Laufe ihres Lebens Fachwissen erworben haben, sollen aktiviert und motiviert werden, dies an andere weiterzugeben. Das unglaublich große Wissen, das „alte Wissen" von vielen älteren Menschen, das verloren zu gehen droht und das bewahrt werden und in die Gesellschaft

122 https://www.age-stiftung.ch/fileadmin/user_upload/Publikationen/Weitere_Publikationen/DK_50plus_web_01.pdf

zurückgebracht werden soll. Wer weiß heute noch, wie man fermentiert? Oder wie man gesund kocht? Oder wie etwas gestrickt wird? Wer kennt sich mit Permakultur aus? Jeder kann im Prinzip mit seinem Fachwissen einen Vortrag halten wie zum Beispiel eine 84-jährige Dame, die Expertin für persische Geschichte ist.

Den Aufbau einer *Bildungs-Akademie* hat eine Professorin übernommen, um Bildung in eigenen Studiengängen zu vermitteln. Die regulären Studiengänge zeichnen sich durch ihren „tunnelartigen" Blick aus. „Ärzte zum Beispiel", erklärt Sabine Langer, „werden so ausgebildet, dass sie irgendwann nur noch die linke und nicht mehr die rechte Hüfte operieren können, weil sie nicht mehr allseitig lernen"[123]. Die Akademie sucht Professoren, die aus dem „Tunnelblick" wieder einen „Weitblick" machen. Das findet auch bei den Dozenten großen Anklang, die im Beirat der Genossenschaft sind. Mit der Etablierung eines eigenen Studiengangs in Medizin wird man beginnen. Gut dazu passen Überlegungen im Rahmen der sozialen Dreigliederung, eine eigene Gesundheitskasse als Solidargemeinschaft zu gründen oder sich einer schon bestehenden anzuschließen, die eben auch die Leistungen bezahlt, die von den Mitgliedern gewünscht werden. Die Menschen wollen und können die Verantwortung für die eigene Gesundheit selbst übernehmen. An einem Konzept wird bereits gearbeitet.[124] Kunst- und Kulturprojekte werden vorbereitet.

Inzwischen sind weitere konkrete Ergebnisse zu vermelden: der erste Genossenschaftsladen in Stralsund, der Kooperationspartner, das Veranstaltungszentrum *Schnatermann* in Rostock haben eröffnet und die *Freie Schule Usedom* bietet Schülerinnen und Schülern neue Lernmöglichkeiten.

---

123 Gespräch mit dem Autor vom 22.02.2022

124 Zu der Fülle an Einzel-Einrichtungen, die in dieser oder jener Form der sozialen Dreigliederung verbunden sind, gehören Initiativen im Krankenversicherungswesen (*Samarita*, *Artabana*), Pensionskassen (*Hannoversche Kassen* in Deutschland, *PUK* in der Schweiz); auch Gründungen von freien Hoch- und Fachhochschulen (*Alanus-Hochschule*, *Witten-Herdecke* u. a.). Sie wären ohne den Impuls der Dreigliederung nicht denkbar.

Wer mehr erfahren möchte, hört am besten in die Podcasts auf dem Sender *Radio Berliner Morgenröte.* Dort hat sein Betreiber Oliver Schindler für *Menschlich Werte schaffen* eine eigene Rubrik eingerichtet. Hörenswert![125]

Während die Genossenschaft die wirtschaftliche Basis ist, werden im *Bündnis für Soziale Dreigliederung*[126] die Aktivitäten in den drei autonomen, aber gleichrangigen Bereichen zusammengeführt: dem Verband für ein autonomes Rechtsleben, dem Verband für ein autonomes Wirtschaftsleben und dem Verband für ein freies Geistesleben.

„Wenn wir uns mit unserem System selbst mit allem versorgen können," so Sabine Langer, „ohne auf Hilfe von ‚außen' angewiesen zu sein, dann haben wir viel gewonnen. Wenn jeder etwas dazu tut, können wir unsere eigene Welt aufbauen – für- und miteinander, das schaffen wir …"[127], und sie lacht dabei.

---

125 www.radio-berliner-morgenroete.de

126 https://sozialedreigliederung.org

127 Gespräch mit dem Autor vom 22.02.2022

10. Sozialunternehmer: Die *Regionalwert AG*

In Freiburg im Breisgau hat die *Regionalwert AG Freiburg-Südbaden*[128] ihren Firmensitz. Ihre Gründungsgeschichte und auch die Erfolgsgeschichte dieser Postwachstumsgesellschaft[129] geht in das Jahr 2006 zurück, als der Gärtner und Landwirt Christian Hiß sie initiierte. Die *Regionalwert AG* nennt sich selbst eine „Bürgeraktiengesellschaft", die in mehreren einzelnen Aktiengesellschaften in Deutschland Betriebe der ökologischen Landwirtschaft von der Produktion, über die Verarbeitung der Lebensmittel, ihren Vertrieb bis hin zur Gastronomie finanziert. Diese sind Firmen der Sozialökonomie und Subsistenzwirtschaft[130] und haben das Ziel, die Selbstversorgung mit Lebensmitteln zu leisten. Das Konzept und die Praxis der *Regionalwert AG* geht weit darüber hinaus. Nicht nur einzelne Biohöfe sollen betrieben werden, sondern die Versorgung wird auf ganze Regionen ausgedehnt, indem die Wertschöpfungskette zwischen Verbrauchern und Erzeugern erschlossen wird. Verbraucher sind zugleich bei der *Regionalwert AG* in hohem Maße auch Anteilseigner der Bürgeraktiengesellschaften, die damit über die Versorgung mitentscheiden und die regionale Ernährungssouveränität sicherstellen sollen.

Wie notwendig dies ist, zeigen Zahlen aus Baden-Württemberg:

Während 1975 noch etwa 198.000 Bauernhöfe in Baden-Württemberg existierten (davon etwa 108.000 mit einer Nutzfläche unter 5 ha), war die Zahl der landwirtschaftlichen Betriebe nach der letzten

128 www.regionalwert-ag.de; In einem Sondernewsletter wurde mitgeteilt, dass die *Regionalwert AG* im August 2023 in *Regionalwert AG Freiburg-Südbaden* umbenannt wurde. Der Firmensitz wurde von Eichstetten nach Freiburg verlegt.

129 Dirk Posse, *Zukunftsfähige Unternehmen in einer Postwachstumsgesellschaft. Eine theoretische und empirische Untersuchung*, Heidelberg 2015

130 Darunter versteht man die Produktion für den Eigenverbrauch (z. B. auf einem Bauernhof).

Landwirtschaftszählung 2020 um über 80 % auf etwa 39.400 zurückgegangen (davon unter 6.000 mit einer Fläche von 5 ha).[131] Die Zahlen für die ganze Bundesrepublik sind nicht besser. Viele einzelne Betriebe konnten sich wirtschaftlich nicht mehr halten, es kam zur Konzentration von bäuerlichen Großbetrieben, die einen vermehrten Maschineneinsatz erforderten. Dazu kam vor allem der Einsatz von Chemikalien und die Anzahl der Arbeitskräfte in der Landwirtschaft ging in der Folge kontinuierlich zurück. Zahlen, die die wirtschaftliche Dramatik deutlich machen und die wirtschaftliche Notlage, in der sich die Landwirtschaft und damit die eigenständige Lebensmittelversorgung in Deutschland befindet.

Mit der *Regionalwert AG* als Bürgeraktiengesellschaft sollen solche Unternehmen der Land- und Ernährungswirtschaft unterstützt werden, die als Investitionsobjekt wegen der mangelnden Rendite entweder unattraktiv sind und nur schwer Kredite oder keine Kredite von Banken für notwendige Investitionen bekommen. Im Gegenzug verpflichten sich aber die angeschlossenen, assoziierten Betriebe, ökologische und soziale Nachhaltigkeitsstandards einzuhalten, also einen sogenannten „ökologischen Mehrwert" zu erzielen. Neben dem finanziellen Erfolg wird dieser Mehrwert in einer eigens entwickelten, auf Nachhaltigkeitskriterien basierenden Rechenschaftslegung abgebildet. Dort stehen bisher ungewohnte Indikatoren wie „Biodiversität", „Arbeitsplatzqualität", „regionale Wertschöpfung" oder „fachliche Qualifikation".[132] Inzwischen werden die Regionalwert-Instrumente (Leistungsrechnung und Nachhaltigkeitsanalyse)

---

131 Zahlen des Statistischen Landesamts Baden-Württemberg: https://www.statistik-bw.de/Landwirtschaft/Agrarstruktur/Betriebe-LFGK.jsp

132 Ausführlich dazu in den Büchern von Christian Hiß, *Richtig rechnen! Durch die Reform der Finanzbuchhaltung zur ökologisch-ökonomischen Wende*, München 2015; Christian Hiß, *Regionalwert AG. Mit Bürgeraktien die regionale Ökonomie stärken. Ein Handbuch mit praktischen Hinweisen zur Gründung, Beteiligung und Umsetzung.* Freiburg 2021. Einen chronologischen Überblick gibt das Buch von Ralf Lilienthal, *Landwirtschaft wertschätzen. Die Regionalwert AG als Modell für eine ökologisch-soziale Wende*, Freiburg 2020; Eine Interview-Anfrage wurde am 02.05.2022 freundlich, aber abschlägig beantwortet. Daher ist der Autor auf schriftliche Veröffentlichungen beschränkt.

gegen geringe Gebühren anderen Landwirten und Wissenschaftlern angeboten.

Was hat die *Regionalwert AG* mit der Corona-Pandemie zu tun? Hier bestehen vielfache Zusammenhänge, wenn man sich die Folgen für die AG ansieht. Denn was ihre Initiatoren, aber beileibe nicht nur diese, immer wieder als denkbare Bedrohung unserer Existenz beschreiben, ist inzwischen Wirklichkeit geworden und mit Händen zu greifen: Globale Lieferketten rissen und führten zu Hamsterkäufen und Leerstellen in den Verkaufsregalen. Nahrungsmittel, Rohstoffe und Maschinen fehlten allerorts, globale Armuts- und Migrationsbewegungen verschärften die Situation, hinzu kommt nun auch noch die hausgemachte Energiekrise und vieles mehr. Dies alles sind – wenigstens vorübergehend und punktuell – Sternstunden der regionalen und auch ökologischen Wirtschaft. Dazu gehört sicherlich auch die *Regionalwert AG.*

„Fragt man die Vorstände der AGs nach den besonderen Umständen und Auswirkungen der Corona-Krise", berichtet Ralf Lilienthal „ergibt sich ein gemischtes Bild. Dabei gehören der außerordentliche Erfolg, insbesondere der Regionalwert-Direktvermarkter, und die kreative Solidarität für die angeschlagenen Netzwerkpartner unmittelbar zusammen. Denn, während der Umsatz auf den Märkten und in den Hofläden teilweise um mehr als das Doppelte gestiegen ist, waren und sind die biologischen Restaurants, Cafés oder Caterer genauso angeschlagen und existenziell gefährdet wie die konventionellen Betriebe auch".[133] In der Krise zeigt sich, dass die besondere Struktur der AG von großem Vorteil ist.

> *„Doch während die Folgen des Lockdowns das ‚Geschäftsmodell' des falsch rechnenden, sozial und ökologisch zerstörerisch wirkenden Kapitalismus ins Wanken bringen könnten, bietet sich das in allen wesentlichen gesellschaftlichen Bereichen umsetzbare*

133 A. a. O., S. 124 f.

> *Nachhaltigkeitskonzept der Regionalwert AG als Alternative geradezu an: Lokale oder mobile Schlachtereien statt Tiertransporte zu wenigen, hygienisch oder sozial umstrittenen Megabetrieben wie Tönnies in Rheda-Wiedenbrück. Kurze Lieferwege und Kreislaufwirtschaft statt Versorgungsengpässe im internationalen Handel. Sozialversicherte lokale Arbeitsplätze statt wandernden Niedriglohn-Erntehelfern. Mistkompost vom eigenen Vieh statt synthetischer Dünger aus Russland oder der Ukraine.*[134]"

Die *Regionalwert AG Freiburg-Südbaden* hatte zum Ende des Geschäftsjahres 2021 ein Stammkapital von 4.361.500 Euro, das sich auf 939 Aktionäre aufteilte.[135] Fremdkapital hat die *Regionalwert AG* nicht. Das Bilanzjahr schloss man mit einem Überschuss von 370.630,25 Euro ab. Der Bilanzverlust minimierte sich dadurch auf 1.317.405,70 Euro. Über die wirtschaftlichen Hintergründe gibt der Bericht des Vorstands ausführlich Auskunft.[136] Nach geltendem deutschen Aktienrecht können Privatpersonen und Organisationen vinkulierte[137] Namensaktien, die nicht gehandelt werden, erwerben. Außerdem geben einzelne Partnerbetriebe der *Regionalwert AG* Genussrechte für ihre Finanzierungsvorhaben aus. Seit der ersten Gründung gibt es mittlerweile Regionalwert-Aktiengesellschaften u. a. in den Großräumen Hamburg, Rheinland, Berlin-Brandenburg, Nordrhein-Westfalen sowie eine große Zahl Partnerbetriebe der Land- und Ernährungswirtschaft, die mit dem Kapital der Aktionäre finanziert werden.[138] Im Geschäftsbericht 2020 heißt es: „Es gibt mittlerweile acht *Regionalwert AGs* in Deutschland und Österreich. Im Münsterland wurde die Gründungsphase zum ersten Mal aus öffentlichen Mitteln gefördert.

134 Ebenda

135 Geschäftsbericht 2020 der Regionalwert AG Freiburg, S. 8: https://www.regionalwert-ag.de/detail/geschaeftsberichte/; Ralf Lilienthal spricht von „[…] fünf bestehenden AGs, über 100 Partnerbetriebe, zehn Millionen Kapital und 150 Millionen Umsatz …", a. a. O., S. 126

136 https://www.regionalwert-ag.de/detail/geschaeftsberichte/

137 Die Übertragung von Aktien an Dritte ist eingeschränkt.

138 https://www.regionalwert-ag.de/partnerbetriebe/bestehende-partnerbetriebe/

Weitere Regionen befinden sich in der Gründungsphase. Das Konzept ist gereift und findet große Beachtung."[139] Unter den erwähnten deutschlandweiten AGs[140] befinden sich Bauernhöfe, Lebensmittelhandwerker, Händler, Gastronomen und Dienstleister wie z. B. die *Agronauten*[141]. Diese interdisziplinäre Forschungsgemeinschaft aus dem Markgräflerland hat ihren Schwerpunkt in der nachhaltigen regionalen Agrar- und Ernährungskultur. Im Bilanzierungsprojekt *Richtig rechnen* wurde 2018/2019 die Finanzbuchhaltung erweitert durch die monetäre (geldliche) Bewertung externer Effekte.

> *„Die Regionalwert AG Freiburg führte in Kooperation mit den Agronauten e.V. ein Forschungs- und Entwicklungsprojekt zur Erfassung, Verbuchung und Bilanzierung sozialer, ökologischer und regionalwirtschaftlicher Leistungen in der Landwirtschaft durch [...] Das Projekt ist vor dem Hintergrund entstanden, dass nachhaltig arbeitende Betriebe durch Maßnahmen (z. B. Verzicht auf chemisch-synthetische Dünge- und Pflanzenmittel, extensivere Tierhaltung, regionale Herkunft von Betriebsmitteln, Verwendung von samenfesten Sorten etc.) negative externe Effekte der Landwirtschaft vermeiden und dafür einen zusätzlichen Aufwand und Mehrkosten in Kauf nehmen. Der Mehraufwand und die damit verbundenen Kosten werden in der klassischen betriebswirtschaftlichen Perspektive meist vernachlässigt, bzw. die Leistungen der Landwirtschaft werden im Jahresabschluss nicht oder wenn, dann nur auf der Kostenseite berücksichtigt, nicht aber auf der Vermögensseite. Dadurch entsteht ein finanzieller Nachteil für die Betriebe. D. h. Betriebe, die besondere Leistungen bringen, haben einen höheren Aufwand aber in der Regel weniger Gewinn.*

139 Geschäftsbericht 2020 der Regionalwert AG Freiburg, S. 2: https://www.regionalwert-ag.de/detail/geschaeftsberichte/

140 Nähere Informationen unter www.regionalwert-impuls.de

141 https://www.agronauten.net; Rainer Monnet gründete sie und entwickelte einen innovativen Entwurf eines Bilanzierungssystems einer Ökonomie der Zukunft. Dazu: Rainer Monnet, *Wertebilanz. Werte nachhaltig bilanzieren – für eine zukunftsfähige Ökonomie*, Bretten 2021

> *Um die Leistungen sichtbar zu machen, ist es wichtig auch diese Kostenfaktoren und Leistungen in der Finanzbuchhaltung zu erfassen. Dazu müssen diese benannt, erfasst, bewertet und schließlich monetarisiert werden. Das heißt der Ausgangspunkt im Projekt lag in der Identifikation von Indikatoren zur Erfassung von Nachhaltigkeitsleistungen eines landwirtschaftlichen Betriebes. Der Schritt in die Buchhaltung erfolgte dann durch eine monetäre Bewertung der Nachhaltigkeitsleistungen[142]. Geplant ist, die Vergütung der Nachhaltigkeitsleistungen über einen Fonds zu finanzieren [...]"*[143]

Mit dem Innovationsprojekt *QuartaVista* (Laufzeit November 2018 bis März 2021 entwickelte die *Regionalwert AG Freiburg-Südbaden* ein „Navigationssystem für Unternehmen, das die klassisch finanzielle Erfolgsrechnung um die Dimensionen Ökologie, Wissen und Gesellschaft erweitert. *QuartaVista* bietet werteorientierten Unternehmen ein digitales Instrument, das die Unternehmenssteuerung, -planung und -bilanzierung verknüpft."[144] Es erweitert die Leistungskennzahlen und misst den Erfolg von ökologischen, gesellschaftlichen, wissensbasierten und regionalökonomischen Leistungsfaktoren, die in der *QuartaVista*-Gewinn- und Verlustrechnung und Bilanz dargestellt werden.[145]

„Sicher merken wir bei den Konsumenten einen allmählichen Gesinnungswandel", ist die einhellige Meinung der Vorstände, „aber nicht weniger wichtig sind die Langzeitwirkungen. Viele Menschen haben zum ersten Mal am eigenen Leib erfahren, dass ihre Ernährungssouveränität angreifbar ist. Und weil sie wieder verstärkt gekocht haben, mussten sie sich über die Qualität und Herkunft ihres Essens Gedanken machen."[146]

---

142 Nähere Informationen unter https://www.regionalwert-leistungen.de

143 regionalwert-ag.de/forschungsprojekte-der-regionalwert-ag-freiburg/richtig-rechnen/

144 regionalwert-ag.de/forschungsprojekte-der-regionalwert-ag-freiburg/quarta-vista/

145 Abschlussbericht Quarta Vista: https://www.quartavista.de/abschlussbericht-jetzt-verfuegbar

146 Lilienthal, S. 125

Die Verleihung des Nachhaltigkeitspreises an den Gründer Christian Hiß[147] als erster „Social Entrepreneur der Nachhaltigkeit" 2009[148] und des *ZEIT*-Nachhaltigkeitspreises 2020[149] sind die öffentlichen Auszeichnungen als Anerkennung für eine wirkliche Bürgerbewegung.

Gemeinwohlorientierte Versorgungssysteme sind weitgehend regional aufgestellt. Das ergibt sich aus der Natur der Sache selbst. Entweder organisiert man kreative und nachhaltige Selbstversorgung, indem Dinge gemeinsam und länger genutzt werden (regionales Wirtschaften oder Tauschringe) oder baut Vertrauensgemeinschaften auf – dies oft gepaart mit Subsistenzwirtschaft –, schert mit ihnen aus Teilen der kommerziellen Fremdversorgung aus und stellt sich „auf die eigenen Beine". Dazu gibt es beeindruckende Beispiele, die ihre Kinderkrankheiten längst überwunden und sich etabliert haben.

Dies auch deshalb, weil sie sich von den Denkschablonen und Falschbehauptungen des neoliberalen Zeitgeistes konsequent getrennt haben, nämlich denen, dass „der Markt" alles richtig mache, die Konkurrenz „das Geschäft belebt" und das Privateigentum dem Wohle der Allgemeinheit diene.

---

147 Von der umstrittenen Berliner Tageszeitung *TAZ* 2017 abschätzig als „Der Gemüse-Kapitalist" bezeichnet.

148 Pressemitteilung dazu: https://www.nachhaltigkeitsrat.de/presseinformationen/pressemitteilungen/christian-hiss-29-10-2009/

149 https://www.regionalwert-hamburg.de/2020/08/26/newsletter-nr-80/

Wegweiser stehen hinten.

11. Von Denkfallen und Visionen

Wir leben in einer Welt, die so, wie sie heute ist, von den meisten Menschen nicht gewollt wird. Die Mehrheit der Menschen wird hier sicher zustimmen – und die gegenwärtige Situation beklagen. „Was kann man denn dagegen unternehmen?", fragen sich viele.

Sehr schnell kommt man an den Punkt des maximalen Grübelns: Das Nachdenken verhält sich zum Tun wie ein Taschenlämpchen zu einem Scheinwerfer, bemerkte dazu einmal ein Schweizer Publizist. Doch Jammern hilft nicht wirklich, es tröstet nur ein bisschen. Das Gefühl, ausgeliefert und ratlos zu sein, wird dadurch nur noch größer. Peter Schmuck, den ich 2021 kennenlernte, hat mich dabei auf „Denkfallen" aufmerksam gemacht, die es vermögen, dass wir uns selbst bei der Verwirklichung von Visionen im Wege stehen. Oft sind es angebliche „Lebensweisheiten", die in Wahrheit nur Scheinwahrheiten sind. Es handelt sich dabei um Annahmen über uns und unsere Natur, über wirtschaftliche „Glaubenssätze" und vieles mehr.[150] In dem Maße, in dem wir sie akzeptieren, tappen wir in selbstgestellte Fallen. Schon früh werden sie Kindern und Jugendlichen in der Schule als „Wahrheiten" vermittelt und zu festen „Glaubenssätzen" verdichtet. Tatsächlich sind es aber gezielte geistige und emotionale Beeinflussungen, die die Menschen zu einem Verhalten bewegen oder ein bestimmtes Verhalten verhindern sollen.

150 S. auch: Patrick Schreiner/Kai Eicker-Wolf, *Wirtschaftsmärchen. Hundertundeine Legende über Ökonomie, Arbeit und Soziales*, Köln 2023

Zu solchen Suggestionen, die in diesem Zusammenhang von Bedeutung sind, gehören[151]:

- *Wir Menschen seien vor allem egoorientierte und wettbewerbsgetriebene Wesen.*
- *Konsum mache glücklich; viel Geld ermögliche viel Konsum und mache daher besonders glücklich.*
- *Ein Geldsystem mit Zinsen sei für eine Wirtschaft notwendig.*
- *Andauerndes Wirtschaftswachstum sei notwendig.*
- *Privatbesitz öffentlicher Dinge diene zu deren Erhalt.*
- *Es sei unnötig und trivial, den Sinn des eigenen Lebens finden zu wollen.*

Diese Annahmen sind nicht zielführend für eine neue, andere Gestaltung unseres Lebens, und solange wir diese Annahmen ergeben hinnehmen und nicht kritisch hinterfragen, wird es beim Klagen über die unhaltbaren Zustände bleiben. Das kritische Hinterfragen ist nun aber der erste Schritt, um den Blick für neue Horizonte zu öffnen. Die Konturen einer neuen Lebensweise sind dann sichtbar und auch erreichbar, Visionen werden machbar. Die Kraft der Visionen macht Mut und lehrt uns, wie individuelle und gesellschaftliche Alternativen entstehen können und auch, an welche Voraussetzungen ihre Realisierung geknüpft ist.

Woran liegt es eigentlich, dass die Visionen von einer besseren Welt – und sei es nur erst einmal der eigenen kleinen Welt – häufig auf halbem Wege stecken bleiben, vom Alltag und dem stillen Zwang der Verhältnisse aufgehalten werden und unerfüllte Wünsche bleiben? In welchen Dilemmata verstricken wir uns immer wieder? Gibt es eigentlich Erfolgsfaktoren, durch deren Beachtung Visionen Wirklichkeit werden? Ja, es gibt sie und es gibt mehr von ihnen, als man zunächst glauben mag.

---

151 Peter Schmuck, *Die Kraft der Vision. Plädoyer für eine neue Denk- und Lebenskultur*, München 2015, S. 15

Von dem Aufbau der *Energiewendedörfer* und *Zukunftskommunen*, von denen noch die Rede sein wird, können wir lernen, welche Faktoren für ein Gelingen von Bedeutung sind. Peter Schmuck hat sie in langjähriger Arbeit zusammengetragen:

1. *Den großen Rahmen unseres Lebens reflektieren: Geben Sie offen und neugierig Ihre Energie in die Mitgestaltung einer neuen Welt und vertrauen sich Menschen an, die daran arbeiten.*
2. *Anspruchsvolle Ziele setzen: Machen Sie Ihren eigenen persönlichen Beitrag fest und setzen alleine oder in Gemeinschaft konkrete Vorhaben um.*
3. *Konkrete und erreichbare Zwischenschritte: Behalten Sie bei den kleinen Schritten das große Ganze im Auge, protestieren Sie gegen politische Bedrohungen und gewinnen dabei neue Mitstreiter.*
4. *Inspirationen suchen – was geht schon anderswo? Lassen Sie sich von Erfolgsgeschichten inspirieren und suchen deren Akteure auch auf, um den Funken aufzunehmen und weiterzutragen.*
5. *Vernetzen, Kräfte bündeln: Finden Sie gleichgesinnte Menschen und vernetzen sich mit ihnen.*
6. *Sich selbst und anderen Mut machen: Überwinden Sie Hürden und Hindernisse durch den Mut von anderen Funkensprühern, an die Sie sich anschließen oder von denen Sie ihre Kraft empfangen; dann werden Sie die Kraft der Vision spüren, um Ihren Mut für die eigenen Vorhaben aufrechtzuerhalten und zu spüren.*
7. *Feiern: Feiern Sie regelmäßig die kleinen und großen Erfolge, um das inspirierende Miteinander und das Gefühl des Aufgehobenseins zu spüren.*[152]

Dies ist ein geballtes Paket an Erfahrungen, Aufforderungen und Inspirationen, finden Sie nicht auch?

Wo finden wir nun diese gebündelten Erfahrungen in erfolgreichen lokalen und regionalen Projekten? Bei der Suche danach

152 Peter Schmuck, *Die Kraft der Vision*, S. 91-96

werden wir feststellen, dass wir auf Menschen treffen, die ganz offensichtlich „ihr Ding“ gefunden haben, mit Leidenschaft und hoher Energie und Hartnäckigkeit dranbleiben, da es eben „ihr Ding“ ist.

„Ganz ist der Mensch eigentlich nur dort“, so Viktor Frankl, „wo er ganz aufgeht in einer Sache, ganz hingegeben ist an eine andere Person. Und ganz er selbst wird, wo er sich selbst – übersieht und vergi[ss]t.“[153]

---

153 Viktor Frankl, *Der leidende Mensch*, München 1990, S. 74

12. Initiativen in Kommunen erfolgreich umsetzen

Das Geheimnis nachhaltiger Veränderungen heißt: endlich anfangen!

Das könnte das Motto von Peter Schmuck sein, der Ende der 1950er Jahre in Leipzig geboren wurde. Schon mit 17 Jahren fühlte er sich in den beiden Weltsystemen Sozialismus und Kapitalismus nicht wohl: Beide hielt er nicht für zielführend, unfair und ungerecht. Seitdem bewegt ihn die Frage: Gibt es einen „dritten Weg"? Aktiv-konstruktiv geht er an die Welt heran, schafft sich aus der Realität seine eigene Wirklichkeit. „Ich bin Konstruktivist", so Peter Schmuck über sich selbst.[154] Sein Studium der Psychologie an der *Humboldt-Universität* in Berlin gibt ihm die theoretische Grundlage, 1995 Habilitation in Göttingen, ab 1997 beginnt seine praktische Arbeit. Seit 25 Jahren beschäftigen ihn die Themen „Nachhaltige Entwicklung, Bioenergie und Energiewende". In Potsdam wird er Leiter des Instituts für Nachhaltigkeit und Umweltpolitik und dort auch Professor für Umweltpsychologie und Nachhaltigkeitsmanagement.

Wer mit ihm zu tun hat, spürt die Tatkraft, pragmatisches, kluges Vorgehen und die Lebenserfahrung, die den positiven Drive gibt, mit dem er durch das Leben geht. Offener Blick hinter einer unauffälligen Nickelbrille, immer präsent, unaufdringlich und ein guter Beobachter. An verschiedene Hochschulen hat ihn seine wissenschaftliche Arbeit geführt – Greifswald, TU Berlin, Potsdam, Kassel, Magdeburg, Eberswalde. Über seine Entwicklungsprojekte hat er auf mehreren Kontinenten Vorträge und Vorlesungen gehalten, in Amerika und Australien, wobei das Interesse in asiatischen Ländern wie Japan, Indonesien und China besonders stark war.

---

154 Gespräch mit dem Autor vom 22.03.2022

Die von ihm und seinem Team konzipierten *Energiewendedörfer* stellen ihre Energieversorgung auf regional langfristig verfügbare, nachwachsende Rohstoffe wie Holz, Stroh und Pflanzensilage (Biomasse) um. Die Nutzung dieser Rohstoffe kann klimaneutral gestaltet werden und sie müssen nicht mit aufwändigen Transporten um die Welt herbeigeschafft werden. Man fördert nicht zuletzt die eigene Region.[155] In Jühnde bei Göttingen entstand 2005 das erste Bioenergiedorf. Das war der Startschuss für die Bewegung, Dörfer auf neue Energieträger umzustellen.

Über 160 Kommunen und Gemeinden in Deutschland[156] sind inzwischen zu einem Bioenergiedorf geworden und auf einer interaktiven Karte zusammengefasst. Es lohnt sich, die interaktive Landkarte einmal anzuschauen. Oft ist das nächste Bioenergiedorf oder die Zukunftskommune näher, als man denkt.

Dort findet man Dörfer, deren Namen man noch nie gehört hat, die aber ihrer (unserer) Zeit schon weit voraus zu sein scheinen. Von Ahrenswohlde mit etwa 600 Einwohnern bis Zepkow mit über 200 Einwohnern reicht die Auflistung der Energiedörfer mit genauen Angaben zur Menge des erzeugten Stroms und zu den verwendeten Biomasse-Materialien. Die Beteiligungsquoten sind dort ebenfalls zu sehen. Die Dörfer produzieren ihren elektrischen Strom zu 100 % selbst, die Wärmeenergie zu 50 % und beginnen nun damit, eigenen Treibstoff zu produzieren. Die Entwicklung der Energiedörfer ging von 2005 bis 2014 steil bergauf, von Null bis auf 150 Dörfer wuchs die Bewegung in 9 Jahren. Im Moment stagniert die Entwicklung.

Wer die Verbindung von den gravierenden politischen Veränderungen seit Frühjahr 2020 bis hin zum selbst produzierten Supergau im Energiesektor zieht, der wird nun neidvoll zu diesen Energiewendedörfern schauen, die sich von den horrenden

155 http://www.peterschmuck.de, Plädoyer für nachhaltige Entwicklung

156 https://energiewendedörfer.de

Strom- und Gaskostenabrechnungen abgekoppelt und ihre Energieversorgung lokal und regional in Eigenregie übernommen haben. Inzwischen ist die Formel „lokal ist die Zukunft" eine Binsenweisheit.

„Starten Sie die Energiewende in Ihrer Kommune!"[157] lautet die Aufforderung an Interessierte auf der Internet-Seite der Energiewendedörfer.

Dort findet man Handlungsempfehlungen für den Fall, dass Einzelne oder eine Dorfgemeinschaft als Initiatoren ihr Dorf zu einem Energiewendedorf umbauen und starten möchten. Der erste Schritt ist die Geburt einer Idee. Initiatoren kommen zusammen und checken die örtlichen und fachlichen Kompetenzen. Gibt es Fachleute für Planung, Bau, Finanzierung, Vermarktung? Wie ist die soziale Akzeptanz? Was kann man für ihre Förderung tun? Es folgt eine technische Machbarkeitsstudie durch ein (in der Regel) externes Beratungsbüro, das den Energiebedarf der Kommune ermittelt, aktuelle Reduktionsmöglichkeiten des Verbrauchs prüft und die vorhandenen Ressourcen vor Ort sichtet. Ist alles positiv abgeschlossen, kommt die Vorplanung und Entwurfsplanung, in der die notwendigen Verträge geschlossen und Gesellschaften gegründet werden. Häufig werden Genossenschaften als Rechtsform gewählt. Nun folgen der Bauantrag und der Bau der beschlossenen Gebäude und Anlagen. Schließlich geht es um die regionale Verteilung und Vermarktung der erzeugten Energie, auch die Vermarktung von Überschüssen, die selbst nicht benötigt werden.

Während ganz Deutschland unter den Folgen der Sanktionen gegen Russland leidet, können sich die Menschen entspannt zurücklehnen, die eine dezentrale Energiewende bereits eingeleitet haben oder praktizieren. Ihnen sind viele Nachahmer zu wünschen. Dazu folgende Beispiele:

157 https://zukunftskommunen.de/blog/starten-sie-die-energiewende-in-ihrer-kommune-leitfaden-jetzt-online/

Am 19.07.2022 titelte die *B.Z. – Die Stimme Berlins*: „Dieses Brandenburger Dorf pfeift auf hohe Gas- und Energiepreise. Ganz Deutschland ächzt unter steigenden Strom-, Gas- und Wärmepreisen, fürchtet den Gas-Lieferstopp. Die 130 Einwohner von Feldheim nicht. Ihr Dorf versorgt sich selbst mit Energie – seit zwölf Jahren!“[158] 2002 wurde das Dorf in der Nähe von Treuenbrietzen das erste energieautarke Dorf Deutschlands.

„Ich habe seit 2010 nicht mehr auf die Strom- und Gaspreise geschaut“, lacht Joachim Schmidt und lehnt sich entspannt zurück. Ganze 12 Cent zahlt er für die Kilowattstunde Strom – knapp ein Drittel vom gesamtdeutschen Durchschnittspreis. Gekostet hat ihn das damals 3000 Euro für die Beteiligung an der *Feldheim Energie GmbH & Co KG*. Schmidt fasst den damaligen Schritt folgendermaßen zusammen: „Das zahlt sich jetzt aus.“[159]

Aus dem ersten Windrad in den 1990er Jahren wurde mehr, Einnahmen flossen in den kommunalen Haushalt, damit konnte die Infrastruktur (Straßen, Laternen, Fußwege) erneuert werden. Es klingelte in der Kasse: Bis zu 200.000 Euro Gewerbesteuereinnahmen konnte man verbuchen. 2009 kam die Fernwärme dazu. Dafür baute die Agrar-Genossenschaft eine Biogasanlage. Chef Sebastian Herbst erklärt die Abläufe: „Das Gas entsteht aus der Gülle unserer Schweine und dem Mais vom Feld. Eine Gasturbine macht daraus Strom und Wärme.“ Ein Megawatt kostet auf diese Weise 7,5 Cent.[160]

Ein Hackschnitzel-Kraftwerk für Holz aus Wäldern der Region liefert im Winter Fernwärme, wenn die Biogasanlage zu wenig Energie produziert. Inzwischen gibt es eigene Strom- und Fernwärmeleitungen zu jedem Haushalt. Überschüssiger Strom wird ins Netz eingespeist. Trotz aller Preissteigerungen – Strom und Wärme bleiben preiswert.

---

158 https://www.bild.de/regional/berlin/berlin-aktuell/brandenburger-dorf-feldheim-energie-krise-nicht-bei-uns-80739282.bild.html

159 Ebenda

160 Ebenda

Seit 2017 stößt Peter Schmuck die *Zukunftskommunen*[161] an. In allen Flächen-Bundesländern gibt es sie inzwischen. Dazu gehören auch „zwei Klöster, sieben Ökogemeinschaften, ein Hochschulcampus und auch zwei Gemeinwohl-zertifizierte Gemeinden sind im Kreis. Und 48 weitere Orte, an denen engagierte Menschen unbeirrt vom politischen Hin und Her das tun, was das Gebot dieser Jahre ist: Unsere Kommunen, in denen wir leben, zukunftsfähig zu machen. Viel Freude beim Vernetzen, beim neugierig Sein, wo andere Kommunen schon weiter sind."[162] Gemeint sind die heute genau 67 Kommunen, die auf vier Transformationsfeldern (Ökonomie, Ökologie, Soziales und Bildung/Kultur) wenigstens einen kommunalen Erfolg vorweisen können, zum Beispiel ihren Gemeinde-Haushaltsplan an der Gemeinwohlökonomie ausgerichtet zu haben. Peter Schmuck porträtiert sie und vernetzt sie untereinander. In seinem regelmäßigen Newsletter informiert er über neue Entwicklungen.

Die dezentrale Energiewende fand auch im bayerischen Landkreis Ebersberg statt. Dort ist ein kommunales Energieversorgungsunternehmen entstanden, das als lokaler Stromanbieter die Energiewende vorantreibt. Die erneuerbare Energie wird ausschließlich in der eigenen Region erzeugt und versorgt inzwischen tausende Kunden mit Ökostrom. Die wachsende Nachfrage wird mit zusätzlichen PV-Anlagen gedeckt. Bis 2030 wird man sich von endlichen Energieträgern abgekoppelt haben. Eigentümer des örtlichen Stromnetzes sind die Gemeinden und damit über eine gemeinsame Gesellschaft die Bürger, nicht ein privates Energieunternehmen. „Da wird geklotzt, nicht gekleckert."[163]

Ähnliches ist aus dem oberbayerischen Kirchanschöring im Landkreis Traunstein zu lesen[164] oder Rettenbach am Auerberg[165], die auch

161 https://zukunftskommunen.de
162 https://zukunftskommunen.de/?p=2717
163 https://zukunftskommunen.de/?p=3117
164 https://zukunftskommunen.de/?p=2864
165 https://www.rettenbach-am-auerberg.de/unser-dorf/weichbergtaler/

eine eigene Währung, den „Weichbergtaler“[166] herausgeben.[167]

Mittlerweile hat sich die Plattform über die Zukunftskommunen zu einem Kompendium für kommunale Innovationen in verschiedenen Feldern der Nachhaltigkeitstransformation entwickelt. Über 100 Beiträge finden sich dort, die man ganz einfach durch die Eingabe eines Schlüsselbegriffs im Suchfeld findet wie zum Beispiel zu LED, gentechnikfrei, Regionalwährung. Das Kompendium wird ständig erweitert.[168]

Pflegebauernhöfe

Im März 2023 war dort von einem „Netzwerk von *Pflegebauernhöfen*“ die Rede, die gerade neu entstehen.

„Viele Menschen möchten im Alter nicht allein, aber selbstbestimmt leben. Und wenn die Kräfte nachlassen, noch im Leben stehen und etwas Sinnvolles tun“, berichtet Peter Schmuck auf der Internetseite der Zukunftskommunen.

> *„Auf der anderen Seite kämpfen zahlreiche kleine Bauernhöfe ums Überleben. Einen Lichtblick für ältere Menschen und sozial engagierte Bauernhöfe bietet ein Pflegebauernhof. Das ist ein landwirtschaftlicher Betrieb, der mit seiner sozialen Dienstleistung (also Unterbringung und Betreuung der älteren Menschen) mehr Einkommen erwirtschaftet als mit der Produktion von Lebensmitteln. Um die Betreuung der Seniorinnen und Senioren zu gewährleisten, arbeiten hier Pflege-Profis mit der Landwirtsfamilie zusammen. Dieses Modell geht also über eine Mehrgenerationen-WG auf dem*

---

166 Rettenbach am Auerberg – ein autarkes Dorf: https://youtu.be/qZSS9ecWCx8; Nachahmer finden sich in Fuchstal/Leeder: https://www.br.de/nachrichten/bayern/energiekrise-gemeinde-fuchstal-profitiert-von-eigener-erzeugung,TCDQB1b und in Wildpoldsried im Oberallgäu: https://www.wildpoldsried.de/

167 Die *Allmendeland eG*: https://zukunftskommunen.de/blog/allmendeland-projekt-landsicherung-durch-gemeinschaftlichen-landbesitz/, das *Ackersyndikat*: https://ackersyndikat.org; https://www.syndikat.org und das *Kartoffelkombinat*: https://www.kartoffelkombinat.de/blog/ sollten Sie sich einmal ansehen.

168 Lexikon kommunale Innovationen: https://zukunftskommunen.de/blog/lexikon-fuer-kommunale-innovationen/

Bauernhof hinaus, bei der meist nur die Bäuerin kocht und hilft. Pionier und Treiber der Idee ist Guido Pusch, Landwirt und Gründer des 2011 gegründeten ersten Pflegebauernhofes in Marienrachdorf. Auf seinem Familienbetrieb im Westerwald wohnen derzeit 22 Seniorinnen und Senioren: die pflegebedürftigen Menschen in zwei Wohngemeinschaften (WG) in einer ehemaligen Scheune auf dem Hof; die aktiven und mobilen in einer Selbstversorger-WG in der Nachbarschaft. Zum Bauernhof gehören Rinder, Schweine, ein Pferd, Hühner, Katzen, Gänse, Alpakas und Bienen. Die Menschen helfen mit, die Tiere zu versorgen, aber auch beim Ernten und Kochen. Jeder und jede tut, was er oder sie kann und mag: Ein ehemaliger LKW-Fahrer wartet den Traktor. Ein Ex-Landrat aus Hessen hilft bei der Geburt von Kälbern. Solche sinnstiftenden Arbeiten bringen die Senioren und Seniorinnen wieder in Schwung. ‚Unsere Bewohner fühlen sich besonders von den Tieren gebraucht und haben morgens einen Grund aufzustehen', berichtet Guido Pusch. Seither kommen viele Anfragen von SeniorInnen aus dem ganzen Land, die gerne nach Marienrachdorf kommen wollen. Deshalb haben sich die Gründerinnen entschlossen, ihre Erfahrung anderen Höfen zur Verfügung zu stellen und sie bei der Umstellung und Betriebserweiterung zu begleiten."[169]

Wegen der großen Nachfrage und auch um diese Idee zu verbreiten, wurde ein Beratungskonzept[170] geschrieben, um auch anderen die Möglichkeit zu geben, ihren Bauernhöfen eine Zukunft, den älteren Menschen ein neues Zuhause zu geben und sich von Vermarktungszwang und Agrarsubventionen mit einengenden Bedingungen zu befreien. Eine wahrhaft mit-menschliche Idee für alle Beteiligten!

Stöbern Sie einfach einmal selbst auf den spannenden Seiten der „Zukunftskommunen" und „Energiedörfer". Vielleicht kommen Sie ja selbst auf den Geschmack!

---

169 https://zukunftskommunen.de/?p=5894

170 Das Konzept findet man auf der Internetseite: www.zukunft-pflegebauernhof.de

Mietshäuser-Syndikat

Wie eine Sozialpolitik dazu führen kann, dass öffentliches und genossenschaftliches Eigentum gefördert werden kann und bisher an den Rand Gedrängte ermächtigt, zeigt das Beispiel des *Mietshäuser-Syndikats*. Es entstand Ende der 1970er Jahre in West-Berlin, als der SPD-geführte Senat in großem Stil Häuser abreißen lassen wollte. Es kam zu umfangreichen Hausbesetzungen. Im Ergebnis wurden nach langen Verhandlungen hunderte Häuser in kommunales oder genossenschaftliches Eigentum überführt. Das *Mietshäuser-Syndikat*, dem inzwischen ungefähr 150 Hausprojekte angehören, ist ein Beispiel für die konkrete Umsetzung dieser Politik. Das Modell fußt darauf, dass die Käufer der Immobilien zugleich ihre Mieter sind (also nicht mit den Immobilien und einer Mietsteigerung am Markt spekuliert wird), die sie zugleich auch selbst verwalten. Ein Verkauf der Immobilie durch Einzelne wird dadurch nahezu unmöglich gemacht, dass die betreffende Mietergruppe und der Dachverband zu je fünfzig Prozent die Immobilie besitzen und dadurch ein Verkauf immer nur einvernehmlich stattfinden kann. Ein gutes Beispiel für eine von unten organisierte „demokratische Vergesellschaftung des Eigentums“[171].

Engagieren Sie sich! Lassen Sie sich inspirieren! Es gibt genügend Themen und konkrete Projekte, bei denen Sie mitmachen könnten – es ist notwendig, lohnt sich allemal und macht einfach Spaß! Sie sind nicht allein und alles beginnt mit dem ersten Schritt.

„Reale Utopien“[172] nennt der amerikanische Soziologe Erik Olin Wright das. In den „Rissen und Räumen“ des Kapitalismus emanzipatorische Alternativen aufbauen, bestehende Spielräume nutzen, könnte man auch sagen.[173]

---

171 Raul Zelik, *Wir Untoten des Kapitals. Über politische Monster und einen grünen Sozialismus*, 3. Auflage, Frankfurt am Main 2021, S. 80; www.syndikat.org

172 Erik Olin Wright, *Reale Utopien. Wege aus dem Kapitalismus*, Frankfurt am Main 2020

173 Ein aufregendes Buch haben dazu auch Silke Helfrich und David Bollier geschrieben: *Frei, fair & lebendig. Die Macht der Commons*, Bielefeld 2020. Das Werk ist frei

Oder bauen Sie regionale Vertrauensgemeinschaften auf! Gemeinschaften vor Ort mit persönlich bekannten Menschen, zum Beispiel in den Bereichen Nahrung, Wasser, Wärme, Strom, Gesundheit/Heilung, Kommunikation, Bildung/Betreuung der Kinder, Umgang mit Alten, Kraftstoff, Handwerk, Hausbau, Reparaturen, Kultur, Tausch- und Regionalwährungssysteme. Auf der Website der *Zukunftskommunen* finden Sie eine Checkliste, wie man dabei vorgehen kann.[174]

Eine Möglichkeit wäre, an bestehende Initiativen anzuknüpfen und von deren Erfahrung zu profitieren. Das Spektrum reicht vom Neubau kompletter Siedlungen, der Wiederbelebung verfallener Siedlungen, der Bildung von Vertrauensgemeinschaften in bestehenden Dörfern und Städten (um zum Beispiel die Grundversorgung selbst zu organisieren) bis hin zu Mischformen.

Ob und wie diese Gemeinschaften gelingen, hängt von ihrer Vielfalt ab. „So werden sich auch in diesen innovativen Formen", so Peter Schmuck abschließend, „die für ein buntes Leben der Zukunft sowie für die unterschiedlichen Lebenswünsche von Menschen auf unserer Erde passenden Entwürfe herausmendeln."[175]

zugänglich über eine Creative-Commons-Lizenz.

174 Regionale Vertrauensgemeinschaften: Eine Checkliste, https://zukunftskommunen.de/blog/regionale-vertrauensgemeinschaften-eine-checkliste/

175 https://zukunftskommunen.de/blog/neue-gemeinschaften-in-europa/

13. Lebensmittel für die Städte: *Gartenring*-Dörfer

Ralf Otterpohl, Professor und Leiter des Instituts für Abwasserwirtschaft und Gewässerschutz an der Technischen Universität Hamburg ist Spezialist für ökologische Abwasser- und Sanitärkonzepte. Er ist Visionär und Praktiker zugleich und hat jahrelange weltweite Erfahrungen. Seit vielen Jahren beschäftigt er sich mit Problemen der „ländlichen Entwicklung“ und hat daraus das Konzept der Unternehmerdörfer *Neues Dorf im Gartenring* entwickelt.[176] In seinem Buch *Neues Dorf für neue Erde*[177] schreibt Otterpohl:

> *„Noch gibt es eine verbreitete Orientierungslosigkeit, besonders unter jungen Leuten. Die älteren haben sich oft einfach an bestimmte Routinen gewöhnt. Ohne Orientierung erfolgt leicht ein Abdriften ins Virtuelle – Bildschirm-Zombie – mit gebeugter Haltung […] Wer realisiert denn seine eigenen Träume? Wo sind die konkreten Visionen für ein richtig gutes Leben? Ich sehe Phantasielosigkeit und Nachplappern, das mit Wissen verwechselt wird […] Ahnungslosigkeit beim Nachfragen […] Die Regierung wird es schon regeln? Lobbyisten rollen Milliardenmärkte aus; es fehlt eine breite Langzeitplanung von Menschen für Mensch und Natur. Die Agro-Chemie macht Geschäfte, die die Menschheit vernichten könnten; Blindflüge der Gentechnik treiben Blüten des Irrsinns. Kleine Betriebe werden durch immer mehr Bürokratie und aktuell durch Lieferengpässe sowie Inflation behindert. Die Kolonisierung*

176 Hinweis: Dem Autor ist bekannt, dass Ralf Otterpohl als „Verschwörungstheoretiker“ bezeichnet wird. https://de.wikipedia.org/wiki/Ralf_Otterpohl. Dies sagt mehr über die Absicht der Erzähler dieser Behauptung aus als über Ralf Otterpohl. Für die Darstellung seiner Anliegen ist die hier unbedeutend.

177 Ralf Otterpohl, *Neues Dorf für neue Erde. Konkrete Zukunftsvisionen für Stadt, Land und Meer*, Epubli, Berlin 2022 (books on demand)

> *der ganzen Welt? Die wird nicht gelingen. Die Motivation zum Aufbau von lebendigen Dörfern und Stadtteilen wächst schnell. Vielfältige Kleinbetriebe ermöglichen Unabhängigkeit und vielen eine erfüllende Lebensweise.“*[178]

Otterpohl geht es um lokale Wirtschaft und darum, dass die Entscheidungen der Menschen auch dort getroffen werden, wo sie davon betroffen sind.

Dieses Konzept – die *Gartenringe* – bestehe zunächst darin, dass, so beschreibt es Otterpohl, mindestes 150 bis zu 300 Menschen einen Bauernhof übernehmen und ihn dann zu einem sehr effektiven Gartenbaubetrieb umbauen. Es entstehe durch sinnvolle Erweiterungen ein neues Leben in einem neuen Dorf: Ein Leben in der Natur, mit Arbeit im Garten, mit Schreibtisch- und mit Heilarbeit, mit Herdentieren und einem intelligent konzipierten Wasserkreislauf. Leicht-Fahrzeuge werden geliehen anstelle eines massenhaften Individualverkehrs. Die Dörfer können um eine Stadt herum angesiedelt werden und sie mit frischen Lebensmitteln versorgen. Für Gebiete mit Meereszugang schlägt Otterpohl Algennahrung aus dem Meer und schwimmende Dorf-Inseln vor, die aus Plastikmüll-Teppichen Rohstoffe und Energie erzeugen. In seinem Buch geht er ausführlich auf bestehende Dörfer ein. Viele Menschen haben sich zwar schon auf den Weg gemacht, es müsste aber eine noch viel größere Anzahl die Projekte der Ökodörfer, Gärtnerdörfer und unternehmerisch aktiven Dörfer für mindestens 150 Nachbarn anpacken. Und auch für die Menschen, die in einer Stadt wohnen und leben, gibt es vielfältige nachahmenswerte Beispiele, wie diese Art des Lebens umzusetzen ist. Im *Netzwerk Gartenring*[179] ist eine Dorf-Börse eingerichtet, wo sich Gleichgesinnte suchen und finden können. Die ersten Gartendorf-Projekte in Norddeutschland (gesucht werden Gleichgesinnte und Familien mit Kindern für ein

---

178 A. a. O., S. 3 f.
179 https://gartenring.org

größeres Projekt des gemeinsamen Wohnens und Wirtschaftens), im Rheinland (das *Seifener-Modell*[180], 70 km östlich von Köln im Bergischen Land), in Bayern (in Unterthingau im Allgäu[181]), in Sachsen und in Brandenburg (Ostsachsen und Südbrandenburg) sind schon „online". Außerdem findet man eine ganze Reihe von kleineren Projekten und Initiativen, die bisher keine 150 Menschen gefunden haben, um zu starten. Allein 15 Suchanzeigen nach Gleichgesinnten sind dort zu finden.[182] „Na klar, man muss dranbleiben, ins Handeln kommen", räumt Otterpohl ein. „Im eigenen Umfeld kann es JETZT losgehen! Wie wäre ein konkreter Plan für die eigene Entwicklung für die nächsten 5 oder 10 Jahre? Dazu Ideen für die Zukunft der Kinder und weiterer Generationen. Zettel raus und los!"[183] Dem ist nichts hinzuzufügen.

180 https://seifener-modell.de/
181 https://mutterhof.org
182 https://gartenring.org/netzwerk-gartenring/
183 A. a. O., S. 12

14. Blick nach nebenan: *Gesellschaft 4.0*[184]

In den Niederlanden sind die Bauern unter Existenzdruck geraten, mehr noch: Ein Teil von ihnen soll von Staats wegen quasi enteignet werden. Die Regierung in Den Haag mit Ministerpräsident Rutte, vom *Weltwirtschaftsforum* (WEF) ausgebildet, zielt auf die Zerstörung kleinerer und mittelständischer Landwirtschaftsbetriebe. Unter dem Deckmantel von Gesundheitsschutz und Klimawandel soll der EU-*Green Deal* durchgezogen werden. Aufgrund einer EU-Verordnung will der Staat den Einsatz von Düngemitteln vor allem in der Nähe von Naturschutzgebieten verbieten. Der Stickstoffeintrag in der Landwirtschaft soll bis 2030 halbiert und der Viehbestand um 30 Prozent reduziert werden. Bis zu einem Drittel der Bauern müssten ihren Betrieb aufgeben, wenn die Pläne durchgesetzt werden. Diese könnte sich dann das Großkapital günstig aneignen und den Agrarbereich in der Folge dominieren. Das Vorhaben hat zu großen Bauernprotesten geführt, die bei der Widerstandsbewegung gegen die Corona-Maßnahmenpolitik großen Rückhalt hatten. Die Polizei reagierte mit außergewöhnlicher Brutalität.

Die Bürgerbewegung formiert sich unter anderem um den Professor für Strategie und Führung an der *Nyenrode Business Universität*, Bob de Wit. Gemeinsam mit Roel Wolfert schildert er auf der Internetseite von *Society 4.0* in einem Leitfaden, wie die „neue Gesellschaft 4.0" aufgebaut werden kann. Bereits 2020 hatte er mit seinem Buch die Grundlegung veröffentlicht. Buchveröffentlichungen mit den Schwerpunkten *Region 4.0* und *Democracy 4.0* sind in Arbeit. Auf der Internetseite wird über aktuelle Entwicklungen informiert.

---

184 www.deanderekrant.nl; https://www.rubikon.news/artikel/die-gesellschaft-4-0; Interviews mit Prof. Bob de Wit über *Society 4.0* auf YouTube: https://www.youtube.com/results?search_query=bob+de+wit+society+4.0

Basis der Entwicklung sind (weitgehend) autonome Regionen, in denen die Interessen der Bürgerinnen und Bürger im Mittelpunkt stehen.

Die Regionen selbst sollen dabei nicht vertikal, von oben nach unten, sondern horizontal nach Prinzipien der Schwarmorganisation transparent und vertrauensvoll aufgebaut werden. Erstes Ziel der Genossenschaften ist die Eigenversorgung der Mitglieder. Rechtlich wird das Miteinander in einer „vollrechtsfähigen Genossenschaft" organisiert, die wie ein Verein funktioniert, in der jedes Mitglied eine Stimme hat und mit der jedes Mitglied Verträge schließen kann. Nach fachlichen Kenntnissen und Erfahrungen werden Verantwortlichkeiten („Rollen") vergeben wie z.B. die Beschaffung von Geldmitteln und deren Buchhaltung.

Die Gruppen und späteren Genossenschaften werden schrittweise nach einem festgelegten Plan aufgebaut, die Ressourcen definiert und Maßnahmen wie die Finanzierung (über Zuschüsse, Spenden und Crowdfunding) und die personelle Besetzung geklärt. Ziel ist, sobald wie möglich, Umsätze zu erzielen, um die Genossenschaft selbst zu finanzieren.

Die Tätigkeiten der Genossenschaften erstrecken sich auf insgesamt neun Bereiche („Regionaldomänen"):

Demokratisches Unternehmertum in der Region

Die lokalen Regionalorganisationen sind als Unternehmen in Verantwortungseigentum („Steward Ownership"). Diese Rechtsform wird in Deutschland zurzeit in Form eines Gesetzentwurfes vorbereitet. Der entscheidende Unterschied zu anderen Gesellschaftsformen ist, dass die Mitarbeiter zugleich Eigentümer der Unternehmen sind mit Stimm- und Teilhaberechten, allerdings nicht am Gewinn beteiligt sind. Diese Unternehmen sind daher weder käuflich noch handelbar. Externe Investoren können sich nicht beteiligen; dort fehlt auch ein kapitalistisches Motiv. Es wird die Blockchain-Technologie eingesetzt, die mit sogenannten Governance-Tokens[185] arbeitet. Dabei tauschen die Eigentümer Geld gegen Stimmrechte und nehmen an der dezentralen Entwicklung des Protokolls teil. Dazu gehört, welche Produkte entwickelt werden, wie ein Budget verwendet wird, welche Partnerschaften eingegangen werden und mehr. Damit soll sichergestellt werden, dass die Teilnehmer ein echtes Interesse an der Entwicklung der Gesellschaft haben.

Regionale Wirtschaft

Im Vordergrund steht, Produkte und Dienstleistungen vor Ort einzukaufen. Dadurch zirkuliert die Kaufkraft lokal und regional und führt zu zusätzlichen Umsätzen der Gemeinschaft. Es ist bekannt, dass der Umlauf der Währung in einem eigenen System mehrfach (bis zu vierfach) stattfindet und damit zusätzliches Einkommen erzielt. (Wörgl-Effekt[186]) Lokale/regionale Produkte und Unternehmen werden gefördert. Man positioniert sich explizit gegen den Aktionärskapitalismus und die Plattformökonomie (z. B. *Amazon*).

Bezahlen und Bank mit lokalem Geld

Der Etablierung und dem Ausbau der lokalen Wirtschaft dient der Einsatz von lokalem Geld mit lokalen Zahlungskonten durch Unternehmen, Regierung und Bürgern um sicherzustellen, dass die Kaufkraft in der regionalen Wirtschaft verausgabt wird und somit einen wirtschaftlichen Mehrwert für die Region erzielt. Basierend auf der Blockchain-Technologie wird eine lokale Kryptowährung eingesetzt – wie der *Carol'Or* aus Belgien – und existiert als Parallelwährung neben dem Euro (oder Dollar). Diese Kryptowährung hat nicht den spekulativen Charakter, wie er im Allgemeinen den Kryptowährungen (*Bitcoin* u. a.) zugeschrieben wird. Lokale Kryptowährungen sind

185 Governance-Tokens werden auf Blockchain-Plattformen verwendet und erlauben Mitsprache- und Kontrollrechte innerhalb des Netzwerkes. Tokens sind die Bausteine von Blockchain-Netzwerken und sind die Voraussetzung, um in diesen Netzen Transaktionen durchzuführen.

186 Auf die Geschehnisse in Wörgl in Österreich kommen wir im zweiten Teil ausführlicher zu sprechen.

für Spekulationen ungeeignet und nur zur Nutzung in den lokalen Gemeinschaften gedacht. Nicht nur Produkte und Dienstleistungen werden damit bezahlt, sondern auch soziale Dienstleistungen z. B. von Freiwilligen oder informelle Pflegeleistungen können vergütet werden. Damit erfahren auch solche Leistungen eine Wertschätzung. Diese erbrachten Sozialleistungen können dann wiederum gegen andere Produkte und Dienstleistungen eingetauscht werden. Lokales (Krypto-)Geld ermöglicht weiterhin Datenschutz, Fundraising und Werterfassung. Um zum lokalen Standard zu werden, wird eine gewisse Größenordnung von etwa 50.000-100.000 Menschen angestrebt, um einen Beschleunigungseffekt in Gang zu setzen.

Regionale digitale Infrastruktur

Regionale und dezentrale Netzwerke werden mit Computerservern verbunden, die über funktechnische Verbindungen miteinander verknüpft werden, um nicht in die Abhängigkeit von zentralen Betreibern von Glasfasernetzen zu geraten. Damit wird auch die Datenspeicherung und Datenverarbeitung regional kontrolliert. Zum Einsatz kommt spezielle Software und digitale regionale Infrastrukturen. Die technische Betreuung erfolgt ebenfalls vor Ort, Hard- und Software sollen bevorzugt regional, z. B. durch Crowdfunding finanziert werden. Dadurch bleibt die wirtschaftliche Wertschöpfung in der Region, Arbeitsplätze können geschaffen werden.

Regionalversorgung (mit Wasser und Energie)

Die Versorgung mit Wasser und Energie durch eigene Versorgungsunternehmen, die lokale Erzeugung von Energie durch Sonnen- und Windenergie, die mit Wasserstoff gespeichert und so transportiert werden können, ist Bestandteil der Autonomie der Regionen. Nachhaltige Energieerzeugung soll aus Erdwärme (Geothermie) gewonnen werden, Grundwasser kann je nach Jahreszeit als Heizung oder Kühlung von Gebäuden durch Wärmepumpen genutzt werden, aber auch zur Stromerzeugung oder in einem Blockheizkraftwerk verwertet werden. Damit verbunden ist auch die

Möglichkeit, eine eigene Trinkwasserversorgung sicherzustellen. Da die Wasserabgabe – bei Einhaltung der gesetzlichen Vorschriften – auch an Dritte erfolgen kann, können Konsumenten auch zu Produzenten mit finanziellem Ausgleich werden, wenn dieses Geschäft in eine Genossenschaft (Stiftung) eingebracht wird.

Gesundheit

Im Bereich Gesundheit geht es zunächst um die Prävention durch gute Ernährung, Sport, Bewegung und Entspannung. Die Verbreitung neuer medizinischer Erkenntnisse kann durch den Einsatz von „digitalen Arzthelferinnen" organisiert werden. Um die ganzheitliche Medizin zu fördern, sich von schädlichen Pharma- und Versicherungsinteressen zu lösen, sollen Netzwerke von Gesundheitsfachkräften und Gesundheitsunternehmen aufgebaut werden. Versorgungszentren mit regionalen Krankenhäusern, Diensten für physische und psychische Gesundheit, Erste Hilfe und regionale Krankenversicherungspartner sollen eingerichtet werden oder regional miteinander vernetzt werden.

Regionales, gesundes und nachhaltiges Essen

Für Verbraucher und Produzenten von landwirtschaftlichen Produkten besteht die Notwendigkeit, die Lebensmittelkette zu verkürzen, also möglichst direkt zu vermarkten und „vor Ort" zu kaufen oder zu verkaufen. Dies dient ebenfalls der Nachhaltigkeit und der Begrenzung der ökologischen Folgen der weltweiten Nahrungsmittelproduktion und seines Handels. Solidarische Landwirtschaften („Communitiy Supported Agriculture") ist die Grundform der Versorgung. Hier treten Bürger als Investoren, Käufer und Arbeitnehmer auf, und auch Menschen mit Beeinträchtigungen können einen Platz finden. In regionalen Genossenschaften können sowohl Landwirte als auch Bürger Mitglieder sein und dadurch gegenseitig Vorteile vermitteln. Die verkauften Produkte werden mit regionalen Kryptowährungen bezahlt.

Wohnen

Eigentum verliert seine bestimmende Bedeutung, Share-Ökonomie sichert, dass z. B. Fahrzeuge (Fahrräder und Autos) gemeinsam genutzt werden. *ReGen Villages* sind eine völlig neue Form des Wohnens, die in einem Pilotprojekt mit 300 Häusern in Almere verwirklicht worden ist.[187] Allerdings muss darauf hingewiesen werden, dass *ReGen Villages* von den Verfechtern der 15-Minuten-Städte zu einem „gläsernen Gefängnis" umfunktioniert werden können.

Lernen und Entwickeln

Technologische Entwicklungen wie der „Menschroboter" ersetzen Routinearbeiten, der Erwerb von Wissen wird sukzessive zu der Fähigkeit, Wissen zu finden, verlagert. Bildung findet nicht nur in den staatlichen „Lehrfabriken" statt, sondern auch in Zusammenarbeit mit Eltern, Großeltern, Unternehmen der Sozialwirtschaft und öffentlichen Organisationen. Letztlich ist auch *Society 4.0* eine Schule.

Bob de Wit betont, dass *Society 4.0* keine explizite politische Ausrichtung habe, sie sei insofern neutral. Das belege auch, dass er Vorträge bei sechs politischen Parteien gehalten habe, vier davon stützten ihr Wahlprogramm auf seine Vision. Das Ziel ist, in die Mehrheitsgesellschaft vorzudringen und diese ist politisch heterogen. Immer mehr „normale Menschen" schließen sich an, „weil sie sehen, dass etwas nicht stimmt. Sie wollen eine gute Zukunft für ihre Kinder und Enkelkinder. Und die *Gesellschaft 4.0* ist derzeit die Einzige, die eine hoffnungsvolle und fundierte Alternative bietet." Für eine neue Gesellschaft sind auch Menschen mit einem neuen, höheren Bewusstsein notwendig, quasi „Menschen 4.0". Eine Expertenrunde arbeite an diesem Thema. Inzwischen haben sich eine Reihe von Unternehmen der eigens dafür gegründeten

187 ReGen ist die Abkürzung für Regenerative Energien. Ökodörfer, die aus mehreren Häusern bestehen, versorgen sich selbst mit regenerativen Energien wie Solaranlagen, Geothermie und Biomasseheizanlagen. https://www.nachhaltigleben.ch/bauen/oekodorf-versorgt-sich-selbst-holland-baut-erstes-regen-village-3776

Gesellschaft *Coöperatieve vereniging Society 4.0 U.A.* mit Sitz in Rotterdam angeschlossen, darunter das deutsche Pharma-Unternehmen *WALA*. Offensichtlich erkennen viele Unternehmen, so Bob de Wit, dass die großen „globalen Unternehmen" eine Monopolstellung anstreben – etwa in den Bereichen IT, Pharmazie, Lebensmittel und Finanzen. Unternehmer sind bei *Society 4.0* von großer Bedeutung, denn es geht nun um die praktische Umsetzung. Aber auch Bürgermeister, Beamte usw. würden sich anschließen.

Den technischen Kern bildet das dezentrale Internet. Das Ziel ist es, sich vollständig von „Big Tech" abzukoppeln. Daher arbeiten Experten an einer Komplettlösung mit eigenen dezentralen Servern, eigener Stromversorgung, Software und allen Arten von Apps, die *Google, Facebook, LinkedIn* usw. ersetzen sollen. Mit anderen Worten: eine vollständige Alternative. Die „Macher" gehen davon aus, in einigen Monaten vollständig funktionsfähig zu sein. Dazu gehören auch mehrere Kryptowährungen, an denen Experten arbeiten. Und das Wachstum von *Society 4.0* ist schnell. Mehr als 20 Regionen haben sich inzwischen angeschlossen, mehr als 60 sind auf dem Weg dorthin, darunter auch einige in Belgien und Spanien. Anfragen aus Norwegen, Dänemark, Österreich, der Bundesrepublik und anderen europäischen Ländern liegen inzwischen vor. Das Ziel ist es, ganz Europa zu verbinden. Wenn sich beispielsweise das Netzwerk der *Energiewendedörfer* und *Zukunftskommunen* dort anschließen würde, wäre eine wesentliche Erweiterung gelungen. Sie könnten sich wie Puzzleteile miteinander verbinden. Um die Praxis von *Society 4.0* zu verbreiten, sind drei weitere Buchveröffentlichungen unter den Titeln *Region 4.0, Democracy 4.0* und *Region Guide 4.0* geplant, die auch in deutscher Sprache erscheinen sollen.

Kees van der Pijl hat die Möglichkeiten der Big-Data-Zeit und der digitalen Infrastruktur zu einem neuen ökologischen Sozialismus, einer Open-Data-Bewegung weitergedacht. Die zentrale Rolle, die die universelle Währung „Information" heute spielt, führt zu der Frage: Wer wird die notwendige Machtergreifung von unten durchführen?[188] Können das die relativ privilegierten städtischen Kader, die gut bezahlt an Zentralstellen der IT (auch: Marketing, Presse) arbeiten und das „Geschäft der Wirtschaft" betreiben, sein? Ihnen – wie auch dem Rest der Bevölkerung – hat die IT-Revolution die Mittel an die Hand gegeben, sich aktiv auf der Basis von Informationen politisch zu engagieren.[189]

Dass es „sozialistische Inseln" gibt, die lokal, regional oder sektoral eine Gemeinwirtschaft finanzieren und organisieren, spricht nicht gegen, sondern für sie. Es sind kleinere oder auch größere Halbinseln. Aber ob dies auf weltweite Verhältnisse in allen Wirtschaftszweigen – also über die unmittelbare individuelle Grundversorgung hinaus – übertragbar ist, scheint zweifelhaft. Wichtig ist es, der kapitalistischen Wertschöpfung mindestens im Bereich der Daseinsvorsorge den Zugriff zu erschweren. Dass es in diesen Fragen keine einheitliche Strategie gibt, ist zunächst kein Mangel, sondern kann auch als Vorteil bewertet werden, denn auf diese Weise kann man nur schwer gemeinsam in die falsche Richtung laufen. Stattdessen werden unterschiedliche Wege diskutiert und gemeinsam nach Lösungen für die Zukunft gesucht. Dies erscheint in Anbetracht der aktuellen Lage notwendig zu sein.

Auch die mittelständischen Unternehmen sind inzwischen aktiv geworden, da ihnen infolge der Sanktionspolitik der Ampelkoalition nach und nach „die Luft ausgeht" oder ausgehen soll. Konzepte aus ihren Reihen, wie die Mittelständler im Land in einer zukünftigen Wirtschaft eigentlich überleben sollen, sind dort allerdings, zurückhaltend ausgedrückt, noch nicht wirklich erarbeitet worden. Die Wiederherstellung des „freien Marktes", den es so eh nie gegeben hat, kann jedenfalls nicht die Lösung sein.

---

188 Van der Pijl, S. 293; s. a. das Kapitel 37 *Revolution von ganz unten*

189 Ebenda, S. 295

15. Erste Unternehmer wehren sich

Mut bewies sehr früh der Unternehmer Peter Schmidt aus Jena und setzte ein Zeichen, das bis tief in die offiziellen Medien hinein Beachtung fand. Schmidt, der vor 20 Jahren den Personaldienstleister *Jenatec*[190] gründete und heute mit ca. 450 Mitarbeitern in acht Städten in Deutschland Standorte betreibt, hat die Online-Plattform *www.unternehmer-mit-herz.com*[191] gestartet. Und „Unternehmer mit Herz" ist Peter Schmidt mit Leib und Seele.

Wer sich hier einträgt, und das sind bereits 1.247 Firmen (Stand: Juli 2022), will auf seine Beschäftigten keinen Impfzwang ausüben, sie nicht wirtschaftlich oder anderweitig unter Druck setzen. „Der Trend zur Trennung, Ausgrenzung, Verurteilung und staatlichem Zwang macht uns Sorge", steht auf der Interseite. Wer bei diesem Online-Bündnis mitmacht, wehrt sich gegen die Bevormundung seiner Mitarbeiter und unterstützt, dass sich Menschen aus gesundheitlichen oder persönlichen Gründen der Covid-Impfung widersetzen. Und auch dagegen, sie unter Druck zu setzen und ihrer Existenz zu berauben.

Das Fass zum Überlaufen gebracht hat für Schmidt die während der Corona-Zeit verordnete Bestimmung, nach der Ungeimpfte im Falle einer Quarantäne keinen Anspruch auf Lohnfortzahlung oder Lohnersatzleistung mehr haben sollten! Ab 01. November 2021 gilt diese bundesweite Regelung.[192] Wer sich also gegen eine Impfung entschied und positiv auf Corona „getestet" wurde, bekam kein

190 www.jenatec.de

191 https://unternehmer-mit-herz.com

192 Pressemitteilung der Techniker Krankenkasse: https://www.tk.de/firmenkunden/service/fachthemen/coronavirus-arbeitgeber/keine-ifsg-erstattungen-fuer-ungeimpfte-2115434?tkcm=aaus; gesetzliche Grundlage ist § 56 Abs.1 Satz 4 IfSG

Geld mehr. Peter Schmidt hat daraufhin einen offenen Brief an alle Mitarbeiter von *Jenatec* geschrieben und über *Facebook* verbreitet. Darin hat er allen betroffenen Mitarbeitern die uneingeschränkte Lohnfortzahlung zugesagt. Der Brief ging viral durch ganz Europa, und Schmidt erhielt eine völlig unerwartete Zustimmung von Unternehmern und Privatpersonen. Fast 1000 Unternehmen unterstützten seine Initiative und meldeten sich innerhalb von 3 Wochen über die Internet-Seite an. Unterstützung kam aus allen Branchen der Wirtschaft, auch aus dem Gesundheitswesen, ja sogar von ganzen Kliniken. Auch Unterstützer aus dem Ausland waren dabei. Ganz anders ging es den Beschäftigten einer Firma aus Thüringen, die eine Liste mit Ungeimpften im Pausenraum aufhängte.[193]

Auch die *Atlas-Initiative*[194] hat sich klar zur Corona-Pandemie und ihren Folgen positioniert. Ihr Vorsitzender Markus Krall kritisierte schon früh und umfangreich die Folgen für die bundesdeutsche Wirtschaft und für die Stabilität des Geldsystems. Im Unklaren bleiben öffentlich die weitergehenden Ziele des Kampfes für die „Freiheit". Darüber ist im Herbst 2023 eine digital-öffentliche Kontroverse entstanden.[195] Jedenfalls trat Krall öffentlich u. a. beim *Hambacher Fest* 2023 auf, maßgeblich von den *Die WEISSEN* organisiert, von denen wir nun hören.

---

193 Berichterstattung im Spiegel: https://www.spiegel.de/karriere/ungeimpfte-im-pausenraum-morddrohungen-nach-impf-aushang-a-14746142-cc1b-47df-b660-3b0303ae0aa3

194 https://www.atlas-initiative.de

195 Bei YouTube finden sich vielfältige Interviews und Statements von ihm. Die Journalistin Susan Bonath macht ihm den Vorwurf, als Vertreter organisierter „Libertärer" unbemerkt verschiedene Protestbewegungen zu unterwandern.: „Neoliberale U-Boote": https://www.manova.news/artikel/neoliberale-u-boote (13.05.2023) und https://www.manova.news/artikel/neoliberale-u-boote-2 (20.05.2023)

16. *Die WEISSEN* Unternehmer im Widerstand

Der 27. Dezember 2021 war ein normaler Montag nach den Weihnachtsfeiertagen. Wolfgang Kochanek war mit seiner Familie zu einem abendlichen Bummel in der Innenstadt von Neustadt/Pfalz unterwegs. Auf dem Marktplatz trafen sie zufällig zwei Bekannte, mit denen sie sich unterhielten. Die weihnachtliche Stimmung wurde für Kochanek völlig überraschend von der Polizei gestört, die ihn und seine Familie aufforderte, den Marktplatz von Neustadt zu verlassen. Es gäbe – so die Begründung – eine behördliche „Allgemeinverfügung", wonach es verboten sei, sich montags nach Geschäftsschluss auf dem Marktplatz aufzuhalten. Die Polizei erteilte einen Platzverweis. Kochanek war verärgert und empfand dies als einen „erheblichen Eingriff in [seine] Bürgerrechte".[196]

Am folgenden Montag begab er sich wieder in die Innenstadt, wo inzwischen der „Montagsspaziergang"[197] von reichlich Polizei begleitet wurde. Dieses Mal blieb es nicht bei einem Platzverweis. Unversehens sah er sich von den Ordnungshütern in der Fußgängerzone eingekesselt und mit der Behauptung konfrontiert, dass er einer „der Anführer" der Versammlung sei, was nicht den Tatsachen entsprach und diesmal seine Verärgerung nur noch steigerte. Nach einem Wortwechsel mit der Polizei verließ er den Ort. Ab diesem Zeitpunkt hatte er ernsthafte Zweifel und vermutete, dass „irgendwas in diesem Land nicht mehr stimmt."

---

196 Gespräch mit dem Autor am 05.08.2022

197 „Montagsspaziergänge" wurden bundesweit durchgeführt, um Versammlungen, die zunehmend unter Hinweis auf geltende Vorschriften verboten oder aufgelöst wurden („Ansteckungsgefahr!") dennoch durchzuführen. Sie entstanden als bundesweites Phänomen gegen die Hartz IV-Gesetze in der Bundesrepublik.

Wolfgang Kochanek, Mitte 60, promovierter Chemiker, seit über 30 Jahre Vollblutunternehmer aus Neustadt/Pfalz, Verteidiger bürgerlicher Freiheiten und Gegner der Corona-Maßnahmen hat 2015 ein sehr großes Gelände einer vor Jahren aufgegebenen Papierfabrik in Neustadt erworben und seitdem ohne jede staatliche Unterstützung viele Millionen Euro in sein Zukunfts-Zentrum für Leben, Arbeiten, Kunst und Forschung investiert.[198] Als Naturwissenschaftler und Unternehmer ist er es gewohnt, die Dinge zu analysieren, daraufhin konsequent und schnell zu handeln sowie die Werte, zu denen er steht, zu verteidigen.

Kurzentschlossen meldete er nach seinen jüngsten Erlebnissen für den 17. Januar 2022 eine eigene Demonstration in Neustadt an. Die Resonanz war größer als erwartet: Etwa 800 Teilnehmer versammelten sich und hörten bei -5 °C und eisig kaltem Wind anderthalb Stunden seine Rede über die deutschen Verhältnisse zwischen 1919 bis 1929 und ihre Parallelen zur heutigen Situation. Die Reaktion auf diese Versammlung „brachte dann das Ganze ins Rollen", wie er sagt.

In den folgenden Tagen wurde er von vielen Bürgern angesprochen, die sich hinter ihn stellten und nun gemeinsam etwas tun wollten. „So geht es in diesem Staat nicht weiter", hieß es. Kochanek lud die Interessierten zu einem ersten von vielen weiteren Treffen in seine Firma ein, die in der Folge dann dort regelmäßig jede Woche stattfanden. Die konkreten Tagesfragen mündeten in strategische Überlegungen. Wirtschaftsthemen standen natürlich im Vordergrund, dann folgte das Problem der kommunalen Selbstorganisation, die alles erstickende Bürokratie und der Umgang mit den „System-Medien".

Um eine rechtssichere organisatorische Form für weitere Aktivitäten herzustellen, gründeten sieben engagierte Bürger im Juli 2022

198 Interview mit Markus Gärtner im historischen Gebäude: „Es braucht Strukturen, damit dieses Land weitermachen kann." https://www.youtube.com/watch?v=hLVMvbkJu4g

Die WEISSEN als einen Verein für politische Bildung, dessen Satzung beim Notar zur Anmeldung beim Registergericht eingereicht wurde.[199] Der Vereinsname *Die WEISSEN* entstand infolge folgender Überlegung: Mischt man die Farben blau, grün und rot, erhält man immer weiß. Mit der weißen Farbe sollte dokumentiert werden, dass man politisch nach alles Seiten (von „blau" bis „rot") offen sei. *Die WEISSEN* sind seitdem auf Demonstrationen und Kundgebungen an ihrer weißen Kleidung erkennbar.

Zwei Wochen nach seiner Rede auf dem Marktplatz in Neustadt meldete Kochanek aufgrund der sehr hohen positiven Rückmeldung vieler Bürger für den 28. Mai 2022, d.h. zum 190. Jahrestag des Hambacher Festes, eine große Demonstration mit Zug zum Hambacher Schloss an. Das Konzept griff auf das historische Vorbild von 1832 zurück, als (genau wie in der Corona-Pandemie) Meinungs- und Versammlungsfreiheit von den Regierenden unterdrückt wurden. Mit der Begründung, die Stadt habe bereits selbst an diesem Tag ein Fest geplant, wurde die Versammlung von den Behörden um eine Woche vorverlegt und in ein weit außerhalb von Neustadt gelegenes Industriegebiet verbannt. Zudem wurde die Veranstaltung mit nahezu unerfüllbaren Auflagen versehen. 1.000 vorher namentlich zu benennende Ordner, 80 mobile Toilettenanlagen, 5 Krankenwagen, 5 Sanitätsfahrzeuge mit ausgebildetem Personal, 3 Ärzte etc. machte man zur Genehmigungsauflage. Zudem durfte sich die Versammlung nicht näher als ca. 2 km dem Hambacher-Schloss nähern, und außerhalb des abgelegenen Industrieparkplatzes waren keine Reden zulässig. „Eine eindeutige Untergrabung von Art. 8 des Grundgesetzes[200] über den Weg des Versammlungsrechts", konstatierte Kochanek.

---

199 Die Anschrift lautet: *die WEISSEN e. V.*, Dr. Wolfgang Kochanek, Talstr. 264, 67434 Neustadt/Pfalz, https://www.dieweissen.de

200 Grundgesetz Artikel 8 lautet: „(1) Alle Deutschen haben das Recht, sich ohne Anmeldung oder Erlaubnis friedlich und ohne Waffen zu versammeln. (2) Für Versammlungen unter freiem Himmel kann dieses Recht durch Gesetz oder auf Grund eines Gesetzes beschränkt werden."

Derweil erweiterte die Stadt Neustadt ihr ursprüngliches Konzept, um im Rahmen eines „Dreitägiges Festes der Demokratie" die Ereignisse von 1832 touristisch zu vermarkten. Höhepunkt sollte ein politischer Festakt auf dem Schloss mit handverlesener Politprominenz und der Verleihung des ersten „Hambacher Demokratiepreises" an den ehemaligen Bundespräsidenten Gauck sein.

Kochanek bestand seinerseits auf der für Samstag, den 28.05.2022 offiziell angemeldeten Versammlung und beauftragte ein Team von Anwälten, gegen die Beschränkung seiner Rechte aus Art. 8 GG eine einstweilige Verfügung zu erwirken.

Nach einem zweiten Kooperationsgespräch mit den Ordnungsbehörden und der Polizeiführung untersagte die Stadt schließlich mit einer konkreten Verfügung die Versammlung endgültig.

Während Kochaneks Anwälte noch mit der Ausarbeitung der Anfechtung dieser Verfügung beschäftigt waren, machte die Stadt Neustadt nun allerdings einen entscheidenden strategischen Fehler. In einer Art Mitmach-Spiel („Demokratiefest") wurden unter anderem Parteien, Kindergärten, Sportvereine und Unternehmen angeschrieben und zur Beteiligung aufgefordert. An verschiedenen Stationen in der Stadt sollten sich Bürger an diversen Angeboten beteiligen. Die in Neustadt ansässigen Unternehmer wurden von der Stadt aufgefordert, das „Fest der Demokratie" mit einem Zug ihrer „Freunde, Kunden und Lieferanten" zu bereichern. Dazu sollten sich diese auf einer Stempelkarte die Teilnahme am Zug vom Marktplatz hoch zum Schloss bestätigen lassen. Für jeden Stempeleintrag wollte die Stadt einen Euro an die Ukrainehilfe zahlen, und das Unternehmen mit den meisten gesammelten Stempeln sollte einen Preis bekommen.

Diese Steilvorlage erübrigte sämtliche Bemühungen, das Verbot der Versammlung anzufechten. Kochanek bestellte für seine fünf in Neustadt ansässigen Firmen bei der Stadt umgehend 34.000 dieser Stempelwanderkarten. Zeitgleich beauftragte er bei einer auf Versammlungsrecht spezialisierten Anwaltskanzlei ein Rechtsgutachten zu der Frage, ob die Teilnahme am offiziellen Demokratiefest der Stadt Neustadt mit einer hohen Anzahl von Teilnehmern in einer „optisch eindeutig abgrenzenden Weise" gegen das Versammlungsrecht verstößt. Die Kanzlei verwies in ihrem Gutachten auf finale Urteile des Bundesverfassungsgerichtes, in denen dieses Vorgehen bereits 1984 als eindeutig zulässig entschieden wurde. Das Rechtsgutachten belegte mit anderen BVG-Urteilen, dass dabei auch eigene abweichende Meinungen und „zwar auch in Worten und mit Plakaten" geäußert werden dürften. Voraussetzung sei, dass die Demonstranten die ursprüngliche Veranstaltung nicht verhindern wollten. Das wollten sie natürlich nicht. Mit dieser juristischen Rückendeckung konnten nun beruhigt die nächsten Schritte gegangen werden.

Inzwischen rechtlich auf sicherem Boden mahnte Kochanek als eingeladener Unternehmer nochmals die von der Stadt angeforderten 34.000 Stempelkarten zur Verteilung an. Mittlerweile hatte die Stadt jedoch ihren strategischen Fehler erkannt und limitierte „aufgrund der hohen Nachfrage" die maximale Anzahl der pro Unternehmen zulässigen Stempelkarten auf 50 Stück. Über ein umfangreich auszufüllendes, eigens entwickeltes Internetformular konnten die Unternehmen allerdings nur jeweils 25 Karten online anfordern. Eine weitere Schikane, die Kochanek aber von seinem Vorhaben nicht abbringen konnte.

Um „nach außen eindeutig erkennbar" zu sein, kam Kochanek auf die Idee, dass alle, die sich auf dem „Fest der Demokratie" zeigen wollten und mit der Unterdrückung der Meinungs- und Versammlungsfreiheit in Zeiten der Corona-Maßnahmen nicht einverstanden waren, bei ihrer Wanderung zum Hambacher Schloss „weiße Kleidung" tragen sollten. *Die WEISSEN* hatten sich damit quasi konstituiert.

Über 5.000 weiß gekleidete Teilnehmer, darunter viele Unternehmer, Ärzte, Selbstständige und Handwerker, zogen dann an diesem sonnigen 28. Mai, wie bereits 190 Jahre zuvor viele andere Demokratiefreunde, fröhlich in zwei schier endlosen Zügen vom

Marktplatz in Neustadt hoch zum Hambacher Schloss. Das Schlossgelände selbst war von der Geschäftsführerin der Stiftung *Hambacher Schloss*, Ulrike Dittrich, mit Verweis auf ihr Hausrecht und mit Bezug auf eine angebliche „Überfüllung" von einer Hundertschaft der Polizei eiligst abgeriegelt worden. Da ein gewaltfreier Weiterzug zum Schloss in Analogie zum ersten Hambacher Fest von 1832 faktisch nun nicht möglich war, drängten sich Tausende von Teilnehmern dann über viele Stunden dicht an dicht auf dem von einer massiven Polizeikette abgeriegelten Platz unmittelbar unterhalb des Hambacher Schlosses.

Etwa weitere 1.000 Teilnehmer wurden von der Polizei bereits auf dem Weg zum Schloss aufgehalten. Zur selben Zeit feierten sich in dem wegen „angeblicher Überfüllung" geschlossenen Innenbereich etwa 35 selbsternannte Demokraten (unter ihnen Innenminister Lewentz, OB Marc Weigel und andere handverlesene Politiker) selbst. Die auf einen Ansturm von 1.700 interessierten Gästen vorbereiteten Cateringunternehmen bauten derweil mangels Nachfrage ihre Stände wieder ab.

Die Kluft zwischen offiziellem Anlass („Fest der Demokratie") und der politischen Praxis hätte an diesem Tag kaum größer sein können. Ungeniert und mit einer Haltung der Verachtung zog eine kleine Gruppe von Spitzenpolitikern, angeführt von dem Vorsitzenden der Stiftung *Hambacher Schloss*, Innenminister Lewentz, ihre „Demokratieshow" vor leerer Kulisse durch. Mit gepanzerten Limousinen fuhr man unter Polizeischutz zum Schloss – zur „Feier von Demokratie und Meinungsfreiheit". Die Polit-Elite blieb isoliert vom Volk unter sich, das Volk feierte unterdessen und praktizierte den Schulterschluss. Es war offensichtlich, dass sich die ganz überwiegende Mehrheit der Polizisten an diesem Tag selbst als Bürger gesehen haben, die sich mit den friedlichen Teilnehmern des Festzuges solidarisierten. Die von Bürgermeister Stefan Ulrich geforderte Einkesselung friedlicher Teilnehmer des Festzuges wurde nach kurzer Zeit von besonnenen Beamten beendet – ein Zustand, den die

Antifa[201] dann wenige Tage später im Internet bemerkenswerterweise als „unhaltbare Kapitulation der Behörden vor den neuen Nazis" bezeichnete.

Im Ergebnis hat der 28. Mai „der Freiheitsbewegung einen großen Schub gegeben". An diesem Tage, der wie das erste Hambacher Fest von 1832 vermutlich in die Geschichtsbücher eingehen wird, wurde ein „Spirit" geschaffen, der die Freiheitsbewegung seitdem begleitet. „Auf Basis dieses Spirits wird sie sich in den nächsten Monaten zu einer mächtigen Bewegung der bürgerlichen Mitte vereinen", prognostiziert Kochanek im Gespräch. Dass sich eine „Clique, basierend auf Parteistrukturen" der demokratischen Rechte des Volks bemächtigt – „dagegen stehen jetzt immer mehr Menschen in diesem Land gemeinsam auf – von links bis rechts." Die Medien, insbesondere die Lokalpresse (*Rheinpfalz*) und Lokalsender des *SWR* rechneten derweil nach der Veranstaltung mit den Protestierenden in gewohnter Weise ab: Angeblich sei es zu Übergriffen beim Neustädter Demokratiefest gekommen. Von Chaoten und rechtsradikalen Störern war die Rede. Nichts davon stimmte. Der offizielle Polizeibericht vermerkte keinen einzigen Fall von Gewalt oder eine sonstige Straftat. Und auch die zahllosen Videos auf *YouTube* zeigen ausschließlich Bilder eines friedlichen Festes der bürgerlichen Mitte.

Was allerdings auf *YouTube* eindrucksvoll dokumentiert wurde, ist der Fakt, dass der verantwortliche Abteilungsleiter des *SWR*, Dr. Joachim Görgen, nach der offiziellen Veranstaltung neben dem gepanzerten 7er BMW des Innenministers Lewentz wartete, um mit Blaulichteskorte und Fahrer zurück nach Mainz zu fahren. Die Vierte Gewalt als Beifahrer der Zweiten Gewalt.

„Von ‚Übergriffen' kann daher keine ernsthafte Rede sein. Es geht bei dieser Wortwahl nur um die mittlerweile gewohnte Diffamierung

201 Die „Antifa" traten als Gruppen bundesweit bei maßnahmenkritischen Demonstrationen auf, um diese zu behindern, zu beschimpfen und die Demonstranten zu fotografieren. „Antifa" ist die Abkürzung für „Antifaschistische Aktion".

Andersdenkender", stellte ein Teilnehmer in einem Leserbrief klar.[202] Doch diese Angriffe hielten den Neustädter Unternehmer und seine Anhänger nicht auf. Im Gegenteil. Inzwischen ist er ein gefragter Redner auf Kundgebungen.

Auch als Kochanek am 23. März in Landau eine kämpferische Rede für die Freiheit, gegen die Bedrohung und Abschaffung von Grundrechten und den wirtschaftlichen Absturz hielt, erntete er auch von Unternehmern großen Zuspruch, die „die Zustände in diesem Land nicht mehr länger kommentarlos hinnehmen wollen", wie Kochanek immer wieder betont. Die Gesellschaft werde im Rahmen der Corona-Pandemie gespalten, die Kaufkraft breiter Schichten der Bevölkerung erodiere, Deutschland verliere seinen Wohlstand. Presse und Justiz hätten ihre moralischen Ansprüche an ihre Arbeit seit Langem aufgegeben und arbeiteten nach dem Motto: „Wes Brot ich ess, dessen Lied ich sing."[203]

Am 16. Juli 2022 überreichte Kochanek auf einer Kundgebung für Frieden in München dem Philosophen Gunnar Kaiser den mit 10.000 Euro dotierten *1. Demokratiepreis der Unternehmer und Selbständigen Deutschlands.* Ein Novum in der Demokratiebewegung der letzten zwei Jahre und ein bewusster Kontrapunkt zu der Flut der vom Steuerzahler finanzierten Demokratiepreise, mit denen sich die politische Kaste in diesem Land seit Jahren selber feiert.

In einer vom *Leuchtturm ARD*[204] initiierten Mahnwache vor dem *SWR* in Stuttgart hat Kochanek am 11.08.22 in einer engagierten Rede die Zensur in den öffentlich-rechtlichen Medien, die Vetternwirtschaft zwischen Parteien und Medienverantwortlichen und deren üppige Dotierung und Altersversorgung angegriffen und zu einer grundsätzlichen Reform der Medienlandschaft aufgerufen. Neue

202 So in einem Leserbrief in der Internetzeitung *Pfalz-Express*: https://www.pfalz-express.de/leserbrief-zu-uebergriffe-beim-neustadter-demokratiefest/

203 Die vollständige Rede ist abrufbar unter: https://odysee.com/@PolitikSpezial:e/Rede-Kochanek-Landau-V2:2

204 https://www.leuchtturmard.de

Skandale wie nun kürzlich auch beim Sender *NDR* geben ihm Recht und bilden wohl nur die Spitze des Eisbergs.[205] Er kündigte in diesem Zusammenhang eigene Aktivitäten von *Die WEISSEN* an, die schon weit fortgeschritten seien. Aktueller Hintergrund waren die erst wenige Tage vorher bekanntgewordenen skandalösen Vorgänge um die Gebührenverschwendung von Geldern der Gebührenzahler, Vetternwirtschaft und Maßlosigkeit wie bei der ehemaligen *RBB*-Intendantin und *ARD*-Vorsitzenden Patricia Schlesinger.[206]

Die WEISSEN hatten in Hambach einen wichtigen Akzent gesetzt und den „Spirit" zu weitergehenden Aktionen gezündet. Das war so gewollt und es hatte funktioniert. Der Zuspruch aus der Region war groß, die Erwartungen wuchsen, die Bereitschaft, selber aktiv zu werden, auch. So war es auch kein Zufall, dass Kochanek unmittelbar nach dem Hambacher Fest die Einladung eines bekannten Unternehmers erhielt, dessen Idee es war, „zwanzig führende strategische Köpfe der deutschen Freiheitsbewegung" in einem Thinktank ein gemeinsames Programm entwickeln zu lassen, um dieses Land vor dem Absturz zu bewahren. Der Thinktank hatte sich Handfestes vorgenommen und arbeitete in den folgenden zwei Monaten in regelmäßigen Treffen und Diskussionen fünf Schwerpunktthemen heraus:

1. Freiheitsrechte in der Corona-Pandemie und die wissenschaftliche Evidenz zur Begründung der angeordneten Maßnahmen
2. Digitale Erfassung sämtlicher Aktivitäten des Bürgers und Bargeldabschaffung als Teil der totalen Kontrolle des Staates; Übergang zu chinesischen Verhältnissen
3. Gegenmaßnahmen zur geplanten Deindustrialisierung Deutschlands unter besonderer Berücksichtigung der Rohstoff- und Energiesituation

---

205 Pressebericht vom 16.08.2022: https://www.bild.de/bild-plus/regional/hamburg/hamburg-aktuell/vorwuerfe-der-vetternwirtschaft-auch-beim-ndr-rbb-skandal-nur-die-spitze-des-eis-81019964.bild.html

206 Z. B. das Welt Nachrichtenmagazin: https://www.youtube.com/watch?v=qSB_lsxb-l0

4. Medien und ihre undemokratische Kontrolle im Auftrag der Regierenden
5. Aufbau einer arbeitsfähigen Vernetzungsstruktur unter Einbindung der unterschiedlichen Gruppen der Freiheitsbewegung

Ein besonderes Anliegen ist der Gruppe die baldige technische Umsetzung einer eigenen Medienplattform, da Zensur und willkürliche Löschung ganzer Kanäle bei *YouTube* inzwischen häufige Praxis war und ist. Bei der technischen Umsetzung sei man schon weit gekommen. Herauskommen soll ein „eigenes *YouTube*". Ein eigener unabhängiger Medienkanal spielt auch deshalb eine zentrale Rolle, da die Gruppe eine klare Mehrstufenstrategie verfolgt, die eine mediale unabhängige Publizität voraussetzt.

Nach den Erfahrungen der letzten Monate, auch am Hambacher Schloss, sehen sich *Die WEISSEN* in ihrer Rolle als wichtiger Ideengeber und „Mutmacher" bestätigt. Widerstand gegen die restriktiven Maßnahmen des Staates zu initiieren, ist dringend nötig. Ganz aktuell nennt Kochanek die gefährliche Parole von der „Delegitimierung des Staates"[207] durch die Bundesinnenministerin Nancy Faeser, die eine lückenlose Beobachtung kritischer Stimmen durch den Verfassungsschutz verfolgt. Kochanek griff in seiner Rede auf dem Königsplatz in München die „Bundesgesinnungsministerin" Faeser für ihren 10-Punkte-Plan zu diesem Thema scharf an. So richtet Faeser unter der Führung des Innenministeriums aktuell Meldestellen ein,[208] an die man sich wenden soll, wenn man in seinem Umfeld „verdächtige politische Umtriebe" vermutet. Die gemeldeten Personen sollen dann einer gezielten Maßnahme des Verfassungsschutzes zugeführt werden. „Informelle Mitarbeiter und Blockwarte hatten wir in diesem Land in den letzten einhundert Jahren schon zweimal", kommentierte Kochanek diese gefährliche Entwicklung.[209]

---

207 Bundesinnenminister Faeser anlässlich der Vorstellung des Verfassungsschutzberichts 2021: https://www.youtube.com/watch?v=xyGj1HYNNTA

208 Bundesjustizminister Buschmann dazu: https://youtu.be/dSrfyKTPzuk

209 Rede am 16.07.2022 in München: https://www.youtube.com/watch?v=z9sMRPomSRo

Nachdem in der ersten Stufe die Initialzündung durch *Die WEISSEN* erfolgreich war, gehe es, so Kochanek im Gespräch, nun in einem zweiten Schritt um die politische Umsetzung der im Thinktank gemeinsam erarbeiteten Programmpunkte. *Die WEISSEN* verstehen sich dabei als eine Gruppe unter vielen, die sich in den nächsten Monaten zu einer neuen, mächtigen politischen Kraft vereinen werden. Um dieses am Boden liegende Land wieder zu annähernd alter Stärke zurückzuführen, sei es unerlässlich, sich im dritten und letzten Schritt an die Bildung einer eigenen Partei zu machen und sich so am Willensbildungsprozess auf der Basis des Rechtsstaats zu beteiligen. Bei den Bundestagswahlen 2021 konkurrierten 54 verschiedene Parteien und Wählerlisten, von denen 47 (auf die immerhin in Summe 9% der Zweitstimmen entfielen) an der 5% Hürde scheiterten[210]. „Zusammen mit den unzufriedenen Nichtwählern sehen wir für eine unverbrauchte Partei der ‚bürgerlichen Mitte' ein Wählerpotential von über 30%", so meint Kochanek[211].

Inzwischen hat sich aus dieser Initiative eine größere Bewegung von vor allem mittelständischen Unternehmern in der Bundesrepublik gebildet. Nach mehreren bundesweiten Koordinierungstreffen wurden im Bundesgebiet Cluster (Regionen) von Unternehmern gebildet. Die bundesweite Vergrößerung ist das organisatorische Ziel, dem politische Konzepte folgen, die in den nächsten Monaten veröffentlicht werden und in großen öffentlichen Demonstrationen münden sollen. Im Frühjahr 2023 hatten sich der Bewegung *Unternehmer stehen auf*[212] bereits über 7.000 Unternehmen angeschlossen, die eine mehrteilige öffentliche Kampagne vorbereiten, deren Höhepunkt beim kommenden Hambacher Fest sein solle. Nachdem sich beim Hambacher Fest 2023 die Behörden und die Anmelder der Demonstration darauf geeinigt hatten, nur einer beschränkten

210 Dazu der Bundeswahlleiter: https://www.bundeswahlleiter.de/bundestagswahlen/2021/wahlbewerber.html

211 Gespräch mit dem Autor im Sommer 2023.

212 http://www.unternehmerstehenauf.com

Anzahl der Demonstrationsteilnehmer den Zugang zum Schloss zu gestatten, gab es hörbare Kritik aus den Reihen der Demonstranten. Zum Teil war man von weit her angereist und musste nun zurückfahren, ohne am tatsächlichen Ort des Geschehens, dem Hambacher Schloss, gewesen zu sein.

Für das Folgejahr 2024 änderte man die Strategie. Nun sind zehn verschiedene Initiativen und Einzelpersonen Anmelder der öffentlichen Versammlung. Die Anmeldungsbegründung setzt sich zudem auf etwa zwei Dutzend Seiten im Detail kritisch mit den Vorkommnissen des Vorjahres auseinander und baut darauf die Begründung der Anmeldung des nächsten Jahres auf. Zu erwähnen ist außerdem, dass man flexibler geworden ist. Regelmäßig vierzehntägig finden nun kleinere Märsche zum Schloss unter dem Motto „Hinauf, hinauf zum Schloss" statt, die von verschiedenen Gruppen aus der Region organisiert werden. Dadurch wurde eine Verbreiterung der Initiative erreicht und die Schlossverwaltung langsam daran gewöhnt, dass Versammlungen unter freiem Himmel ein Grundrecht und kein Zugeständnis sind.

Ein weiteres Beispiel für eine bürgergetragene Initiative, die sich demokratischen Werten verpflichtet fühlt, finden wir in Bad Dürkheim, ebenfalls in der Pfalz.

Miteinander – Regionale Zeitung mit kritischem Diskurs

„Wer kämpft kann verlieren, wer nicht kämpft hat schon verloren."

Dieses, Bertolt Brecht zugeschriebene Zitat ziert die Titelseite der Ausgabe der Zeitung *Miteinander* – es ist die Nr. 5 vom August 2023.[213] Sie wird von einer Redaktionsgruppe herausgegeben, die ihren Sitz in Neustadt in der Pfalz hat. Der Motor, der dieses Projekt antreibt, ist die gutgelaunte und aufmerksame Eleonore Büschges aus Bad Dürkheim. Die promovierte Chemikerin organisiert auch maßgeblich die Montags-Spaziergänge in Bad Dürkheim.

213 https://miteinander-duew.de

Die Zeitung versteht sich als Angebot zum demokratischen Diskurs, der zunehmend unmöglich gemacht wurde:

„Unsere Welt ist nicht eindimensional. Erst, wenn wir sie aus verschiedenen Blickwinkeln betrachten, ergibt sich ein komplettes Bild", heißt es auf der Internetseite. „Wir finden, dass die Berichterstattung in den alteingesessenen Medien zunehmend einseitig geworden ist. Dazu kommt, dass auf den großen Plattformen wie *YouTube* und *Facebook* [K]ritisches zensiert wird."[214]

Deshalb wollte man mit einer eigenen Zeitung die kritische Berichterstattung wieder aufnehmen. Berührungsängste oder „Kontaktschuld"-Probleme hat man hier nicht.

> *„Wir sind eine Gruppe von Bürgerinnen und Bürgern mit politisch völlig unterschiedlichem Hintergrund, von links nach rechts, von jung bis alt. Die letzten beiden Jahre haben unsere Gesellschaft grundlegend verändert, eine tiefe Spaltung zieht durch unser Land. Kriterien wie geimpft oder ungeimpft wurden plötzlich bedeutend für die Bewertung eines Menschen, Kritiker wurden beschimpft und als ‚rechtsradikal' tituliert."*[215]

Eleonore Büschges geht als Mitglied der CDU und der Werte-Union mit gutem Beispiel voran. Dass der örtlichen Union-Gliederung dies nicht gefällt, sei „deren Problem".

Wer in dieser Ausgabe der *Miteinander* liest (inzwischen ist die siebte Ausgabe in Vorbereitung), findet dort lesenswerte Beiträge beispielsweise zu den Themen Politikerhaftung, Pandemievertrag, Impfkampagnen, Kritisches zur Frühsexualisierung und dem Kampf der Rechtsanwälte um die juristische Aufarbeitung. Auch Julian Assange, der in einem britischen Gefängnis langsam zu Tode kommt, erfährt Solidarität. Die Zeitung wird durch Spenden finanziert, ehrenamtlich erstellt und verteilt. Ein Beispiel, dass die Spaltung der Gesellschaft

214 Ebenda
215 Ebenda

zwar schon weit fortgeschritten ist, aber auch couragiert dagegengehalten und für die Grundrechte eingetreten wird. In Kürze wird ein Zentrum unter dem Namen *Miteinander23* eingeweiht. Es soll ein Begegnungszentrum werden, in dem u. a. lokale Produkte verkauft und politische Bildung betrieben werden soll. Das Interesse daran ist groß, Spender für die gute Sache haben sich auch schon gefunden. Anfang Februar 2024 geht es los.

Der Geist des Hambacher Festes konnte aus der Pfalz offensichtlich nicht vertrieben werden.

Aus Bayern gibt es von einer bemerkenswerten Initiative zu berichten, die die sozialen Fragen in den Mittelpunkt stellt und sich aus einer Protestgewerkschaft im Betrieb zu einer sozialen Bewegung auf der Straße entwickelt hat.

17. Vom Betrieb zum sozialen Protest: *Social Peace*

Aufgewachte Unternehmer wie beispielsweise Peter Schmidt und Wolfgang Kochanek wehren sich gegen wirtschaftliche Existenzbedrohung, Einschränkung von Freiheitsrechten, staatliche Übergriffe und stellen sich auch schützend vor ihre Arbeitnehmer. Die Einzelgewerkschaften und der *DGB* haben sich in der Corona-Pandemie dagegen nahezu geschlossen hinter die Regierungslinie gestellt und den Schutz ihrer Mitglieder vor den Drangsalierungen der Corona-Maßnahmen aufgegeben. Auf diese Weise sehen das jedenfalls viele kritische Gewerkschafter. Deshalb brodelt es, und zunehmend organisieren sich die bedrohten Arbeitnehmer selbst in eigenen Organisationen. Das Beispiel von *Social Peace* und Hans-Christian Lange ist bundesweit bekannt geworden. Die Gründung hat eine dramatische Vorgeschichte, die schon länger zurückliegt und zum Verständnis ausführlicher betrachtet werden soll.

„Die apokalyptischen Reiter der 1920er und 1930er Jahre kehren heute, in den neuen 20er Jahren, zurück.“[216] So lautet die Warnung des Gründers der Gewerkschaft *Social Peace*, des ehemaligen Managers und Kanzlerberaters, Hans-Christian Lange.

Bereits 2021 prophezeite er in einem Enthüllungsbuch das krasse Versagen einer unfähigen Politik- und Geldelite.[217] Er belegte seine Aussagen anhand der Corona-, Kabul- und Flutkatastrophenkrise. Und er warnte frühzeitig vor einer echten Apokalypse: Die sogenannten Eliten würden die hart erkämpfte deutsche Demokratie von oben und nicht von unten gefährden – ähnlich wie das die Wirtschafts- und Politikeliten der 1920er- und 1930er Jahren getan hatten. Lange

216 Gespräch mit dem Autor, März 2022

217 Hans-Christian Lange, *An ihren Taten sollt ihr sie erkennen – Ein Insider entlarvt die neue Geld- und Politikkaste*, Frankfurt 2021

weist daraufhin, dass nach dem Ersten Weltkrieg Kriegsgewinnler und korrupte Politiker das Vertrauen der Bevölkerung in die Demokratie entscheidend schwächten, während die Normalbürger durch die Seuche der Spanischen Grippe, die Hyperinflation und Börsencrashs in schwere Notlagen gerieten.

Lange weist weiter darauf hin, dass die derzeitigen Führungsschichten – ähnlich wie damals – teilweise wieder selbst zu apokalyptischen Reitern werden, etwa als Corona-Krisen-Gewinnler oder offensichtliche Verfechter autoritärer und radikaler politischer Maßnahmen. Sie sympathisierten teilweise mit nicht demokratischen Ideen und Organisationen und schützten gleichzeitig eher Konzerne als die Bevölkerung vor neuen Notlagen. Der Gewerkschaftsführer zeigt sich überzeugt, dass die Regierungen Merkel und Scholz die Mittel- und Unterschichten durch ihre selbstverschuldete Energie- und Kostenkrise in Enteignungen und Verschuldungen und damit notwendigerweise verbunden in Protest und Widerstand von unten treiben.[218]

Genau um einen friedlichen demokratischen Widerstand von unten aufzubauen, gründete Lange bereits im Jahr 2016 die Protestgewerkschaft *Social Peace*: Denn er ist überzeugt, dass sich auch an den Fließbändern der internationalen Fleisch- und Automobilindustrie die Gesellschaft von morgen entscheidet – auch wenn noch nicht klar sei, wie friedlich oder gewalttätig sie aussehen werde. In vielen dieser Fabriken schuften bis hundert unterschiedliche Nationalitäten unter härtesten Bedingungen und unter teilweise übelster Bezahlung und Behandlung. Dort entscheidet sich ebenfalls – ähnlich wie in den Werkshallen der 1920er Jahre –, ob und wie die Demokratie verteidigt wird.

---

218 *Telepolis* vom 21.05.2022: Hans-Christian Lange, *Von Ratten-, Krebs- und Eimermenschen: Provoziert die Politik sozialen Protest?* https://www.heise.de/tp/features/Von-Ratten-Krebs-und-Eimermenschen-Provoziert-die-Politik-sozialen-Protest-7102175.html?seite=all und auch https://www.buendnis-socialpeace.de/provoziert-politik-sozialen-protest.html

Warum und wie kam es zur Gründung von *Social Peace*, der ersten Band- und Leiharbeitergewerkschaft?

Im Jahr 2015 wurden in München Morddrohungen gegen den unabhängigen *BMW*-Betriebsrat Murat Yilmaz publik. Er hatte in einer *ZDF Frontal*-Sendung „dubiose schwarze Kassen“[219] der *IG Metall* angeprangert.[220] Die Großgewerkschaft ging daraufhin im Münchner *BMW*-Stammwerk mit Flugblattaktionen gegen ihn vor – und er erhielt gleichzeitig aus Telefonzellen anonyme SMS-Drohungen. Als der Manager Hans-Christian Lange aus den Top-Etagen der Konzernzentrale, der auch mit Menschenrechtsfragen befasst war, davon erfuhr, solidarisierte er sich sofort mit Yilmaz. Zusammen brachten sie dessen drei Kinder und seine Ehefrau in Sicherheit. Yilmaz erlitt zwar einen Zusammenbruch, beschloss jedoch zusammen mit Lange kurz darauf, eine Protestgewerkschaft für die untersten Glieder in der „Nahrungskette der Marktwirtschaft“, die *Social Peace*, zu gründen. Ziel war es, die offensichtliche Kuschel- und Mauschelpolitik zwischen großen Gewerkschaften einerseits und dem Management international tätiger Konzerne andererseits zu stoppen.

Innerhalb weniger Tage erhielt die neue Gewerkschaft überraschend großen Zulauf aus der untersten Schicht der Arbeiter, unter anderem auch von ca. 2.000 Arbeitern aus den *Daimler*-Werken in Baden-Württemberg.[221]

Social Peace ging es von Anfang an darum, den Arbeitern eine Alternative zu offensichtlich korrupten deutschen wie auch extremistischen ausländischen Organisationen wie den *Grauen Wölfen* zu bieten. *Social Peace* positionierte sich eindeutig im demokratischen Spektrum und grenzte sich politisch scharf gegenüber Radikalismen

---

219 *BILD* vom 02.11.2015: „Anonyme Morddrohungen: ‚Drecksau, wir machen dich kalt!'“ https://www.bild.de/regional/muenchen/bmw/betriebsrats-rebell-bekommt-morddrohungen-43239092.bild.html

220 *ZDF Frontal 21*, 15.07.2015: https://www.youtube.com/watch?v=GiTgSai1Nfg

221 *BILD* v. 04.03.2016: https://www.bild.de/regional/muenchen/bmw/betriebsrats-rebell-gruendet-gewerkschaft-44810234.bild.html

aller Art ab. So wirkte *Social Peace* der Spaltung der Belegschaften entgegen und stellte bald mehrere Betriebsräte und Vertrauensleute. Allerdings sahen sich die Gründer und Vorsitzenden, Yilmaz und Lange, massiven Restriktionen der *IG Metall* und des Managements internationaler Konzerne ausgesetzt. Der Investigativ-Journalist Claas Tatje stellte fest: „In den vergangenen Monaten haben sich bei [...] Lange und Yilmaz die Abmahnungen gehäuft."[222] Trotzdem deckten die beiden weitere Skandale auf, mussten aber schließlich ihre Jobs aufgeben.[223]

Sie verfolgten ihre Ziele seit dieser Zeit von außerhalb der Fabriken und Schlachthöfe: Im Herbst 2018 gab Hans-Christian Lange den Startschuss für die von Sahra Wagenknecht initiierte Sammlungsbewegung *Aufstehen* in Bayern und wurde zusammen mit der Sozialrebellin Beate Jenkner an die Spitze dieses Landesverbandes gewählt.[224] Jenkner hatte als ehemaliges Mitglied des Bezirkstags von Oberbayern maßgeblich den „Justizskandal Gustl Mollath"[225] aufgedeckt: Mollath enthüllte illegale Konzernaktivitäten zur Steuervermeidung und wurde von einem bayerischen Gericht für viele Jahre in die Psychiatrie verbannt, aus dem erst Jenkner und einige andere Aktivisten ihn „befreiten."[226])

Lange, Yilmaz und Jenkner verknüpften die Aktivitäten der Arbeitergewerkschaft und der neuen Sammlungsbewegung, bis diese in Bayern bis auf 13.000 Mitglieder anwuchs. Wenige Wochen später, im November 2018, explodierten im Nachbarland Frankreich die „Gelbwestenproteste"[227]. Diese erzwangen fast den Rücktritt des

---

222 *DIE ZEIT* vom 13.10.2016: Und raus bist du: https://www.zeit.de/2016/43/ig-metall-bmw-mitarbeiter-mitgliedschaft-drohungen/seite-5

223 *BILD* v. 02.04.2019: https://www.bild.de/regional/muenchen/muenchen-aktuell/muenchen-bmw-schmeisst-betriebsrats-rebell-60994790.bild.html

224 *Süddeutsche Zeitung* v. 13.09.2018: Vorsichtige Annäherung; https://www.sueddeutsche.de/muenchen/aufstehen-vorsichtige-annaeherung-1.4129049

225 https://www.youtube.com/watch?v=hOqWl2yjlss

226 Sozialismus, v. 24.09.2013: *Gustl Mollath und die Absurdität des Systems*: https://www.sozialismus.info/2013/09/gustl-mollath-und-die-absurditaet-des-systems/

227 „Die Gelbwestenbewegung (französisch Mouvement des Gilets jaunes) ist eine

Präsidenten Emmanuel Macron. *Social Peace* und *Aufstehen* organisierten in München im Dezember 2018 die erste demokratische *Gelbwesten*-Demonstration zusammen mit französischen Anhängern der Partei *Unbeugsames Frankreich* von Jean-Luc Mélenchon.[228] Von München sprang der Funke innerhalb kurzer Zeit auf andere deutsche Großstädte über. Daraufhin postierte sich auch Sahra Wagenknecht vor dem Kanzleramt in Gelbweste und solidarisierte sich.[229]

Die damalige Führung der Partei *Die Linke* missbilligte jedoch Wagenknechts Unterstützung einer Arbeitergewerkschaft wie auch deren populistischen Politikstil. Führende Parteifunktionäre traten offensichtlich eine Mobbingkampagne gegen Wagenknecht los. Aber auch die „Kapitalseite" war nicht angetan von der Verbindung zwischen einer Basisgewerkschaft und der damals beliebtesten Politikerin Deutschlands. Vorsichtshalber warnte das *Wallstreet Journal* seine Klientel vor dieser politischen Konstellation.[230]

Zu Beginn des Jahres 2020 brach die Corona-Krise aus und veränderte die Rahmenbedingungen der Gewerkschaftsarbeit radikal. Die restriktive Coronapolitik nicht nur der Regierung Merkel/Scholz in Deutschland, sondern auch vieler anderer Regierungen weltweit, begrub viele neue Protestinitiativen unter sich. Dabei spielte es keine Rolle, ob es sich um Demokratieproteste in Ländern der Südhalbkugel oder um *Fridays for Future* oder *Aufstehen* in Deutschland handelte.

überwiegend über soziale Medien organisierte Bürgerbewegung in Frankreich, die zwischen November 2018 und ihrem Abflauen im Frühjahr 2019 landesweite Proteste ausrief. Die Bezeichnung leitet sich von den gelben Warnwesten ab, die die Protestierenden als Erkennungszeichen trugen. Die jeweils am Samstag über mehrere Monate stattfindenden Demonstrationen der *Gelbwesten* begannen zunächst als Protest gegen eine von Präsident Emmanuel Macron zur Finanzierung und Durchsetzung der Energiewende in Frankreich geplante höhere Besteuerung fossiler Kraftstoffe (insbesondere Diesel)." https://de.wikipedia.org/wiki/Gelbwestenbewegung

228 *Spiegel Online* v. 15.12.2018: „Wir haben das Signal gesetzt": https://www.spiegel.de/politik/deutschland/muenchen-gelbwesten-protest-in-deutschland-aufruf-der-aufstehen-bewegung-a-1243957.html

229 *t-online* v. 25.12.2019: Nach französischem Vorbild: Sahra Wagenknecht in gelber Weste vorm Kanzleramt; https://www.t-online.de/nachrichten/deutschland/innenpolitik/id_84992344/gelbwesten-protest-sahra-wagenknecht-will-deutsche-zum-protest-animieren.html

230 Hans-Christian Lange, *An ihren Taten sollt ihr sie erkennen*, S. 205

In Deutschland durften sich zeitweise nicht einmal vier Personen auf der Straße treffen – eine Regelung, die jegliches zivilgesellschaftliche Engagement und jegliche politische Willensbildung von unten im Keim erstickte. Insgesamt schränkten die Corona-Maßnahmen nicht nur massiv Bürger- und Arbeitnehmerrechte ein, sondern unterdrückten jegliche demokratische Protest- und Debattenkultur.

Sahra Wagenknecht und Hans-Christian Lange nutzten die Lockdowns und veröffentlichten jeweils Bücher, die mit den selbstgefälligen und selbstgerechten neuen Geld- und Politikeliten radikal abrechneten.[231]

Die kritische Bilanz des *Social Peace*-Vorsitzenden bewahrheitete sich: Die großen deutschen Konzerne, von den Fleischfabriken bis zur Automobilindustrie, ergriffen die günstige Gelegenheit der Krise, um – ohne größere Proteste von Seiten der großen Gewerkschaften – rund 300.000 Leiharbeiter ohne soziale Absicherung zu entlassen.[232]

Hans-Christian Lange beschreibt die sich anschließende Entwicklung in seinem Buch wie folgt:

> *„Parallel zur materiellen und politischen Schwächung der unteren und mittleren Schichten profitieren sowohl die Politikeliten wie die neuen wirtschaftlichen Aufsteigerschichten von diesen Krisen durch einen massiven Machtzuwachs.“*[233]

So sei es seiner Meinung nach nicht verwunderlich, dass die Mehrheit der Bevölkerung immer kritischer auf das politische Versagen dieser Geld- und Machteliten – sowohl in der Finanzkrise und der Coronakrise bis hin zur Kabulkrise – reagiere. Das Jahr 2022 offenbarte, dass dieselben Eliten die Energie- und Inflationskrise mit

---

231 Hans-Christian Lange, *An ihren Taten sollt ihr sie erkennen – Ein Insider entlarvt die neue Geld- und Politikkaste*, Frankfurt 2021; Sahra Wagenknecht, *Die Selbstgerechten: Mein Gegenprogramm – für Gemeinsinn und Zusammenhalt*, Frankfurt 2021

232 *Telepolis* vom 21.05.2022: Hans-Christian Lange, *Von Ratten-, Krebs- und Eimermenschen: Provoziert die Politik sozialen Protest?* https://www.heise.de/tp/features/Von-Ratten-Krebs-und-Eimermenschen-Provoziert-die-Politik-sozialen-Protest-7102175.html?seite=all

233 S. Hans-Christian Lange, S.173 ff.

provozierten. Die Führungsschichten stellten damit den Sprengsatz der sozialen Frage scharf.

Zu diesem Zeitpunkt, dem Frühjahr 2022, entscheiden sich die führenden Köpfe von *Social Peace*, ein neues „Bündnis der Betrogenen" zu gründen.[234] Lange und Jenkner rufen mit anderen Münchner Aktivisten das Bündnis *Social Peace*[235] als breite zivilgesellschaftliche Protestplattform ins Leben. Ziel und Zentrum der Bemühungen ist die soziale Frage. Das Bündnis *Social Peace* organisiert seit April 2022 erfolgreich die ersten Demonstrationen gegen den „Preiskrieg", dem sich die Bevölkerung hilflos ausgeliefert sieht. Das Bündnis macht diesen z. B. an der augenscheinlichen Umwandlung der Stadt München in ein 4-5-Sterne-Hotel fest: Diese ursprünglich von kleinen Leuten, dem „petit peuple" dominierte Metropole entwickelt sich durch immer neue Preisschübe und massive Gentrifizierung[236] zu einem exklusiven Territorium der urbanen Moraleliten. Diese profitieren überproportional vom Boom der Immobilien- und Aktienkurse und bleiben von Arbeitslosigkeit, Wuchermieten und Verschuldung weitgehend verschont. Ja, sie verdrängen erfolgreich breite Bevölkerungskreise, die sie gleichzeitig moralisch maßregeln[237]: Jeden Monat drängen sie im „Monaco an der Isar" skrupellos mindestens 10.000 Münchner aus der Stadt.

An den ersten Protesten auf der Münchner Leopoldstraße nahmen Arbeiter, Studenten und viele Angehörige der Gesundheits- und Sozialberufe teil. Diesen folgten weitere nach der Sommerpause 2022.[238]

---

234 Schriftliche Mitteilung vom 17.08.2022

235 Die Internetseite lautet: https://www.buendnis-socialpeace.de

236 Unter Gentrifizierung versteht man die Aufwertung (Verteuerung) von Stadtteilen durch Sanierung und Umbau von Gebäuden, um diese dann an wohlhabendere Bewohner zu vermieten oder zu verkaufen und die bisherigen Bewohner dadurch zu verdrängen.

237 https://www.heise.de/tp/features/Von-Ratten-Krebs-und-Eimermenschen-Provoziert-die-Politik-sozialen-Protest-7102175.html?seite=all

238 *BILD* v. 02.05.2022: *Teuer-Demo in der Leopoldstrasse: „Wir erklären München den Preis-Krieg"*; https://www.bild.de/regional/muenchen/muenchen-aktuell/teuer-demo-in-der-leopoldstrasse-wir-erklaeren-muenchen-den-preis-krieg-79941984.bild.html

Wie Hans-Christian Lange im Jahr 2021 in seiner Abrechnung mit diesen Führungskreisen voraussagte, haben diese weitere „apokalyptische Reiter" auf den Plan gerufen, die Angst und Schrecken verbreiten. In seinen Augen schützen und bereichern sich diese sogenannten Eliten teilweise sogar selbst, statt die Bevölkerung zu schützen – was die Kernaufgabe von demokratischen Eliten wäre. Kein Wunder, dass Deutschland von einem „Eliten- und Staatsversagen ungeheuren Ausmaßes"[239] erschüttert werde. Teile der Bevölkerung würden zunehmend von dem Alptraum geplagt, dass es wie in den 1930er Jahren zu einem Demokratieverrat von oben kommen könne. Schließlich wurde auch ein Adolf Hitler nie von der Bevölkerung zum Kanzler gewählt, sondern von einer kleinen Clique „demokratischer Politiker"' an die Macht gehievt, so erläutert Lange.[240] Er weist mahnend daraufhin, dass diese Führungsschichten nunmehr mit der Energie- und Kostenkrise den sozialen Sprengsatz endgültig entzünden würden. Und was seiner Einschätzung nach noch schwerer wiegt: Sie provozieren – ähnlich wie in den 1920er Jahren – Chaos und den „failed state" Deutschland durch einen eventuellen Wirtschafts- und Finanzcrash einschließlich Massenarbeitslosigkeit und -verschuldung, also weitere massive soziale Not, Spaltung und Radikalisierung auf allen Ebenen.

Lange betont, dass sich die Eliten – ähnlich wie vor hundert Jahren – durch die Verhängung des Ausnahmezustands zu retten versuchen werden. Damit aber würden sie die demokratische Zivilgesellschaft und deren Kritik von unten unterdrücken und untergraben nichts anderes als die Demokratie. Darum sei es seiner Meinung nach so wichtig, dass Sprachrohre der Stummen und Ohnmächtigen wie das Bündnis *Social Peace* zu Fürsprechern einer Mehrheit der Betrogenen werden und sich dagegen wehren.

---

und: https://www.buendnis-socialpeace.de/teuer-demo.html

239 So Lange im Gespräch mit dem Autor.

240 Hans-Christian Lange, *An ihren Taten sollt ihr sie erkennen*, a. a. O., S. 205 ff.

Seit den Herbsttagen des Jahres 2022 haben die horrenden Preissteigerungen für Energiekosten tausende Protestierende auf die Straßen getrieben. Vor allem die Mittelständler (Handwerksbetriebe, Gastronomen, Bäckereien, Einzelhandel) wehren sich zunehmend mit offenen Protestbriefen und eigenen Demonstrationen. Die politische Situation wird labiler, die Stimmung gereizter, die Gegenwehr lauter und sichtbarer. Sollte nicht ein Richtungswechsel der offiziellen Politik stattfinden, wird sich der Widerstand gegen die Energie- und Sanktionspolitik der Bundesregierung und gegen ihre Waffenlieferungen an die Ukraine verstärken.

Um zu verstehen, dass Menschen sich zwar Initiativen anschließen oder sich anderweitig politisch engagieren, parallel dazu aber auch einen Plan B schmieden, werfen wir einen Blick auf Bedrohungen der privaten Vermögen durch staatliche Gesetzgebungen, die unter dem harmlos klingenden Begriff des „Lastenausgleichs" kursieren, es aber in sich haben.

18. Plan B: *Werte-Wegbereiter* und *Peace-Industry*

Werte-Wegbereiter

In den letzten Jahren sind nach offiziellen Zahlen über 250.000 deutsche Staatsangehörige emigriert.[241] Die meisten von ihnen in Länder Europas, aber auch auf den Balkan, nach Russland, Belize, Island, Malta und nach Nordzypern. Dieser Trend hält unvermindert an. Viele halten es offenbar in Deutschland nicht mehr aus. Ob jung oder alt, Berufstätiger oder Rentner, Angestellter oder Unternehmer – sie alle sehen für sich und ihre Unternehmen keine Zukunft mehr in unserem Land. Die Ortsveränderung ist also nicht freiwillig. Alle empfinden das politische und gesellschaftliche Klima, die Zerstörung des Mittelstandes, die Verteuerung des Lebens zunehmend unerträglich. Unbekannt ist die Zahl deren, die nicht auswandern, aber einen persönlichen Plan B verfolgen, also eine Auswanderung vorbereiten, indem sie z. B. nach Häusern oder Wohnungen im Ausland suchen oder eine Betriebsverlegung dorthin planen. Unterstützung finden sie bei Informationsportalen[242] oder bei Deutschen, die sich schon im Zielland aufhalten und sie mit wichtigen Informationen versorgen können. Die Gruppe *Werte-Wegbereiter*[243] gehört dazu. Neben der Organisation von monatlichen Plan B-Touren für Interessenten sehen sich die *Werte-Wegbereiter* als Brückenbauer, die, dank ihrer weitreichenden Vernetzung, ein breites Angebot an Dienstleistungen und Hintergrundinformationen für all die Menschen bieten, die Antworten auf Fragen rund um

---

241 Zitiert nach: Ullrich Mies (Hg.), *Auswandern oder Standhalten … Politisches Exil oder Widerstand?* Uitgeverij de Blauwe Tijger Verlag, Groningen 2023, S. 50 f.

242 Zum Beispiel: auswandern-info.com

243 www.werte-wegbereiter.com

Wohn- und Unternehmensmöglichkeiten auf Nordzypern suchen. In wenigen Flugstunden erreicht man die Ferieninsel im Mittelmeer, und sie erfreut sich deshalb großer Beliebtheit. Wesentlich wichtiger ist allerdings der Umstand, dass Nordzypern nicht Mitglied der Europäischen Union und ein Sondergebiet der EU ist und außer von der Türkei von der internationalen Staatengemeinschaft nicht als Staat anerkannt ist. Diese Sonderstellung hat in den letzten Jahren dazu geführt, dass viele Einwanderer, auch aus Deutschland, auf der Insel inzwischen ein Domizil haben oder geschäftlich tätig wurden. Die *Werte-Wegbereiter* legen neben der Suche nach einem geeigneten Wohnort einen Schwerpunkt auf der Entwicklung von Gemeinschaften, die Wohnen, Gesundheit/Pflege, Ernährung und Energie in einem sozial gesunden Umfeld verbinden möchten. Zudem organisieren sie die Zusammenarbeit von Unternehmern, die dort gemeinsame Projekte in dafür eigens gegründeten Rechtsformen umsetzen wollen. Inzwischen haben sich eine Reihe von Unternehmern zusammengefunden, die Kritiker der Corona-Maßnahmen sind und sich als eine Gemeinschaft von Gleichgesinnten verstehen. Unter der Internetadresse *www.werte-wegbereiter.com* findet man weitere Informationen.

Peace Industry

„Der Aufstand der Schachfiguren" hieß die 168. Sitzung der *Stiftung Corona-Ausschuss* am 11.08.2023[244]. Dort wurde der Investor Carlos Alvarez Fritz von Viviane Fischer in einem längeren Gespräch interviewt. Er berichtete von seinem Projekt der *Peace Industries*, bei dem 40 Milliardäre in friedensstiftende, weltverbessernde Projekte investieren wollen. Und dies weltweit, indem sechzig Peace Ambassadors (deutsch: Friedensbotschafter) diese Vorhaben in einzelnen Ländern koordinieren und umsetzen helfen sollen. Das Motto „Doing good together" (deutsch: Gemeinsam gute Dinge tun) soll

244 https://odysee.com/@Corona-Ausschuss:3/s168de-caf:e

die Beteiligten unter einer gemeinsamen Idee zusammenbringen.

Gedacht ist dabei z. B. an Gesundheitszentren oder großflächigen Aufbau von Permakulturen. „Wir haben eine Kriegsindustrie – wir brauchen aber eine Friedensindustrie", sagt Carlos Alvarez Fritz. Nach der Veröffentlichung des Interviews meldeten sich bereits die ersten Interessenten aus verschiedenen Ländern unter der Internet-Adresse *www.peace-industry.org*. Man darf gespannt sein, wie es weitergeht.

Bevor wir im zweiten Teil des Buches zum Geldsystem und auch zu grundsätzlichen Überlegungen für einen radikalen sozialen Wandel kommen, wollen wir einen Autor vorstellen, der uns dazu seine Überlegungen mitteilt.

19. Sind wir Untote des Kapitals?

Ausgangspunkt des langen Essays *Wir Untoten des Kapitals. Über politische Monster und einen grünen Sozialismus*[245] ist die These, dass wir vor einem weltweiten Epochenbruch stehen. Die kapitalistische Produktions- und Lebensweise stoße aus sozialen und ökologischen Gründen an ihre existentiellen Grenzen. Eine radikale Transformation sei deshalb notwendig, eine postkapitalistische Produktionsweise in Richtung eines „grünen und demokratischen Sozialismus".

Raul Zelik, der Verfasser des Essays, kleidet seine Ausführungen in die Figur des Zombies als Symbol des Halbtoten, eines Zwischenzustands zwischen Leben und Tod. Ein Blick in unsere seelenlosen Innenstädte, deren Grund und Boden durch Investoren zur Ware gemacht, deren Handel dort verdrängt und auf Plattformökonomien wie *Amazon* oder in Shopping-Malls hineingeschoben werde, genüge. Der Kapitalismus habe sich fast vollständig aller Bereiche unseres Lebens weltweit bemächtigt; Waren und Geld bekämen einen Fetischcharakter[246], die menschlichen Handlungen erscheinen als etwas Halbtotes, das diesem Fetisch folgt. Arbeit sei für eine immer größer werdende Zahl von Menschen zunehmend entfremdet (das gilt für Industriearbeiter, Pflegebeschäftigte, im Handel Beschäftigte, auch Mittelständler), der persönliche Konsum diene zunehmend mehr der Statuserhaltung als dem Genuss und der Entfaltung der Persönlichkeit. Zombieverhalten eben. Alles werde zur Ware: Wohnen, Urlaub, Freizeitverhalten, Partnerbeziehungen sowie vieles mehr und das weltweit, was durch die grundsätzlich gleichen Kapital- und Eigentumsverhältnisse zu begründen sei. Daher müsse

245 Raul Zelik, *Wir Untoten des Kapitals. Über politische Monster und einen grünen Sozialismus,* 3. Auflage, Suhrkamp, Frankfurt am Main 2021

246 Damit ist gemeint, dass Waren etwas „Halbgöttliches" bekommen können.

man auch grundsätzlich an diese Zustände und ihre tieferliegenden Ursachen herangehen.

Trotz aller Problematik legt sich Zelik auf den Begriff Sozialismus für eine andere Zukunft fest. Dies begründet er zum einen damit, dass der historische Erfahrungsschatz nicht verlorengehen solle und zum anderen, dass „die sozialistische Bewegung aber auch die einzige Kraft (war), die erkannte, welche Bedeutung der Eigentumsfrage zukommt"[247].

Zu bewahren wären laut Zelik die Aneignung der Produktionsmittel und die Eroberung des Staatsapparates. Ein zentraler Punkt sei hierbei die Demokratiefrage, die ungelöst geblieben sei. Kapitalismus sei, so Zelik, durch die Kombination von menschlicher Arbeits- und Innovationskraft groß geworden und habe dazu die fossile Energienutzung (erst Holz, später Kohle und Öl) als materielle Basis genutzt.

Daraus folgen nach Zeliks Ansicht folgende Schritte:

1. Die kapitalistischen Produktions- und Eigentumsverhältnisse müssen geändert werden.
2. Die Art, die Welt (wohl im Sinne eines „Konsumbüffets") zu betrachten, müsse sich ebenfalls wandeln.
3. Das Energiemodell müsse schnell umgestellt werden.

So sei der Gesamtenergieverbrauch seit 1965 durch fossile Energien enorm angestiegen und mit ihm die Umweltverwüstungen. Alternative Energien seien quantitativ noch keine echten Alternativen der Versorgung. Neben die Eigentumsfrage trete also die Energiefrage und ein Bewusstsein über deren Verbindung. Angesichts der weltweiten Dramatik der Umweltproblematik und ihrer Folgen sei die Begrenzung und Reduzierung des Ressourcenverbrauchs und die (Wieder-)Herstellung natürlicher Kreisläufe eine gigantische Aufgabe.

247 A. a. O., S. 37; mit Eigentum meint Zelik hier den Reichtum der Fonds, der großen Immobilienvermögen und Milliardenerbschaften, der ohne eigene Arbeit produziert wird, also der Großvermögen. A. a. O., S. 36, Fußnote 18

Das Eintreten für universelle, gleiche, solidarische und demokratisch-ökonomische Verhältnisse bedeutet für Zelik:

Einführung einer Vermögenssteuer, den Ausbau der öffentlichen Verkehrsinfrastruktur, eine Bürgerversicherung für Rente und den Krankheitsfall, die Forcierung des öffentlichen Wohnungsbaus, Wirtschaftsdemokratie und Dekarbonisierung (Umstellung der Wirtschaft auf einen niedrigen Anteil von Kohlenstoff), also den Ausstieg aus der Nutzung fossiler Brennstoffe, vor allem der Kohle.

Zum Begriff des *New Green Deal*, der der Leitbegriff der Öko-Sozialisten ist, stellt er klar[248], dass die Digitalisierung, der vermeintliche Segen der virtuellen Ökonomie, einen enormen Ressourcenverbrauch habe. So würden die Rechenzentren des Internets[249] mehr Energie als der weltweite Flugverkehr verbrauchen. Neue technologische Lösungen seien zum Teil kontraproduktiv. So führe etwa der Umstieg auf E-Autos dazu, dass schwerere Fahrzeuge wie die SUVs unter dem kapitalistischen Wachstumszwang in großer Zahl gebaut würden und damit der Energieverbrauch nicht etwa sinke, sondern ansteige.

Auf die Frage, welche Ziele man sich nun setzen solle, schlägt Zelik folgende „normative Ziele“[250] vor:

1. *„Work less and public services“*[251]*:* Deutliche Verkürzung der Arbeitszeit, gleichmäßige Verteilung des gesellschaftlichen Reichtums und sanktionsfreie, bedarfsgerechte Grundsicherung (kein bedingungsloses Grundeinkommen) sowie kostenlose oder preiswerte soziale Infrastruktur in den Bereichen Energie, Trinkwasser, Mobilität, Internet, Gesundheit, Bildung, Weiterbildung und Wohnen.

---

248 So beispielsweise mit der Rosa-Luxemburg-Stiftung am 25.11.2020: https://www.youtube.com/watch?v=Ox2BmJhCxWo und mit Ines Schwerdtner am 24.06.2020: https://www.youtube.com/watch?v=L924vaEdqt0

249 Zur Kritik am Energieverbrauch der Blockchain-Technologie: https://de.statista.com/infografik/18608/stromverbrauch-ausgewaehlter-laender-im-vergleich-mit-dem-des-bitcoins/

250 Zelik 2021, S. 44-61

251 Das bedeutet Arbeitszeitreduzierung und Ausbau der öffentlichen Versorgung.

2. *Gleichheit:* Beseitigung rassistischer Verhältnisse und Einstellungen; materielle Gleichstellung und soziale Sicherheit der Menschen durch die Besteuerung großer Vermögen und höhere Spitzensteuersätze; eine Bürgerversicherung mit Pflichtbeiträgen für alle; Ausbau des kommunalen und genossenschaftlichen Wohnungsbaus.

3. *Rückkehr demokratischer Planungsdebatten*: Verstaatlichungen, die das Grundgesetz in seinen Artikeln 14 und 15 ausdrücklich zulässt und auch explizit die Banken betreffen, sowie eine ökologische Umwandlung (Konversion) unter breiter Beteiligung ihrer Protagonisten. Außerdem seien zivilgesellschaftlich aufgebaute und kontrollierte Medien (Rundfunk, Printmedien, Internet) erforderlich.

4. *Frauenrechte:* Gleiche Bezahlung, die dann zu höheren Löhnen insbesondere für Pflege- und Sorgeberufe führe; Anhebung des gesetzlichen Mindestlohns; Abschaffung des Ehegatten-Splittings; Neuregelung des Elterngeldes; Schutz von Frauen vor Gewalt; Abschaffung der §§ 218 und 219a und Quotierung von Wahllisten sowie das Verbot sexistischer Werbung.

5. *Internationalisierung der Sozialpolitik, Recht auf Migration:* Verpflichtende zwischenstaatliche Abkommen müssten das Recht auf Migration auch vor seinem kapitalistischen Missbrauch (Anwerbung von Billigarbeitskräften u. a.) schützen. In diesen Kontext gehörten Lieferkettengesetze und (neu) „Klimagerechtigkeits"-Zahlungen, die die Hauptverursacher der Umweltzerstörung zur Kasse zu bitten. Er fordert ein Exportverbot von Rüstungsgütern, die Bekämpfung von Steuerparadiesen und den Schutz der kleinbäuerlichen Landwirtschaft vor einem linken *Green New Deal.*

6. *Dekarbonisierung:* Energiewende; die Kosten des Ausstiegs aus der Kohlewirtschaft und der Reduzierung der Treibhausgas-Emissionen seien viel höher als bisher von den Hauptverursachern zu zahlen, und die Folgen der Wende seien solidarisch von der gesamten Gesellschaft (und nicht allein von den Beschäftigten) zu tragen, wie dies erfolgreich beim Kohleausstieg in der Lausitz gelungen sei. Bündnisse zwischen Klimabewegung und Gewerkschaften, wie es

sie beispielsweise schon in Teilen[252] gebe, seien zu verbreitern. Eine Dezentralisierung der Stromproduktion, gesetzliche Obergrenzen für Kraftstoffverbrauch, die Beschränkung des Flugverkehrs und die Regionalisierung von Wirtschaftskreisläufen seien einzuführen oder zu beschließen.

Appelle an eine individuelle Verhaltensänderung der Konsumenten seien wirkungslos. Diese Position deckt sich mit der Einschätzung von Ulrike Herrmann. Notwendig sei vielmehr eine politische Regelung der Produktion. Diese Lenkung stoße naturgemäß auf den Widerstand der politischen Ökonomie des Kapitalismus. Gleichzeitig ersticke dieser förmlich in seiner Überproduktion von Waren und flüchte in die Finanzsphäre. Um den vermeintlich durch Warenumsatz bedingten Klimawandel aufzuhalten, sei eine sozialistische Umwandlung durch gesellschaftliche Demokratie von unten notwendig, „bei der auf ganz unterschiedliche Instrumente zurückgegriffen werden [könne]".

Einige von Zeliks Positionen sind zu hinterfragen: So wird z.B. die große Zahl von alternativen Währungssystemen ausgeblendet; die Möglichkeiten der Internettechnologie für Vernetzungen von unten werden nicht genannt; neu vorgelegte Verfassungsentwürfe, in denen Forderungen Zeliks bereits teilweise enthalten sind, werden nicht thematisiert; der Umgang mit der Corona-Problematik mutet naiv an; die Klimafrage, in der das verbreitete Narrativ ungeprüft übernommen wird, erscheint ebenfalls problematisch; die pauschale Forderung nach einem „Recht auf Migration für alle" bietet gesellschaftlichen Sprengstoff; die Möglichkeiten digitaler Planung bei demokratischer Kontrolle werden nicht diskutiert.

„Man kann ruhig anderer Meinung sein und trotzdem zusammenarbeiten." Dieses Lebensmotto des „linken Marathonläufers" Arno Klönne, der einer der Sprecher der Ostermarsch-Bewegung der

252 Kasseler Erklärung von Betriebs- und Personalräten aus 110 Nahverkehrsunternehmen: https://verkehr.verdi.de/themen/nachrichten/++co++e4846fb6-91b2-11e9-9aa9-525400f67940

1960er Jahre war, könnte man sich hier zu eigen machen. Dieser grundsätzlichen Ansicht kann man sich nur anschließen. Zusätzlich dachte Klönne schon damals „antizyklisch“: So gründete er 1989 mit Freunden eine Bürgerinitiative für Sozialismus, während andere mit der Beerdigung des realen Sozialismus beschäftigt waren.

Damit sind wir am Ende des ersten Teils angekommen. Im nun folgenden zweiten Teil wenden wir uns den Finanzsystemen und ihren Wachstumszwängen zu, die nichts anderes als die Zwänge der Kapitalverzinsung sind.

II. FINANZEN

»Die jungen Leute von heute glauben immer, Geld sei alles.«
»Ja«, murmelte Lord Henry und rückte die Blume in seinem Knopfloch zurecht, »und wenn sie älter werden, dann wissen sie's.«
(Oscar Wilde, Das Bildnis des Dorian Gray)

20. Geld regiert die Welt zu Ende

Im Industriekapitalismus des 19. Jahrhunderts wies die Ausbeutung der Arbeiter durch die Kapitalseite bei aller Rücksichtslosigkeit immerhin noch einen Hauch von menschlicher Beziehung auf und hatte eine „personale Relation". Karl Marx, ein Zeitzeuge, kam zu folgendem Ergebnis:

> *„Innerhalb des kapitalistischen Systems vollziehen sich alle Methoden zur Steigerung der gesellschaftlichen Produktionskraft der Arbeit auf Kosten des individuellen Arbeiters; alle Mittel zur Entwicklung der Produktion schlagen um in die Beherrschungs- und Exploitationsmittel[302] des Produzenten, verstümmeln den Arbeiter in einen Teilmenschen, entwürdigen ihn zum Anhängsel der Maschine."*[303]

302 Exploitation meint hier die körperliche und geistige Ausbeutung der menschlichen Arbeitskraft, deren Ergebnisse sich die Industriellen aneignen. Daraus entsteht auch der wissenschaftliche Fortschritt, den sich die industrielle Klasse aneignet. Da Marx in England im Exil lebte, verwendete er häufiger englische Wörter und Ausdrücke.

303 Karl Marx, *Das Kapital. Kritik der politischen Ökonomie*, in: Marx und Engels Werke, Bd. 23, Berlin 1965, S. 674 f., zitiert nach: Eugen Drewermann, *Finanzkapitalismus. Kapital und Christentum*, 2. Band, Ostfildern 2017, S. 133. Drewermann zitiert zu Recht die Bemerkung von Rudolf Hilferding, dass der Zins, um den es jetzt geht, „kein irgendwie bestimmter, fixierter Teil des Profits" ist, denn: „Die Höhe des Zinses hängt ab von der Nachfrage und dem Angebot des Leihkapitals." Wären „Geldbesitzer und produktive Kapitalisten identisch [...], würde kein Zins entstehen." „Profit entspringt

Seit etwa 1880 sprechen wir von der Periode des Imperialismus, in deren Verlauf sich vor allem die USA und Japan in andere Gebiete der übrigen Welt ausdehnten (insbesondere Asien, Afrika und Lateinamerika) und sie entweder durch Eroberung oder ökonomischen Zwang in ihren Machtbereich eingliedern wollten. Die blutigen Kolonialkriege der Folgezeit und eine weitgehende (Neu-) Aufteilung der Welt unter den kapitalistischen Großmächten mündeten schon vor dem Ersten Weltkrieg in einen expansiven Rüstungswettlauf. Er war vor allem das Ergebnis imperialistischer Handelsinteressen und der kapitalistischen Ausdehnung im Weltmaßstab. Mit der Entkolonialisierung in den 1960er Jahre ging der klassische Imperialismus in dieser Form zu Ende. Es existierten nichts desto trotz weiterhin imperialistische Abhängigkeitsverhältnisse.

Die beginnende Globalisierungsdiskussion der 1990er Jahre führte zu einer Renaissance imperialismustheoretischer Konzepte mit dem Tenor, dass „Globalisierung nicht als naturwüchsiger Sachzwang, sondern als ein durch Interessen und Machtverhältnisse bestimmter Prozess aufgefasst wurde“[304]. Nun ist es keineswegs so, dass das heutige Kapital lediglich „als digitale Fiktion rund um den Globus gejagt“ wird, sondern die Weltkonzerne auf die Realwirtschaft durch ein weitverzweigtes Netz von Unternehmensbeteiligungen auf faktische alle wirtschaftlichen Bereiche einen entscheidenden Einfluss nehmen. Aus der „...Konkurrenz mehrerer imperialistischer Staaten ist ein US-geführtes Imperium hervorgegangen. Die neuen Finanzakteure haben die US-Vorherrschaft und das Vasallentum der „Bündnispartner“ noch einmal vertieft.“[305]

[...] [durch die] Trennung der Produktionsmittel von der Arbeit." „Zins entspringt [...] der [...] akzidentellen Tatsache, dass die Verfügung über das Geld einmal nicht allein die produktiven Kapitalisten besitzen." Ebenda, S. 133-134

304 Michael Heinrich, *Imperialismustheorie*, in: Siegfried Schieder / Manuale Spindler (Hg.), *Theorien der Internationalen Beziehungen*, 3. Auflage, Opladen & Farmington Hills 2010 S. 311 ff.

305 Werner Rügemer, *Die Kapitalisten des 21. Jahrhunderts, Gemeinverständlicher Abriss zum Aufstieg der neuen Finanzakteure*, Köln 2018, a. a. O., S. 10

Der Siegeszug des Finanzkapitalismus verändert die ursprünglich „personale Relation“ des 19. Jahrhunderts gravierend. Er bezieht seine Macht vor allem aus der weitgehend arbeitsfreien Ausbeutung von Privatpersonen und Unternehmen, die darauf angewiesen sind, sich zu verschulden, um ihr Leben zu finanzieren. Sie müssen aufgenommene Kredite tilgen. Gelingt es nicht, geraten sie unter großen Druck ihrer Gläubiger und ihre bürgerliche Existenz wird mit Vernichtung bedroht. Sie finden sich als Ausgestoßene der Gesellschaft, als Altersarme und Hartz-IV-Empfänger (ab 01.01.23: Bürgergeld), bettelnd, Flaschen sammelnd, in den Fußgängerzonen, vor den Sozialämtern, den Bahnhöfen, in „Notunterkünften“ wieder. Eingeleitet wird diese Verelendung in Form von Zahlungsaufforderungen, Mahnungen, Androhung von Zwangsmaßnahmen durch den Gerichtsvollzieher mit der Aussicht auf einen Gefängnisaufenthalt (als „Beugemaßnahme“), ohne aber etwa dadurch die Schuld zu tilgen, die sowieso nicht zu begleichen ist. Das Instrument des Finanzkapitalismus und seines Geldsystems, scharf wie ein chirurgisches Skalpell, trägt den Namen: Zins.[306]

Das heutige Wirtschaftssystem ist der globale „Marktradikalismus“, beschönigend auch als Neoliberalismus bezeichnet, als „Marktwirtschaft“ gerechtfertigt und als Ewigkeitsreligion von seinen Apologeten (Verteidigern), in Schulen und Hochschulen verbreitet, von nahezu allen Medien 24/7 gepredigt. Der Mensch sei eben ein „homo oeconomicus“[307], sein Individualnutzen der Dreh- und Angelpunkt. Das Geld scheint das Maß aller Dinge zu sein. Herzlos, kalt und auch tödlich. Die technischen Möglichkeiten werden diesem Ziel dienstbar gemacht, nicht nur in Gestalt der Zerstörungskraft von Waffen, die die Menschheit ausrotten und/oder zu willenlosen Maschinen machen sollen, sondern auch wesentlich unmerklicher. Die teils offene, teils schleichende Akzeptanz von digitalen Möglichkeiten

---

306 Vgl. Eugen Drewermann, *Finanzkapitalismus,* S. 133-134

307 Darunter versteht man einen Menschen, der nur ökonomische Ziele hat und rational nur seinen persönlichen größtmöglichen Nutzen anstrebt.

der Überwachung, Steuerung und Manipulation, die über Attraktionen wie Smartphones nahezu wie magnetisch unsere Tage und unsere Nächte „takten“, mag dafür als Beispiel dienen ebenso wie die Nutzung der „neuen Energien“, die im Zeichen der „Klimakrise“ mehr Probleme schaffen, als sie zu lösen versprechen.[308]

Der Zerfall der Sowjetunion und des Warschauer Vertrages Ende der 1980er Jahre führte zum Ende der bipolaren und vorübergehend zu einer unipolaren Weltordnung unter Führung der USA. Der Aufstieg des kommunistisch geführten Kapitalismus der Volksrepublik China bei gleichzeitig wirtschaftlichem Niedergang der USA und die Einführung des Euro als Konkurrent zum Dollar sowie die Entstehung eines riesigen eurasischen Wirtschaftsraums („One belt, one road“, Neue Seidenstraße[309]) brachten diese Ordnung aber bald ins Wanken.[310] Die Hoffnung vieler auf eine nunmehr multipolare Weltordnung ist überlagert durch eine neue Großmacht, den digital-finanziellen Komplex, der vor etwa vierzig Jahren entstand[311]. Damit brach auch das Zeitalter des Überwachungskapitalismus an. Sein harter, technologischer Kern sind die fünf größten IT-Konzerne *Google (Alphabet)*, *Amazon*, *Apple*, *Facebook* (*Meta Platforms*) sowie *Microsoft* und die größten Vermögensverwaltungen der Welt wie *BlackRock*, *Vanguard*, *Fidelity* und *State Street* als ihr finanz- und machtpolitisches Zentrum. Nicht zu vergessen die Stiftungen[312], in die sie eingebunden sind. „Wissenschaftlich abgesichert“ wird dies von den mehrheitlich

308 Fritz Vahrenholt, *Die große Energiekrise – und wie wir sie bewältigen können*, München 2023

309 The Wolff of Wall Street, *Neue Seidenstraße*, https://apolut.net/the-wolff-of-wall-street-neue-seidenstrasse/

310 Dazu beispielhaft: Wolfgang Effenberger, *Der BRICS-Gipfel in Johannesburg – Strategischer Wendepunkt?* https://apolut.net/der-brics-gipfel-in-johannesburg-strategischer-wendepunkt-von-wolfgang-effenberger/; auch: Erhard Crome, *BRICS verändern die Weltordnung. Hintergrund-Das Nachrichtenmagazin*, Heft 9/10, 2023, S. 57 ff.

311 Shoshana Zuboff, *Das Zeitalter des Überwachungskapitalismus*, Frankfurt am Main 2018

312 Thomas Röper, Gibt es einen Unterschied zwischen Oligarchen und Philanthropen? https://www.anti-spiegel.ru/2023/gibt-es-einen-unterschied-zwischen-oligarchen-und-philanthropen/

US-amerikanischen „Zentren des elitären Digital-Populismus"[313] sowie Rating-Agenturen, Wirtschaftsprüfern, Wirtschaftskanzleien, Unternehmensberatern und Leitmedien.[314]

Der Finanzanalyst Ernst Wolff fasst den gegenwärtigen Stand (2022) zusammen:

> *„Wir leben längst in einer unipolaren Welt, in der nicht etwa die Regierung eines Landes über die Bewohner desselben herrscht, sondern ein Firmenkartell, das nicht an nationale Grenzen gebunden ist. Ein Kartell, welches mit seinem Geld und seiner Kontrolle über die Daten mittlerweile fast die gesamte Geschäftswelt durchdrungen [...] [und] in der zurückliegenden Gesundheitskrise [...] riesige Gewinne eingestrichen [...] [hat] [...] Im gegenwärtigen Ukrainekrieg macht sie über die ebenfalls von ihr kontrollierte Rüstungsindustrie phänomenale Profite. Dabei rückt auch das Ablaufdatum für die wichtigste Stütze der US-Hegemonie, den US-Dollar, immer näher. Die bisherige globale Leitwährung aber wird mit Sicherheit nicht von einer anderen traditionellen Währung wie dem chinesischen Yuan oder dem Euro abgelöst werden, sondern von einer digitalen Zentralbankwährung, von denen mehrere im Hintergrund vorbereitet werden."*[315]

Die Folgen: Die Reichen werden immer reicher, die Armen werden immer zahlreicher.

In einem kürzlich veröffentlichten Bericht von *Oxfam International* berichtet dieser von dem dramatischen Anstieg der Vermögensungleichheit, wonach das gemeinsame Vermögen der acht reichsten Milliardäre der Welt größer ist als das der unteren Hälfte

313 Von der erfolgreichsten Plattform-Gründern (wie etwa *Apple, Google, Yahoo, Netflix, PayPal* u. a.) sind die meisten Absolventen der zwei größten Elite-Universitäten der USA, Stanford und Harvard. Unter den 11 größten Universitäten dieser Arten sind allein sieben aus den USA, je eine aus Indien, England, Israel und Kanada. Werner Rügemer, *Die Kapitalisten des 21. Jahrhunderts*, a. a. O., S. 213 ff.

314 A. a. O., S. 216 ff.

315 https://apolut.net/wunschtraum-multipolare-welt-von-ernst-wolff/

der Weltbevölkerung, etwa 3,6 Milliarden Menschen. Das geschätzte Gesamtvermögen beläuft sich auf 426,2 Milliarden US-Dollar. Unter den besagten Milliardären befinden sich solch prominente Vertreter wie Bill Gates, Warren Buffet, Carlos Slim, Jeff Bezos, Mark Zuckerberg und Michael Bloomberg.[316]

Vor allem mächtige US-IT-Konzerne, aber auch europäische Digitalspezialisten (wie zum Beispiel die deutsche *T-Systems* und *SAP*) machen hier gemeinsame Sache mit staatlichen Stellen. Viele kommunale Mandatsträger sind offensichtlich in einer Art vorauseilendem Gehorsam willig dienstbar und vielfältig mit ihnen z.B. über Aufsichtsratsmandate verknüpft.[317] Das tatsächliche Ziel dieser „Sozialingenieure"[318] ist die „Transformation" der Gesellschaften zu digital-sozialen Mega-Maschinen. Der Prozess ist stellenweise schon weit vorangeschritten und der Handlungsdruck wird weiter hochgehalten.

Zugleich wächst der Widerstand gegen die Finanzkonglomerate, insbesondere gegen den Bedeutendsten: *BlackRock*. Es formieren sich Aufklärung und politische Gegenwehr, die auch dringend geboten sind. Unter anderem finden seit 2020 Tribunale und Konferenzen statt, die die Machtkonzentration bei *BlackRock* öffentlich thematisieren[319]

Ein zarter Hauch des Wandels liegt in der Luft. Die Menschen spüren dies schon seit Jahren, auch wenn sie vorerst die Hintergründe in all ihren Details nicht kennen. Viele wollen anders leben, sie wollen (und benötigen!) ebenfalls dringend eine andere Art des

316 https://www.wiwo.de/videos/news/426-milliarden-us-dollar-hilfsorganisation-kritisiert-die-reichsten-menschen-der-welt-/19256902.html

317 Schon im Jahre 2007 berichteten Biermann und Klönne darüber. Werner Biermann/Arno Klönne, *Agenda Bertelsmann. Ein Konzern stiftet Politik*, Köln 2007

318 James Corbett hat dazu kenntnisreich die Technik des „MacGuffin" bei dem Filmregisseur Alfred Hitchcock dargestellt: https://2020news.de/was-alfred-hitchcock-die-sozialingenieure-gelehrt-hat/

319 https://www.blackrocktribunal.de/; s. auch: Werner Rügemer, *BlackRock & Co. enteignen*, Frankfurt am Main, 2021 und Werner Rügemer im Interview zum Kongress: https://www.youtube.com/watch?v=bz79dGM-qmw

Wirtschaftens, das tatsächlich den Kriterien der Menschenwürde, der Solidarität, der sozialen Gerechtigkeit, des Einvernehmens mit der Natur und der echten Demokratie entspricht. Und sie wollen Frieden!

„Wahre Erfüllung", so schreibt die Wiener Filmemacherin von *Awake – Ein Reiseführer ins Erwachen*[320] und *Awake2-Paradise*[321], Catharina Roland, gemeinsam mit der Schweizerin Coco Tache in ihrem *Manifest der neuen Erde*[322] „kommt nicht aus äußeren Quellen und kann nicht für Geld gekauft werden, sondern sie kommt aus einer tiefen Verbundenheit mit anderen Wesen und der Erde, aus der inneren Ausrichtung auf unseren Lebenssinn, sie kommt aus einem Leben mit offenem Herzen und von der Freude am Geben. Unser Fokus hat sich vom Geldverdienen auf ein sinnvolles Leben gewandelt, das auf das Wohl allen Lebens ausgerichtet ist."[323] Sie stellt eine Veränderung der Werteskala fest, die sich ausbreitet. Und sie wirft einen Blick in die Zukunft eine Vision entwickelnd, wie es anders gehen könnte:

> *„In der Übergangsphase wird eine neue Finanzarchitektur entwickelt. Dazu werden bereits entwickelte oder in Entwicklung befindliche Währungssysteme regional erprobt. Gemeinsam mit regionalen Produzenten, Handwerkern, Dienstleistern und Konsumenten werden diese weiterentwickelt, bis ein gut funktionierendes System gefunden wird, das auch überregional einfach anzuwenden ist. Die Geldschöpfung dieser neuen Finanzarchitektur ist von einem Zins- und Schuldsystem abgekoppelt. Sie sorgt dafür, die Regeneration des Planeten und die Lebensgrundlagen aller Wesen zu ermöglichen."*[324]

Ein neues Geldsystem, von dem Roland hier spricht, kennt keine Kredit- und Guthabenzinsen mehr und schiebt damit der Spekulation

---

320 http://www.awakeinthedream.net/de/

321 https://www.awake2paradise.com/

322 https://thenewearthmanifesto.com/7-geldsystem/

323 https://livingearth.one/manifest_geldsystem

324 www.thenewearthmanifesto.com/7-geldsystem/

einen wirksamen Riegel vor. Eine andere Geldschöpfung, die nicht Nichts aus dem Nichts erschafft, sondern ganz im Gegenteil: Geld- und Tauschsysteme, die den Bedürfnissen der Menschen entsprechen und nicht denen der Banken und großen Kapitalbesitzern gibt es heute schon vielfach, in Deutschland und weltweit.

Dazu hat Franz Hörmann mit seinem *Informationsgeld* einen umfassenden Vorschlag vorgelegt.[325] Bei den Regionalgeldern, auf die wir noch zu sprechen kommen werden, ist in der Bundesrepublik der *Chiemgauer* das älteste und bekannteste Beispiel.[326]

Der Wiener Wirtschaftswissenschaftler Franz Hörmann nennt das heutige Finanzsystem schlicht „ein Betrugssystem“[327]. Die Mehrheit weiß nicht, wie es im Detail funktioniert, auch ein Großteil der dort beschäftigten Banker nicht, obwohl alle damit täglich zu tun haben. Für diese Menschen kommt Strom aus der Steckdose, das Trinkwasser aus dem Wasserhahn und das Geld aus dem Geldautomaten. Das System ist hochgradig intransparent, die meisten Menschen wissen noch nicht einmal, wie Geld entsteht. Für Hörmann muss man aus demokratischer, mehrheitsfähiger Sicht deshalb von Betrug sprechen.[328]

Die Banken und Sparkassen haben – ein strategischer Schachzug – durchgesetzt, dass jeder Bürger, um am wirtschaftlichen Leben teilnehmen zu können, ein Girokonto unterhalten muss. Seit 2016 sind die Banken sogar verpflichtet, für jeden Bürger ein solches Konto einzurichten, auch wenn er nicht über ein geregeltes Einkommen verfügt. Damit werde der Zahlungsverkehr leichter zu vollziehen (und Kontobewegungen „nachzuvollziehen“) – so die Behauptung. Die schwerwiegende Folge ist aber nicht nur die Vereinfachung für den Bürger, sondern eine ganz andere. Um das

325 http://www.informationsgeld.info

326 https://www.chiemgauer.info

327 https://auf1.tv/systemfehler-geldsystem-auf1/franz-hoermann-das-heutige-finanzsystem-ist-ein-betrugssystem

328 Ebenda

Giralgeld zur freien Verfügung zu halten, richten die Banken großzügig einen „Überziehungskredit“ ein, der in seiner Höhe etwa dem halben Jahreseinkommen entspricht.

> *„Doch was die meisten Kontoinhaber nicht wirklich realisieren, ist die Selbstbereicherung der Bank bei jedem Girokonto, das bei ihr geführt wird. Angenommen, der Monatslohn in Höhe von 1.250 Euro wird auf das Konto überwiesen und in drei Tranchen abgehoben, so kann die Bank mit der ihr überlassenen Summe entsprechend dem ‚Multiplikationsfaktor‘ weitere Kredite ausgeben, – das Geld auf dem Konto ist eigentlich ein Kredit, den der Kunde seiner Bank zahlt.“*[329]

Die Summe auf dem Konto des Bankkunden wird zu einem Vielfachen als Kredit durch die Bank „geschöpft“ – aus einem Guthaben des Bankkunden wird eine Forderung der Bank gegenüber Dritten, denn dieses „frische Geld“ wird als Kredit verliehen. Das „FIAT“[330]-Geld ist geboren. Nur ist es leider so, dass der Kunde für das Guthaben, das er seiner Bank überlässt, nahezu keine Zinsen bekommt. Steht er umgekehrt bei der Bank „in der Kreide“, zahlt er 8-10 % Zinsen (oder mehr), die der Schuld hinzugerechnet und weiterverzinst werden.

Ein glänzendes Geschäft für die Banken, vergegenwärtigt man sich die Tatsache, dass nahezu jeder Erwachsene ein Girokonto unterhält. Dies wiegt umso folgenschwerer, als „dass das Bürgerliche Gesetzbuch (BGB) im Paragraphen 248[331] den Geldinstituten

---

329 Eugen Drewermann: *Finanzkapitalismus,* S. 135

330 Aus dem lateinischen Wort „fiat“ (Es geschehe! Es werde!) für Geld ohne Edelmetalldeckung („fiat money“); „fiat lux“ (= „Es werde Licht!“) waren der Bibel zufolge die ersten Worte, die Gott sprach.

331 https://www.gesetze-im-internet.de/bgb/__248.html: „(2) Sparkassen, Kreditanstalten und Inhaber von Bankgeschäften können im Voraus vereinbaren, dass nicht erhobene Zinsen von Einlagen als neue verzinsliche Einlagen gelten sollen. Kreditanstalten, die berechtigt sind, für den Betrag der von ihnen gewährten Darlehen verzinsliche Schuldverschreibungen auf den Inhaber auszugeben, können sich bei solchen Darlehen die Verzinsung rückständiger Zinsen im Voraus versprechen lassen.“ Im Ergebnis führt dies zur exponentiellen Zunahme der Schulden.

wie Banken und Sparkassen ausdrücklich gestattet, das eingelegte Kapital auf Zinseszinsen zu stellen, – eine Erlaubnis, von der sie nur allzu gern Gebrauch machen."[332]

Die Erschaffung dieser „doppelten Schuld" (einerseits für den Kreditnehmer, andererseits aber genauso für die Bank – Sichteinlagen sind *immer* Bankverbindlichkeiten) ist letztlich auch die wesentliche Ursache für den periodischen Zusammenbruch unseres *verzinsten Schuldgeldsystems*. Dass alle Geldumschichtungen, ob auf der Haben- oder der Sollseite, lukrativ für die Banken ausfallen, ist geradezu entscheidend für den Bestand des kapitalistischen Geldsystems insgesamt. „Indem sie sparen (und sogar noch weit mehr, selbst wenn sie *nicht* sparen!) stellen die Haushalte den Banken die Geld- (und Spekulations-)Mittel zu neuen Kreditvergaben zur Verfügung und ermöglichen damit neue Investitionen, mithin eine Ausweitung der Produktion, einen Anstieg des BIP, – die Wirtschaft schreitet voran auf dem „Wachstumspfad."[333]

Zinsen bedeuten immer leistungsloses Einkommen. Angeblich arbeite Geld. Wer hat je gesehen, dass Geld arbeitet? Niemand. Denn nur Menschen arbeiten.

In Wirklichkeit handelt es sich um einen weitergereichten Schuldschein. Und der Zins sorgt für die Umverteilung von Arm zu Reich, indem der Schuldscheinbesitzer mehr und mehr Zinsen einstreicht und dem Wachstum seines Kapitalstocks in aller Ruhe zusehen kann. Um die Zinslasten der Kreditnehmer zu verdienen, bedarf es allerdings eines ständigen quantitativen Wachstums. Eine Logik, die nicht gutgehen kann und es auch nicht tut.

Der dem Geld- und Zinssystem innewohnende Wachstumszwang mindestens in Höhe des Zinsniveaus scheint alternativlos. Werden Zinseinkünfte nicht verkonsumiert, sondern wiederum zinsbringend angelegt, setzt die Zinseszins-Dynamik ein, die „Wachstumsspirale"

---

332 Eugen Drewermann, *Finanzkapitalismus*, S. 176; dies führt dann zu einer exponentiellen Steigerung der Schulden

333 Drewermann, *Finanzkapitalismus*, S. 136

dreht sich immer schneller. Es wachsen die Zins- und Renditeforderungen, um diese zu decken wäre ein weiteres Wirtschaftswachstum erforderlich. Ist dieses nicht zu erzielen, kommt es zur Umverteilung oder zusätzlicher Verschuldung. Staaten nehmen zur Zahlung der Zinsforderungen Kredite („Wachstumspakete", die korrekterweise „Schuldenpakete" genannt werden müssten) auf, um sie zu bezahlen, notwendigerweise setzt sich eine weitere Spirale, die „Verschuldungsspirale" in Gang. Diese dreht sich immer schneller. Das System wird aufrechterhalten, auf die vage Hoffnung hin, durch zusätzliches Wachstum diese Schulden jemals wieder begleichen zu können. Rigorose Sparpolitik (Austeritätspolitik) ist häufig die Folge – die Bereiche Gesundheit, Soziales und Bildung sind regelmäßig davon betroffen. Noch dramatischer sind die Schließung und Privatisierung von Krankenhäusern und Kliniken.

> *„Im Sommer 2019 hat das Land Nordrhein-Westfalen die Beratergentur Partnerschaft Deutschland GmbH mit einem Gutachten beauftragt. Danach soll die Zahl der Kliniken in diesem Bundesland um bis zu 60 Prozent reduziert werden. Die Bertelsmann Stiftung empfiehlt, nach demselben Schema bundesweit vorzugehen."*[334]

Die Rückzahlung der aufgehäuften Schulden ist rechnerisch und tatsächlich unmöglich. In dem verzweifelten Kampf den astronomisch steigenden Kredit- und Zinsbelastungen Einhalt zu gebieten, kommt es unweigerlich zu Krisen, Crashs und Kasino-Verhalten.

Alle Experten wissen von diesen Zusammenhängen, und das Wissen ist auch öffentlich hinreichend zugänglich. Und es ist schon durch die „Finanzkrisen" der letzten Jahrzehnte hinlänglich eindrucksvoll demonstriert worden. Warum also werden keine Konsequenzen für die Bürger dieses Landes gezogen, um ihnen ein sicheres Leben zu ermöglichen mit einem Geldsystem, das ihnen nützt? Diese Frage kann sich jeder selbst rasch beantworten. Die Antwort

334 Gemeingut in BürgerInnenhand: https://www.gemeingut.org

liegt „auf der Hand", denn es leben auch viele Repräsentanten im politisch-administrativen-medialen Überbau von diesem praktizierten System der „bürgerlichen, repräsentativen Demokratie". Von Gewinnmaximierung, Profitmacherei, Entscheidungen von Wirtschaftskartellen und Lobbyismus ist in den Mainstream-Medien in den Zeiten von „cancel culture" so gut wie nicht mehr die Rede. Aber das Finanzsystem bröckelt gefährlich.

Eine Szene aus *Kir Royal*[335] aus dem Jahr 1986 (also heute vor 37 Jahren!) zeigt die simple Mechanik, wie Geld und Macht in Medien zu Einfluss umgemünzt werden. In dieser Fernsehserie geht es um eine Persiflage auf die *Münchener Abendzeitung* in der Münchener Schickeria der 1980er Jahre. Der schwerreiche Fabrikant Heinrich Haffenloher (gespielt von Mario Adorf) braucht dringend eine Story über seine Firma in der Zeitung und trifft auf den Klatschreporter Baby Schimmerlos (gespielt von Franz-Xaver Kroetz). Dieser lehnt es zuerst ab, den gewünschten Zeitungsartikel zu verfassen, dann zeigt ihm Haffenloher aber mit Drohungen und Bestechung, wer „die Hosen anhat".

Der „Dialog" verläuft folgendermaßen:

Haffenloher: „Ich scheiß dich sowas von zu mit meinem Geld, dass du keine ruhige Minute mehr hast. Ich schick dir jeden Tag Cash im Koffer. Das schickst du zurück. Einmal, zweimal, vielleicht sogar ein drittes Mal. Aber ich schick dir jedes Mal mehr. Und irgendwann kommt dann doch mal der Punkt, da bist du so mürbe und so fertig und die Versuchung ist so groß. Dann nimmst du es. Und dann habe ich dich. Und dann gehörst du mir. Dann bist du mein Knecht. Und ich mach mit dir, was ich will."[336]

Wohin das weltweite Finanzkapital es inzwischen in welchem Umfang und mit welchen verheerenden Folgen getrieben hat, verdeutlicht ein Blick auf wenige Zahlen. So beträgt aktuell das Welt-BIP

335 https://de.wikipedia.org/wiki/Kir_Royal

336 https://www.youtube.com/watch?v=EgSdrdhHZI8

etwa 104 Billionen US-Dollar (Stand: September 2022).[337] Die weltweite (offizielle) Staatsverschuldung liegt bei etwa 72 Billionen Dollar[338], also etwa 70 % vom BIP, aber darin sind *nicht* enthalten: die inoffizielle (implizite) Staatsverschuldung, („Sondervermögen"), die Verschuldung der Privathaushalte, die Unternehmensverschuldung und die Schulden des Finanzsektors selbst – und schon gar nicht *Target2*-Salden[339], die diversen Rettungspakete oder „Rettungsschirme" sowie die regierungsseitig beliebten Schattenhaushalte. Die Weltverschuldungsquote liegt bei geschätzten 305 Billionen US-Dollar[340], also einem Mehrfachen des Welt-BIP!

Treiber dieser Finanz-Katastrophe sind das Geldschöpfungssystem als Schuldsystem und der Geldumlauf selbst, der durch den Zins- und Zinseszinseffekt ins nahezu Unermessliche getrieben wird. Die Geldmenge, die zur Zahlung der Zinsen erforderlich wäre, wird beim Geldschöpfungsprozess nämlich nicht(!) erschaffen, sondern politisch von den Zentralbanken verordnet. Man könnte meinen, dass mit der Rückzahlung von Schulden, diese aus den Büchern der Banken gelöscht werden und das Geld ‚verschwunden' ist. Dem ist allerdings ist nicht ganz so, denn es müssen Zinsen und Zinseszinsen gezahlt werden und das schon seit Jahrhunderten.

Damit ergibt sich ein grundsätzliches Problem, das wir in einem kleinen Gedankenmodell bei Rob Kenius finden:

> *„Sagen wir, das Geldsystem bestehe nur aus zwei Personen, die arme Anna A und der reiche Baron B. In dem System gebe es 1.000 Taler. A geht zu B und will sich 100 Taler leihen und B verlangt 5 %*

337 https://de.statista.com/statistik/daten/studie/159798/umfrage/entwicklung-des-bip-bruttoinlandsprodukt-weltweit/

338 FAZ vom 06.04.2022: „Staatsschulden steigen auf Rekordwert von knapp 72 Billionen Dollar"; https://www.faz.net/aktuell/finanzen/staatsverschuldung-weltweit-rekordwert-von-71-6-billionen-dollar-17939412.html

339 Näheres auf der Internetseite der Deutschen Bundesbank: https://www.bundesbank.de/de/aufgaben/unbarer-zahlungsverkehr/target2/target2-saldo/target2-saldo-603478

340 FAZ.Net vom 19.05.2022: https://www.faz.net/aktuell/finanzen/schulden-in-der-welt-so-hoch-wie-nie-sorgen-um-steigende-zinsen-18044279.html

Zinsen. Ansonsten geschehe nichts. Nach einem Jahr soll A 105 Taler zurückzahlen. Frage: Woher soll Anna die 5 Taler Zinsen nehmen, wenn der Baron 900 hat, sie selber hat 100 und es gibt nur 1000 Taler? Da fehlt Geld. Die fehlenden 5 Taler. Die fehlenden Taler für Zinsen müssten zusätzlich irgendwo anders hergekommen sein.“[341]

Die Lösung liegt auf der Hand: Es muss mehr, also neues Geld her, um die Zinsen zu bezahlen. Die Geldmenge (in unserem Beispiel in einem geschlossenen System) muss steigen.

„[D]ie Menge aller Schulden bei den Banken wird nach längerer Zeit größer sein als die Geldmenge; denn Geld und Schulden werden ja in gleicher Höhe erzeugt, die Zinsen und Zinseszinsen kommen auf der Seite der Schulden noch oben drauf. Wenn das über viele Jahre läuft, und es läuft bereits seit 500 Jahren so, dann können die Schulden insgesamt nicht mehr zurückgezahlt werden.“[342]

Für Deutschland stellte der Bundesrechnungshof im Zusammenhang mit dem Haushaltsentwurf 2023 fest, dass der Finanzminister viermal so viele Schulden macht, wie er es der breiten Öffentlichkeit weiszumachen versucht. Die Neuverschuldung des Bundes – ohne das „Sondervermögen“ Bundeswehr – betrage statt der im Haushalt genannten 17,2 Milliarden Euro tatsächlich 78,2 Milliarden Euro. „Die weitere erhebliche offene und verdeckte Verschuldung des Bundes muss beendet werden.“[343] Und er sagte weiterhin „explodierende Zinsausgaben“ voraus.

---

341 Rob Kenius, *Hunderttausend Milliarden zu viel. Finanzfeudalismus aus feudaler Sicht*, Köln 2023, S. 41 f.

342 Ebenda; dahinter steckt mathematisch ein exponentielles Wachstum. „In der physischen Welt geschieht ein solches Wachstum gewöhnlich dort, wo wir Krankheit oder Tod finden. Krebs z. B. folgt einem exponentiellen Wachstumsmuster. Zuerst wächst er langsam. Aus einer Zelle werden 2, daraus 4, 8, 16, 32, 64, 128, 256, 512 usw.“ Bei 1 % Zins und Zinseszins verdoppelt sich das Geld in ungefähr 70 Jahren, bei 3 % etwa 24 Jahre, bei 6 % 12 Jahre, bei 12 % 6 Jahre. Vgl. Margrit Kennedy, *Geld ohne Zinsen und Inflation*, Steyerberg 1990, S. 13 f.; s. a. Interview von Lars Schall mit Bernard Lietaer: https://www.larsschall.com/wp-content/uploads/2016/02/Bernard-Lietaer-Interview-Deutsch.pdf

343 https://www.tagesschau.de/inland/bundesrechnungshof-haushaltsentwurf-101.html;

„Der Kluge sorgt vor“, sagt man. Und derjenige kann das, der über die entsprechenden Mittel und Wege verfügt, seine „Schäfchen ins Trockene“ zu bringen. Die enge Verfilzung von Staat, Politik und Finanzkapital ist dafür die beste Gewähr. Eine Kleine Anfrage im Deutschen Bundestag vom August 2023 deckte auf, dass das Lobbyregister des Deutschen Bundestages aktuell 6001 Lobbyorganisationen bzw. Einzelpersonen ausweist, darunter mehr als 100 ehemalige Abgeordnete und Regierungsmitglieder. So sind beispielsweise die ehemaligen Bundesminister Daniel Bahr (Gesundheit) bei der Allianz, Kurt Bodewig (Verkehr) beim Deutschen Verkehrssicherheitsrat, Sigmar Gabriel (Außen, Umwelt, Wirtschaft) bei der Atlantik-Brücke und Rudolf Scharping (Verteidigung) mit einer eigenen Strategieberatungsgesellschaft in China tätig. Die illustre Liste ließe sich fortsetzen.[344]

Dass der Staat durchgreift, wenn er glaubt, die Kontrolle über sein Währungsmonopol und das Schuldgeld zu verlieren und die Gefahr heraufziehen sieht, dass Bürger eigene Pläne verfolgen, ist nicht neu. So geschah es auch den „Tiroler Rebellen“ in den 1920er Jahren.

---

zitiert nach Hermann Ploppa, *Versteckte Schulden*, in: *Demokratischer Widerstand (DW)* Nr. 104 vom 10.09.2022, S. 10

344 Kleine Anfrage der Fraktion *Die Linke* vom 23.08.2023: https://dserver.bundestag.de/btd/20/080/2008088.pdf

»Reichtum und Armut sind gleichmäßig verkehrte Zustände.
Sie gehören nicht in einen geordneten Staat.
Sie sind mit dem Bürger- und Völkerfrieden unvereinbar.«
(Silvio Gesell)

21. Das Urproblem: Gesell und der Zins

Um uns grundlegend mit einer Wirtschaft ohne Zinswirtschaft zu beschäftigen, können wir auf die Forschungen und Vorschläge einer Geldreform des deutsch-argentinischen Kaufmanns und Sozialreformers Silvio Gesell (1862-1930) zurückzugreifen, die er in zahlreichen Büchern und Aufsätzen darlegte und die seit 1891 in deutscher und englischer Sprache erschienen.[345]

Gesell beobachtete, dass sich seine Waren manchmal schnell verkaufen ließen und einen guten Preis erzielten, sich zu anderen Zeiten aber nicht gut verkaufen ließen und einen schlechteren Preis erzielten. Er zog daraus die Schlussfolgerung, dass dies nicht mit seinen Waren[346] zu tun haben könne, denn diese waren ja gleichgeblieben, sondern fast ausschließlich mit dem „Preis" des Geldes im Zusammenhang stehen müsse. Die Wirtschaftskrisen in Argentinien brachten Gesell dazu, über die Ursachen von Wirtschaftsflauten und Arbeitslosigkeit nachzudenken und nach einem Webfehler in der Struktur des Geldes zu suchen. Er wurde fündig.

---

345 Vgl. überblicksartig dazu: Werner Onken, *Silvio Gesell und die Natürliche Wirtschaftsordnung: Eine Einführung in Leben und Werk*, Lütjenburg 1999, auf dessen Darstellung hier Bezug genommen wird.

346 Nach seiner Auswanderung 1887 nach Argentinien eröffnete er in Buenos Aires ein Geschäft für zahnärztliche und andere medizinische Artikel.

Die Menschen kauften nämlich, so fand er heraus, wenn die Zinssätze niedrig waren und kauften umgekehrt nicht, wenn diese hoch waren. „Da[ss] es manchmal mehr und manchmal weniger Geld gab, lag an der Neigung der Geldbesitzer, ihr Geld auszuleihen", so Margrit Kennedy.

> *„Wenn sie für ihr Geld weniger als 2,5 % Zinsen erhielten, neigten sie eher dazu, es zu behalten und verursachten damit eine Verringerung der Investitionen, mit der Folge, da[ss] Firmen zusammenbrachen und es weniger Arbeitsplätze gab. Wenn dann nach einiger Zeit die Leute bereit waren[,] wieder mehr Zinsen für Geld zu bezahlen, wurde es wieder zur Verfügung gestellt. Auf diese Weise entstand wieder ein neuer wirtschaftlicher Zyklus […] Silvio Gesell erklärte dieses Phänomen damit, dass Geld im Gegensatz zu allen anderen Gütern und Dienstleistungen praktisch ohne Kosten zurückbehalten werden kann."*[347]

Damit kommen wir zu einem wichtigen Unterschied zwischen Geldbesitz und Naturalbesitz – den „Joker-Vorteil" des Geldes, das eben nicht sofort in Umlauf gebracht werden muss. Der Warenbesitzer ist aber gezwungen, seine Ware in kurzer Zeit zu verkaufen, wenn er seine Ware nicht verlieren will. Bei Eugen Drewermann finden wir dazu dieses anschauliche Beispiel:

> *„Eine Frau hat einen Blumenstand, und sie schreibt den Preis für einen bestimmten Bund Schnittblumen auf 3,80 Euro aus; tatsächlich finden sich auch etliche Käufer, die ihr ein paar Sträuße abnehmen. Aber der Zeiger der Uhr rückt vor, und gegen Mittag wird der Markt schließen. Es ist Samstag, und bis zum kommenden Montag werden die übrig gebliebenen Blumen verfallen sein; will die Verkäuferin ihre Blumen nicht als Totalverlust abschreiben, wird sie versuchen, ihr Angebot durch eine Preissenkung attraktiver zu*

347 Margrit Kennedy, *Geld ohne Zinsen und Inflation*, Steyerberg 1990, S. 26 f.

machen. Ab elf Uhr schreibt sie deshalb auf die Tafel: 2 Euro. Nun sei im Dorfe ein Mann, dessen Frau gerade am Tage Geburtstag hat; er möchte ihr mit ein paar Blumen eine Freude machen, doch allzu viel Geld will er dafür nicht ausgeben. Er ist mit den Ursachen auf dem Wochenmarkt wohlvertraut, also wird er erst kurz vor Mittag seinen Blumenstrauß erstehen. Der Unterschied zwischen Geldbesitz und Naturalbesitz macht sich also bezahlt: Geld ist beständig, Blumen verwelken. Wer Geld hat, kann diesen Vorteil ganz einfach aussitzen, – er braucht nur abzuwarten, bis der günstigste Zeitpunkt zum Einkauf für ihn gekommen ist. Der Verkäufer hingegen muss seine Waren verkaufen, um Geld zu bekommen. Der Geldbesitzer kann kaufen, was und wann er will. Man spricht deshalb auch von dem ‚Joker-Vorteil' des Geldes."[348]

Auch Dieter Suhr kommt zum selben Ergebnis, wenn er schreibt:

„*Das Geld unterscheidet sich von den Waren und Dienstleistungen, die im Marktspiel gehandelt werden, ungefähr so, wie sich in einem Kartenspiel, in dem der Joker für jede andere Karte eingesetzt werden kann, eben dieser Joker von den anderen bestimmten Karten unterscheidet. Das Geld ist der Joker unter den Tauschobjekten.*"[349]

Gesells Idee war nun, dem Geldbesitzer den Joker-Vorteil gegenüber dem Warenbesitzer zu nehmen. Die Genialität dieses scheinbar einfachen Gedankens macht im ersten Moment skeptisch, ist aber umso nachhaltiger: Es entsteht ein Geld, dem Gesell die Eigenschaft nahm, ganz nach Belieben gehortet zu werden, denn:

„*Kein vernünftiger Mensch würde auf den Gedanken kommen, frische Erdbeeren, Kopfsalat, Hühnereier oder Tageszeitungen zu horten, da alle diese Produkte schon nach wenigen Stunden oder Tagen völlig wertlos sind. Beim Geld sieht das anders aus: Wer Geld*

---

348 Eugen Drewermann, *Finanzkapitalismus*, S. 102-103; im Weiteren folge ich Drewermanns Darstellung.

349 Dieter Suhr, *Gerechtes Geld*, in: *Humane Wirtschaft* 5/2015, S. 13

übrighat, kann es beliebig lange lagern, ohne ein Verschimmeln, Verfaulen oder Verrosten befürchten zu müssen, denn Geld ist haltbar, viel haltbarer auch als Kleider, die schnell aus der Mode kommen oder Computer, die von der rasanten Entwicklung überholt werden und schon nach wenigen Monaten die Rolle des Ladenhüters spielen.“[350]

Es ist offensichtlich: Es geht um die Aufbewahrungsfähigkeit des Geldes. Und wie steht es um die Tauschmittelfunktion? Diese bliebe erhalten, wenn Geld allen Beteiligten in gleichem Maße zur Verfügung stehen würde und nicht Teile der Nutzer dieses dem Markt entziehen und für die ausschließlich eigenen Zwecke horten. Die Ungleichheit zwischen Waren und Geld innerhalb des Marktgeschehens nimmt dadurch beständig zu. Dies ließe sich nur dadurch verändern, dass die „Lagerfähigkeit“ des Geldes überwunden würde. Dazu müsse nach den Vorstellungen Gesells „Waffengleichheit“ zwischen dem Geld, was „nicht verdirbt“ und verderblichen Waren hergestellt werden. Die Weigerung der Geldbesitzer, das Geld als Tauschmittel zu verwenden, und ihr Bestreben, es stattdessen zurückzuhalten, könnten möglicherweise durch eine „Nutzungsgebühr“ verhindert werden, überlegte Gesell.

Statt durch die Wirkungskette der Geld-Mehr-Geld-Beziehung immer noch mehr Geld anzuhäufen und durch den Zins, der in Waren, Dienstleistungen jeglicher Art einkalkuliert ist (man spricht hier im Allgemeinen von durchschnittlich einem 30-40 % Zinsanteil), die Situation zu verschärfen, käme eine solche Nutzungsgebühr allen zugute. Die Verschuldung von Handel und Dienstleistung nähme ab, soziale Ungleichheiten würden ausgeglichen oder kämen erst gar nicht zustande.

„Sowie für ein geparktes Auto während der Dauer seiner

350 Hermann Benjes, *Wer hat Angst vor Silvio Gesell? Das Ende der Zinswirtschaft bringt Arbeit, Wohlstand und Frieden für alle*, Bickenbach 1995, S. 29-30

Nichtverwendung eine Parkgebühr zu entrichten ist, so würde auch für geparktes Geld eine Gebühr erhoben; in beiden Fällen wäre der Effekt derselbe: der Autobesitzer kehrte so rasch wie möglich in die Tiefgarage zurück, um nicht sinnlos Geld zu ‚verbrennen', und der Geldbesitzer wü[ss]te augenblicklich einen guten Grund, sein Geld nicht ungenutzt in Schweizer Safes zu lagern, sondern damit etwas anzufangen. Es wäre der genau umgekehrte Weg zur ‚Umlaufsicherung'. Das vom Zins befreite Geld, das Freigeld Silvio Gesells, mü[ss]te nicht durch zusätzliche Sonderprämien für Superreiche auf den Markt gelockt werden, es würde ganz im Gegenteil mit einer Sondergebühr für ‚Lagerhaltung' zum Nutzen aller in den Umlauf getrieben; die Sondergebühr selber stellte eine öffentliche Einnahme dar, und sie veränderte das, was da Geld heißt, in seinem Wesen: es wäre dem Wertverfall der Waren gleichgestellt.“[351]

Das zinsbefreite Geld hätte viele gesellschaftlich dringend notwendige Resultate. „Die Entfettungskur“, so schlussfolgert Gesell, hat das Geld flink gemacht, seinen Spürsinn geschärft. Er schreibt:

„Es läuft zwar den Waren nicht nach, denn die Ware verkriecht sich nicht, sie kann sich nicht verbergen. Beide treffen sich aber auf halbem Wege […] Schlag auf Schlag, mit mechanischer Präzision, folgt Kauf auf Verkauf, geht das Geld von Hand zu Hand […] Das Geld beherrscht den Austausch der Waren nicht mehr als Räuber und Despot, sondern es dient ihm, dient ihm sogar umsonst […] Die zinsfreien Darlehen, die uns immer als utopische Träumereien erschienen, werden jetzt als durchaus möglich, ja als wahrscheinlich betrachtet. Zinsfreie Darlehen! Das Ende des Kapitals! Geld, Maschinen, Häuser, Fabriken, Waren und Rohstoffe kein Kapital mehr.“[352]

---

351 Eugen Drewermann, *Finanzkapitalismus*, S. 203

352 Silvio Gesell, *Die Verwirklichung des Rechts auf den vollen Arbeitsertrag*, in: Werke IV 148-153, zit. n. „Reichtum und Armut gehören nicht in einen geordneten Staat“, Werkauswahl zum 150. Geburtstag am 17. März 2012 zusammengestellt von Werner Onken, Kiel 2011, S. 99

Die Vorstellung, dass es dauerhaft zinslose Darlehen geben würde, stellt das Finanzsystem vom Kopf auf die Füße. Der Druck des „Kapitaldienstes“ würde augenblicklich entfallen. Dies hätte positive Folgen für Preise und Löhne. Es gebe keinen Grund für Dumpinglöhne und Rationalisierungsmaßnahmen. Mensch und Umwelt profitierten in großem Maße.

Silvio Gesell verband seine Gedanken einer Geldreform mit der Idee einer Bodenreform, eines unverkäuflichen Gemeinschaftsgutes der Erde, zu einer umfassenden Geld-und-Bodenreform-Theorie. Er ahnte förmlich, dass Geldbesitz ohne Zinsertrag sofort zu Spekulationen mit Grundbesitz führen würden. Die Bodenschätze der Erde, so die Überlegungen Gesells, sollten sich nicht länger Unternehmen und Staaten aneignen dürfen. Stattdessen sollten sie als Menschheitseigentum von einer internationalen Organisation verwaltet und die einbehaltene Nutzungsgebühr Wiederaufforstungs- und anderen umwelterhaltenden Maßnahmen zugeführt werden. Damit sollte eine gerechte internationale Währungsordnung und eine internationale Verwaltung des Menschheitseigentums zu Gerechtigkeit in den Ländern der Welt führen. Während des Ersten Weltkriegs fasste Gesell seine Idee von einer freiheitlichen, vom Kapitalismus befreiten Marktwirtschaft in seinem Hauptwerk *Die Natürliche Wirtschaftsordnung durch Freiland und Freigeld*[353] zusammen.

Marx hat in seiner Arbeitswerttheorie die Ausbeutung der Arbeiter in der *Produktionssphäre* durch die Eigentümer von Produktionsmitteln herausgearbeitet, Gesell die Ausbeutung der Unternehmer durch ihre Stellung als Schuldner in der Geldsphäre, der *Zirkulationssphäre.* Der Gedanke drängt sich auf, diese beiden Ansätze zusammenzufassen und den Kapitalismus von zwei Seiten zu attackieren, so die zwingende Logik Drewermanns.

353 Silvio Gesell: *Die natürliche Wirtschaftsordnung (1920)*, in: Gesammelte Werke in 18 Bänden und einem Registerband, Hann.-Münden/Lütjenburg 1988-1997/2000, Bd. 11. Die lesenswerte Zeitschrift Humane Wirtschaft steht in der Tradition von Silvio Gesell.

Die Kritiker begegnen der Freigeld-Theorie in der Regel mit dem „Argument", dass diese in der Praxis sowieso nicht funktioniere könne. Um dies zu widerlegen, begeben wir uns gedanklich nach Österreich in die 1930er Jahre und lernen einen Bürgermeister kennen, der seiner Zeit weit voraus war.

Sollten Sie einmal im Urlaub in Tirol sein und in das kleine österreichische Städtchen Wörgl kommen, machen Sie einmal das Experiment und fragen Menschen auf der Straße nach Michael Unterguggenberger. Vermutlich werden sie nur auf Unverständnis stoßen und wohl niemanden treffen, der mit diesem Namen etwas anzufangen weiß. Dabei wäre dieser Michael Unterguggenberger beinahe zu einem Geld-Revolutionär, einem echten Helden geworden. Wenn aber auch Sie noch nichts von ihm hörten, dann ist *Das Wunder von Wörgl* sicherlich von Interesse für Sie.

Der sozialdemokratische Bürgermeister von Wörgl, Michael Unterguggenberger kannte die Gedanken von Gesells *Natürlicher Wirtschaftsordnung* (*NWO*) mit der zentralen Bedeutung des Geldwesens, die in seiner Vorstellung einen entscheidenden Beitrag zu Lösung der sozialen Frage leistet. Er machte sich die Überlegung zu eigen, der zufolge umlaufendes Geld Arbeit schafft und eingesperrtes (zurückgehaltenes) Geld Arbeiter aussperrt. „In seiner Marktgemeinde", schildert Werner Onken[354], „mit damals 4.216 Einwohnern waren in den Jahren der großen Weltwirtschaftskrise rund 400 Menschen arbeitslos geworden. In der näheren Umgebung waren weitere über 1000 Menschen arbeitslos. Wegen der Absatzstockungen hatten mehrere Firmen in Wörgl und Umgebung ihre Produktion eingestellt und ihre Arbeiter entlassen. Darunter befanden sich zwei Sägewerke, eine Zellulosefabrik, eine Zementfabrik und eine Ziegelei. Und auch 100 von 300 Bediensteten beim Eisenbahnknotenpunkt Wörgl verloren ihre Arbeit. Weil das örtliche Wirtschaftsleben zum

354 Werner Onken zum „Wunder von Wörgl": https://www.inwo.de/das-wunder-von-woergl/

Erliegen kam, gingen auch die Steuereinnahmen der Gemeinde stark zurück. Die Gemeinde geriet in eine Schuldenspirale. Aufgrund ausbleibender Steuereingänge musste sie zunächst Kredite aufnehmen und dann noch mehr Kredite, um die schon vorhandenen Schulden verzinsen zu können."[355]

Um die soziale Not zu bekämpfen, beauftragte der Bürgermeister den Wohlfahrtsausschuss der Gemeinde, die *Nothilfe Wörgl* zu gründen, was Anfang Juli 1932 im Gemeinderat von allen Fraktionen einstimmig angenommen wurde.

> *„Langsamer Geldumlauf ist die Hauptursache der bestehenden Wirtschaftslähmung. Jede Geldstauung bewirkt Warenstauung und Arbeitslosigkeit. Das träge umlaufende Geld der Nationalbank muss im Bereich der Gemeinde Wörgl durch ein Umlaufsmittel ersetzt werden, welches seiner Bestimmung als Tauschmittel besser nachkommen wird als das übliche Geld."*[356]

Um die lokale Wirtschaft wieder aufwärts zu bringen, sollte die Gemeinde eigenes Geld in Form von sogenannten *Arbeitswertbestätigungen* in drei Nennwerten zu 1, 5 und 10 Schillingen herausgeben, wie Drewermann berichtet.[357] Diese sollten tatsächlich als Zahlungsmittel fungieren, also als „richtiges Geld" verwendet werden. Ein kommunaler Wohlfahrtsausschuss ließ *Arbeitswertbestätigungen* im Gesamtwert von 32.000 Schillingen, damit also 7,59 Schilling pro Person (eine verschwindend kleine Summe), drucken und verkaufte sie 1:1 an die Gemeindekasse. Kaum hörte die Nationalbank in Wien, dass die *Arbeitswertbestätigungen* in Wörgl als zinsfreies Geld im Umlauf gebracht werden sollten, verbot sie diese, weil sie den Ausfall ihrer Zinseinnahmen fürchtete. Der mutige Bürgermeister Unterguggenberger schrieb ihr jedoch in die Hauptstadt, „dass man

355 A. a. O.

356 Ebenda, weitere vertiefende Informationen auf der Seite des Unterguggenberger Instituts unter: https://unterguggenberger.org

357 Drewermann, *Finanzkapitalismus*, S. 208

sich lediglich mit Arbeitsbestätigungsscheinen, also Quittungen für geleistete Arbeit versorgt habe, um wichtige Arbeiten in der Stadt endlich durchführen zu können."[358] Um das Experiment in Gang zu bringen, „kaufte die Gemeinde Wörgl dem Wohlfahrtsausschuss [also sich selbst!] 1000 Schilling in Arbeitsbestätigungsscheinen ab, um damit die Löhne zu bezahlen"[359].

Drewermann berichtet weiter: „Der entscheidende Unterschied zu normalem Geld (Schillingen) war der *Wertverfall* der Bestätigungsscheine um genau 1 % pro Monat."[360] Die Gemeinde vergab sodann öffentliche Aufträge. Überraschenderweise zahlten die Geschäftsleute zuerst einmal ihre rückständigen Steuern, so dass die Stadt rasch in der Lage war, neue Aufträge zu vergeben. „Als nach drei Tagen von den erst 1000 ausgegebenen Schilling der Gemeinde bereits 5100 Schilling an bezahlten Steuern zurückgeflossen waren, wurde der Bürgermeister alarmiert, da sich der Buchhalter diese wunderbare Geldvermehrung nur so erklären konnte: ‚Da müssen schon Geldfälscher am Werk sein!'"[361]

Während der Buchhalter Betrug vermutete, erklärte der Bürgermeister Unterguggenberger seinen Mitarbeitern den Zusammenhang zwischen Geldmenge und der Umlaufgeschwindigkeit des Geldes (als das Produkt aus beiden).

> *„Da diese 1000 Schilling, die innerhalb weniger Tage fünf Mal den Besitzer wechselten, einer Wirtschaftskraft von 5 × 1.000 Schilling entsprachen – und somit auch 5.000 Schilling Steuerschulden begleichen konnten, waren diese ‚schnellen' 1.000 Schilling in Arbeitswertscheinen für die Wörgler Wirtschaft so wertvoll wie 5.000*

---

358 Vgl. Hermann Benjes, *Wer hat Angst von Silvio Gesell? Das Ende der Zinswirtschaft bringt Arbeit, Wohlstand und Frieden für alle*, Bickenbach 1995, S. 51; auch: Drewermann, *Finanzkapitalismus*, S. 208-210

359 A. a. O., S. 52

360 Drewermann, *Finanzkapitalismus*, S. 208

361 Hermann Benjes, *Wer hat Angst vor Silvio Gesell?* A. a. O, S. 52. Die unterschiedlichen Geldangaben („5100 Schilling" und „5000 Schilling") sind in den angegebenen Quellen so enthalten.

Original-Schilling, die im gleichen Zeitraum nur einmal kaufend in Aktion traten! Das lästige Aufkleben der Wertausgleichsmarken[362] *verführte die Bürger von Wörgl wohl dazu, das Notgeld immer gleich zum Ausgeben zu verwenden oder zur Sparkasse zu bringen. So war es gewollt. Der störungsfreie und kontinuierliche Umlauf der Arbeitswertscheine ermöglichte es der Gemeinde Wörgl, mit der lächerlich klein anmutenden Summe von 32.000 Schilling im Laufe von nur dreizehn Monaten enorme Aufträge an die heimische Wirtschaft zu vergeben und die Arbeitslosigkeit sensationell um 25 % zu senken, während sie im übrigen Lande (und in Europa) um weitere 10 % stieg. Die Aufzählung dessen, was ... geschaffen werden konnte, macht auch heute noch sprachlos: Bau einer Sprungschanze [...], Asphaltierung mehrerer Straßen, Bau einer Betonbrücke, Kanalisation des Gemeinde- und Schulhauses, Einrichtung einer weiteren Notstandsküche, Umgestaltung eines Parks am Bahnhof, Modernisierung der Straßenbeleuchtung usw. Wörgl verwandelte sich in einem Meer der Verzweiflung zu einer Insel der Hoffnung in Europa."*[363]

Die Gemeinde betrieb also so etwas wie eine keynesianische[364] Beschäftigungspolitik – aber nicht mit weiteren Krediten, sondern mit einem besser zirkulierenden Geld, wobei sie die Umlaufgebühr obendrein für soziale Zwecke (Armenfonds) verwendete.

„Michael Unterguggenberger", so erklärt der Ökonom Werner Onken, „wurde innerhalb Österreichs und auch in die Schweiz zu Vorträgen eingeladen. Fünf Monate nach dem Beginn des Wörgler

362 Die Wörgler Arbeitsbestätigungen (Zahlungsmittel) verloren pro Monat 1 % an Wert. Das Aufkleben der Wertausgleichsmarken, die gekauft werden mussten und den Wertverlust ausglichen, wurde den Bürgern von Wörgl lästig und brachte sie so dazu, das Notgeld rasch auszugeben. Der Erlös aus dem Verkauf der Klebemarken floss in einen örtlichen Armenfonds.

363 Drewermann, *Finanzkapitalismus*, a. a. O., S. 209 f.

364 Der Wirtschaftswissenschaftler J.M. Keynes (1883-1946) vertrat u. a. eine Wirtschaftspolitik, die Nachfrage nach Waren und Dienstleistungen durch Staatsausgaben und eine entsprechende Geldpolitik fördert. Diese Wirtschaftspolitik spielte in der Nachkriegszeit der Bundesrepublik bis etwa Ende der 1960er Jahre eine große Rolle.

Experiments setzte auch die Nachbargemeinde Kirchbichl *Arbeitswertbestätigungen* in Umlauf. Auch die Tiroler Nachbargemeinden Hopfengarten, Brixen und Westendorf bereiteten ein eigenes Freigeldexperiment vor, ebenso die Städte Linz, St. Pölten und Lilienfeld südlich von Wien."[365] 187 österreichische Gemeinden wollten sich dem Beispiel anschließen. Und weiter führt Onken aus:

> *„Im Juni 1933 – also etwa ein Jahr nach dem Beginn der Wörgler ‚Nothilfe-Aktion' – hielt Unterguggenberger vor 170 österreichischen Bürgermeistern in Wien einen Vortrag. Aus dem Ausland kamen Politiker und Wissenschaftler, um sich das Experiment aus der Nähe anzusehen. Zeitungen nannten Wörgl ein ‚Mekka der Volkswirtschaft'."*[366]

Das Wörgler Freigeldexperiment erregte jedoch nicht nur Aufsehen, sondern auch den Unmut der *Österreichischen Nationalbank* (eine Aktiengesellschaft, die von Privatbankiers kontrolliert wurde, wie alle „Zentralbanken", auch und heutzutage die *FED*)[367], die in der Ausgabe von *Arbeitswertbestätigungen* einen Verstoß gegen ihr Banknotenprivileg sah und schon frühzeitig auf ein Verbot der ganzen Aktion hinarbeitete.

Mitte September 1933 musste die Gemeinde Wörgl ihr kommunales Ersatzgeld auf Druck der Tiroler Landesregierung im Auftrag des österreichischen Bundeskanzleramts wieder einziehen. Alle Versuche von Unterguggenberger, sich gegen das drohende Verbot rechtlich zu wehren, blieben letztlich erfolglos. Eine der größten Chancen zu einer friedlichen Änderung der Welt(finanz)geschichte wurde zugunsten der Bankiers verboten! Bis heute hat diese falsche und fatale Geldpolitik Europa und die Welt in die Ausplünderung, in Elend, Krieg und wirtschaftlich ausweglose Situationen gebracht.

---

365 https://inwo.de/einstieg/historisches/das-experiment-von-woergl.html

366 Onken, a. a. O. (s. Fußnote 36)

367 Drewermann, *Finanzkapitalismus*, S. 208

Die Frage ist, ob und wie die künftige internationale Geldordnung als „Endspiel des Kapitalismus“[368] durchgesetzt werden wird? Jedenfalls setzen die Kapitaleigner alles, wirklich alles daran, dieses zu erzwingen. Aber besonders weil die Vorbereitungen zur Einführung von digitalen Zentralbankwährungen weit fortgeschritten sind, stellt sich umso mehr die Frage nach anderen Formen von Austauschsystemen, die auch digital basiert sein können, aber dies nicht sein müssen. Silvio Gesell hat mit seinen Bemühungen wichtige grundlegende Vorarbeit geleistet. Das Festhalten an seinen Prinzipien und die Anwendung auf die aktuellen technischen Möglichkeiten eröffnen Spielräume, die zu nutzen wären. „Das, was ich will, ist nicht Sache eines Menschen“, schrieb Gesell zwei Jahre vor seinem Tod. „Ich konnte die Richtung angeben. Das Übrige tun andere.“[369] Fast schon prophetisch klingt seine Aussage:

> *„Erst wenn feststeht, dass es nie mehr Zinsaufschläge für Geld geben wird, ist den Kapitalisten […] das Handwerk gelegt, ohne Arbeit, nur durch Ausbeutung der Arbeit anderer, immer reicher werden zu können.“*[370]

Wie schon in den 1930er Jahren in Wörgl werden aber die Kapitaleigner alles tun, um die Durchsetzung einer *Natürlichen Wirtschaftsordnung*[371] gemäß der Ideen Gesells zu verhindern und stattdessen ihre „Neue Weltordnung“ per Dekret festzulegen. Dabei hätten die Superreichen und unter ihnen wieder das oberste ein Prozent weder Enteignung in Folge von Revolutionen noch gerichtliche Verfolgung

---

368 Norbert Häring, *Das Endspiel des Kapitalismus. Wie die Konzerne die Macht übernahmen und wie wir sie zurückholen*, Rottenburg a. N. 2021

369 Werner Onken, *Silvio Gesell und die Natürliche Wirtschaftsordnung. Eine Einführung in Leben und Werk,* Lütjenburg 1999, S. 5

370 Hermann Benjes, *Wer hat Angst von Silvio Gesell?* zitiert n.: Drewermann, *Finanzkapitalismus*, S. 222-223

371 Hier ist auf die Stiftung für Reform der Geld- und Bodenordnung & Initiative für Natürliche Wirtschaftsordnung (INWO) hinzuweisen, die am Sitz der Silvio-Gesell-Tagungsstätte in Wuppertal regelmäßige informative Veranstaltungen durchführen. https://sgt-wuppertal.de/

zu befürchten. Das Einzige, was ihnen bevorstünde, wäre, dass ihr Milliarden-Vermögen nicht zunehmen würde. Der Multimilliardär bliebe Multimilliardär.

Eine Welt ohne Zins ist das Eine, aber eine Wirtschaft ganz ohne Einsatz von gesetzlichen Zahlungsmitteln etwas ganz Anderes. Dabei handelt es sich dann also um eine reine Tauschwirtschaft. Und diese funktioniert im regionalen Umfeld ganz einfach und nachhaltig, wie wir nachfolgend sehen werden.

»Papiergeld kehrt früher oder später zu seinem inneren Wert zurück: Null.«
(Voltaire)

22. Ohne Geld geht es auch: Tauschringe und mehr

Das Prinzip ist denkbar einfach: In „Tauschringen" treffen sich eine große Vielfalt von Menschen aus der Mitte der Gesellschaft wie Berufstätige, Erwerbslose, Künstler, sozial Schwache, Alt und Jung, um Fähigkeiten und Sachwerte geldlos zu tauschen. Die einzelnen Tauschringe sind in einer größeren „Tauschgemeinschaft" organisiert. Der Vorteil von Tauschringen besteht darin, dass alle Teilnehmer aus dem Angebot der gesamten Tauschgemeinschaft – über den eigenen Tauschring hinweg – frei auswählen können. Leistungen können in Anspruch genommen werden, ohne im Gegenzug eine eigene Leistung erbringen zu müssen. Durch die Anzahl an Beteiligen kommt es zu wahren Kettenreaktionen: So trifft ein Tauschangebot auf einen Interessenten, der sein Angebot wiederum an einen Dritten weitergeben kann, dieser wiederum an einen weiteren Interessierten und so fort. Zum Beispiel bietet der handwerklich begabte Ferdinand die Reparatur einer defekten Waschmaschine an, Sabine stellt kunstvoll bemalte Servietten her, die Roswitha bei der kommenden Geburtstagsfeier verwenden möchte. Sie wiederum schneidet Petras Naturlocken, die wiederum leckere Eintöpfe erstellt, die Ferdinand für sein Leben gern isst. Jeder setzt als „Währung" seine Talente und Fähigkeiten ein. So schließen sich Kreisläufe und Hilfe wird gewährleistet, ohne dass dafür jemand einen Cent bezahlen muss. Es liegt auf der Hand, dass das Angebot umso größer ist, je mehr Mitstreiter im Tauschring aktiv tauschen. Sollten die eigenen Dienstleistungen im Moment nicht nachgefragt werden, man selbst aber Bedarf an angebotenen Dienstleistungen (oder Waren) haben, wird dies über virtuelle Verrechnungskonten („Währungen“) geregelt.

Im Durchschnitt hat ein Tauschring zwanzig bis dreißig Mitglieder, die er auch braucht, um eine gewisse „Umlaufgeschwindigkeit“ zu erreichen. Geschätzt über 300 Tauschringe gibt es inzwischen in Deutschland und nicht nur hier, sondern in ganz Europa und weltweit. In den USA gibt es sie schon seit über einhundert Jahren, in Deutschland verzeichneten sie einen regelrechten Boom nach 1990.

Tilo Rößler, der die registrierten bundesdeutschen Tauschringe auf seiner Internetseite verwaltet, vermutet, dass dies damals eine „stille Revolution“ gegen die Übermacht der Konsumflut des Westens nach der „Wende“ war. So entstand der erste Tauschring in Deutschland als „Batzen-Tauschring“ in Leipzig Anfang der 1990er Jahre. Der 1962 geborene Heidenauer Tilo Rößler selbst, der seine ganz persönlichen negativen Erfahrungen mit der Wiedervereinigung 1990 machte, wurde 1996 durch einen Zeitungsartikel auf Tauschringe aufmerksam und gründete in Pirna bei Dresden 1997 einen eigenen Tauschring. „Es war anfangs etwas ungewohnt und neu – man musste sich erst an alles gewöhnen“[372], räumt er ein. Seit 2014 leitet er diesen Tauschring inzwischen in Heidenau (Sachsen). Seit 2003 führt er die Übersicht über Tauschringe bundesweit[373], 2008 schloss sich der Tauschring dem *Tauschnetz Elbtal* an[374], ein Verbund von aktuell sieben Tauschringen im Großraum Dresden. Auf bundesweiter Ebene wird die Vernetzung über einen „Ressourcentauschring“ im Netzwerk organisiert. Dort kann man auch über

372 Gespräch mit dem Autor am 17.05.2022

373 Für Deutschland findet man die Gesamtübersicht aller Tauschringe auf der Internetseite https://www.tauschringadressen.de

374 https://www.tauschnetz-elbtal.de

eine „Bettenbörse" bundesweit Unterkünfte oder auch schon mal seltene Gegenstände finden. „Ein medizinisches Skelett oder ein Kanu wurden so schon gefunden", berichtet schmunzelnd Tilo Rößler im Gespräch. Auf einer informativen Übersichtsseite[375] lassen sich alle wichtigen Informationen über die Tauschringarbeit entnehmen. „Bei uns kann jeder ohne Euro geben und nehmen." Das Angebot reicht vom Tausch von Waren und Dienstleistungen, über den Verleih und die Mitbenutzung von Geräten „querbeet" durch alle Bereiche. Besonders Computerhilfen und Handwerksdienste haben Konjunktur. Sehr beliebt sind ebenfalls nachhaltige, naturbelassene Produkte aus Garten und Landwirtschaft. Die Pflanzentauschbörsen sind ein Renner. Die Wegwerfgesellschaft kennt man hier nicht mehr, sie wird schlicht umgangen, Ressourcen werden wieder verwendet.[376]

Die Erfahrungen aus der guten, alten Nachbarschaftshilfe und dem sozialen Zusammenhalt der Menschen unter- und miteinander werden hier reaktiviert und produktiv genutzt. Und das alles findet in regelmäßigen persönlichen, meist monatlichen Treffen statt. So entstehen vielfältige persönliche Kontakte mit Menschen, alte Freundschaften werden vertieft, neue Freundschaften entstehen. Regional ist angesagt!

Alles soll – wenn es nach den Digitalkonzernen geht – am besten online über die großen Plattformen abgewickelt werden. „Plattformökonomie" heißt dieses Ungetüm des digitalen Kapitalismus. *Amazon, Lieferando* & Co. wird aber vor Ort eine lange Nase gemacht. Da liegt der Gedanke nahe, die Nachbarschaftshilfe und die Tauschbörsen mit einer regionalen Währung zu verbinden. Die Bemühungen dazu laufen bereits. „Die spürbaren Preissteigerungen bei Waren des täglichen Bedarfs werden den Tauschringen einen

375 www.PIRX-Zeittauschring.de; Der Name ist zusammengesetzt aus PIR (für Pirna) und Prix (franz. für Preis)

376 Zum Beispiel die folgenden Rubriken: Auto/Fahrrad, Büro/Computer, Bildung/Handwerk/Hobby, Haus/Haushalt, Garten/Pflanzen, Kleidung/Wäsche, Kind und Eltern, Körper/Geist/Seele, Neu- und Gebrauchtwaren, Party und Unterhaltung, Mensch und Tier; die vollständige Liste finden Sie unter www.tauschringadressen.de

weiteren Wachstumsschub geben", prognostiziert Tilo Rößler im Gespräch.

Für alle, die mitmachen möchten, wird bei der Anmeldung zu einem Tauschring ein Konto eingerichtet, in das Gesuche und Angebote eingetragen werden. Mittels einer imaginären Zeitwährung (60 Minuten entsprechen 10 Talenten, umlaufgesichert) wird dann Buchhaltung geführt, um diese Guthaben auf reiner Zeitbasis innerhalb des Tauschrings verrechnen zu können.

Eine geldlose Tauschwirtschaft ausschließlich auf der Basis der Einheit Zeit zur Erbringung von gegenseitigen Leistungen findet zumeist regional statt. Im deutschsprachigen Raum sind solche Systeme häufig in Form der organisierten Nachbarschaftshilfe angesiedelt.

23. Leistung gegen Zeit: Zeitbanken

Eine spezielle Form aus der Welt der Tauschwirtschaft sind die sogenannten „Zeitbanken". Eine Zeitbank ist in der Regel eine lokale Vereinigung zur Erbringung gegenseitiger Dienstleistungen auf der Grundlage einer geldlosen Tauschwirtschaft. Sie stellt eine organisierte Form der Nachbarschaftshilfe dar. Zeitbanken sind zwar dem Tauschhandel innerhalb von Tauschringen sehr ähnlich, schließen aber in der Regel den Handel mit Waren aus und beschränken sich damit auf den Tausch von persönlichen Diensten gegen Verrechnung mit dem notwendigen Zeitaufwand. In Deutschland lassen einige Zeitbanken und Tauschringe auch den Tausch von Gegenständen gegen Dienstleistungen zu, wenn sich Anbieter und Nachfrager über den Gegenwert an Zeiteinheiten einig werden (z. B. Tausch eines Kinderfahrrades gegen das Umgraben des Gartens).

Die Zeitbank selbst ist grundsätzlich ein Austauschsystem von Dienstleistungen ohne Geldvergütung und ohne Gewinnabsicht. Maßstab („Währung") für die Verrechnung von Leistungen ist allein die aufgewandte bzw. in Anspruch genommene Zeit (=Lebenszeit der Mitglieder), unabhängig von Inhalt oder Ergebnis der Dienstleistung. Hat ein Mitglied Leistungen empfangen, gewährt es die Gegenleistung nicht unbedingt demselben Dienstleister zurück, sondern kann diese auch gegenüber anderen Mitgliedern der Zeitbank erbringen. Geld ist meist nur für die Vergütung von belegbaren Spesen zugelassen. Deren Rahmen muss im Voraus zwischen den beiden Mitgliedern geklärt werden.

Erbrachte Leistungen werden dem Lieferanten der Leistung auf dessen „Zeitkonto" (ähnlich einem Bankkonto) gutgeschrieben. Das Konto des Empfängers wird mit einem entsprechenden negativen Betrag (=Zeitschuld) belastet. Diese

Belastung muss durch zu erbringende Dienste ausgeglichen werden. Ein möglichst ausgeglichenes Zeitkonto wird angestrebt. Die Zeitgutschriften können gegen Dienstleistungen anderer eingetauscht werden (z. B. Babysitten gegen Nachhilfe). Die Zeitguthaben werden nicht verzinst, können nicht zur Kapitalvermehrung verwendet werden und bleiben dem Tauschkreislauf erhalten.

Um die Möglichkeiten einer Zeitbank zu nutzen, ist eine Mitgliedschaft Voraussetzung. In der Regel ist diese Mitgliedschaft mit einer geringen Jahresgebühr oder einem Mitgliedsbeitrag verbunden. Diese Gelder werden für den Betrieb des Systems und einer Minimalversicherung für die Mitglieder eingesetzt. Bei Eintritt wird angegeben, welche Dienste das Mitglied anbieten will. Diese werden über eine Datenbank gelistet und bei Bedarf von anderen Mitgliedern abgefragt. Die Angebote können jederzeit verändert werden und die Mitglieder können im Einzelfall entscheiden, ob sie den Dienst zum gewünschten Zeitpunkt erbringen möchten. Etliche der Tauschringe in Deutschland und auch einige Genossenschaften betreiben bereits solche Zeitbanken. Nehmen und Geben von als gleichwertig angesehenen Dienstleitungen und/oder Objekten ohne Verwendung von Geld als Tauschmittel ist dort selbstverständlich.[377]

Zeitbanken gibt es in ähnlichen Formen nicht nur in Deutschland, sondern weltweit.[378] Einen echten Evolutionsschritt würde es nun bedeuten, wenn z. B. mit Hilfe der IT-Technologie ein Zusammenschluss aller kooperationsbereiten Zeitbanken entstehen würde. So könnte das Einzahlen und Abheben von Zeit (in Form von Leistungen/Dienstleistungen) sogar weltweit konvertierbar und damit verfügbar gemacht werden. Ein Mitglied einer Zeitbank wäre in der

---

377 s. Verein zur Förderung von bürgerschaftlichem Engagement: http://vzfbe.org/zeitbank-modelle-in-deutschland/

378 Zur ersten Übersicht hilft ein Verzeichnis von Zeitbanken und Seniorengenossenschaften in Deutschland: https://www.alster-institut.de/verzeichnis-zeitbanken-in-deutschland/; in Österreich findet man die Zeitbanken unter: https://zeitbank-plus.at/

Lage, dieses Zahlungs- oder Ausgleichssystem weltweit zu nutzen.

Als eine der weltweiten Initiativen hierzu sei beispielhaft das *Community Exchange System CES* (englisch: Tauschringsystem) erwähnt. Es wurde als *Kapstadt-Zeitbank* im Februar 2003 von Tim Jenkin gegründet[379] und bestand nach eigenen Angaben zu Anfang des Jahres 2013 aus 493 einzelnen Tauschringen in 53 Ländern.

Die Erschwernisse für Tauschringe und Begehrlichkeiten von staatlicher Seite kommen indes vom Finanzamt. So gab es schon mehrere Rückfragen von Finanzämtern an Tauschringe, ob es sich wohl mutmaßlich um eine gewerbliche Tätigkeit handele, da in diesem Fall Gewerbesteuer erhoben werden sollte. Diese konnten bisher abgewehrt werden, da alle Tätigkeiten als „geringfügig" bewertet wurden. Da es aber dazu keine bundeseinheitliche Regelung gibt, bleibt die Unsicherheit, dass das Tauschen und Leihen ohne Geld durch eine Besteuerung zerstört werden kann. Aktuell wird deshalb eine Petition vorbereitet, um eine steuerrechtliche Sicherheit zu bekommen.

Auf der einen Seite werden Konzerne wie *Amazon* & Co. großzügig mit Steuervorteilen bedacht, Gewinne aus der Tätigkeit in Deutschland in Steuerniedrigzonen wie zum Beispiel Irland verlagert, auf der anderen Seite werden Tauschringaktivitäten der eigenen Bevölkerung in Deutschland von Seiten der Finanzbehörden bedrängt. So wird mit zweierlei Maß gemessen.

Unverdrossen machen indes die Tauschringe weiter. Und infolge von „Corona" werden sie notwendiger werden. Die angedrohten Lieferstopps, immense Preissteigerungen, Ausgrenzungen durch einen fehlenden „Impfstatus", Währungs-Crash und anderes machen diese solidarische, zins- und gewinnfreie (Über-)Lebenshilfe notwendiger denn je. In diesem Sinne: Viel Spaß beim Tauschen![380]

---

379 https://de.wikipedia.org/wiki/Community_Exchange_System

380 Tauschringe gibt es bestimmt auch in Ihrer Nähe. Suchen kann man unter www.tauschringadressen.de. Allerdings entstehen ständig neue Tauschringe und nicht immer tragen sich alle auf der Internetseite ein.

»Was wir uns wünschen können,
können wir auch wollen.«
(Frank Benseler)

24. Das „richtige Leben leben": *H.e.l.f.a.*

„Mir ist wichtig, dass die Menschen endlich wieder Hoffnung bekommen, denn egal, wohin wir gucken: alles ist immer so düster [...] seit dem Jahr 2000 stirbt die Menschheit an irgendwas: 11. September, Kriege, Klimakatastrophe, die Ölvorräte gehen zu Ende [...] Ständig wird uns nur Angst gemacht. Stattdessen [könnten] die Menschen wieder anfangen zu leben, aufzublühen. Und Supermann gibt's eben oft – und das ist das Schöne." Wer das sagt, ist Kal-El.

Kal-El kennt man als Demonstrationsteilnehmer der Corona-maßnahmen-kritischen Bewegung, der durch seine Superman[381]-Verkleidung auffällt. Er ist Aktivist und studierter Wirtschaftsinformatiker aus dem Großraum Köln. Ein echter Graswurzel-Revolutionär. Sympathisch, voller sprühender, positiver Energie, ganz bei der Sache, das Ziel der Vision vor Augen, zupackend. Als Gründer des Projekts

381 Die Geschichte von *Superman*, den wir noch aus unseren Kindertagen kennen, geht in etwa so: Vom fernen Planeten Krypton schickt Jor-El seinen dreijährigen Sohn Kal-El mit einem Raumschiff zur Erde, um die Zivilisation zu retten. Er landet im US-amerikanischen Bundesstaat Kansas, in Smallvilles. Kal-El wird als Waise von dem kinderlosen Farmerehepaar Kent gefunden, die ihn als ihren eigenen Sohn aufziehen und Clark nennen. Kal-El ist aber mit besonderen Kräften ausgestattet. Er reist um die Welt, um gegen das Verbrechen zu kämpfen. So nimmt er eine zweite Identität an: Superman. Er kann fliegen, ist übermenschlich stark, schnell wie der Blitz und fast unverwundbar. Im zivilen Leben arbeitet er als etwas tollpatschiger Zeitungsreporter Clark Kent, immer an Ort und Stelle, wo etwas passiert ist und er gebraucht wird.

H.e.l.f.a.[382] hat er geholfen, ein inzwischen weltweites Netzwerk des Schenkens und kostenlosen Helfens aufzubauen. Kal-El war selbst schon einmal „ganz unten" und weiß, was das bedeutet und wie sich das anfühlt.

Es war im September 2020, zur Hochzeit der Corona-Pandemie, als sich in Leverkusen eine Handvoll Aktivisten trafen und die Initialzündung dazu gaben, aus der Welt der Herrschaft des Geldes auszusteigen. Natürlich mit Beteiligung von Kal-El. Die Vision: Ein Leben ohne Geld auf der Basis des gegenseitigen Schenkens und Helfens.

In Norddeutschland gründete man die ersten zwei Gruppen. Da das Projekt von Anfang an auf eine deutschlandweite Ausbreitung angelegt war, wurde auf einer neuen Internetseite eine Landkarte mit nach ihren Postleitzahlen sortierten Orten angelegt – auch wenn es dort (vorerst) noch keine Gruppen gab. Wer heute, zwei Jahre später, von *H.e.l.f.a.* hört und zu einer Regionalgruppe Kontakt aufnehmen will, gelangt bei der Suche unter seiner heimischen Postleitzahl zunächst in einen „Empfangsraum" der Gruppe, kann ihr dann beitreten und fragt dort nach Hilfe und Unterstützung oder bietet seine eigene Mitarbeit an. Die Gruppen werden von mehreren Moderatoren organisiert, die die Kommunikation unterstützen und untereinander vernetzt sind. Wird man mit seiner Anfrage in der örtlichen Gruppe nicht fündig, dann wird die Anfrage über die Moderatoren an andere Gruppen weitergeleitet. Die Gruppen sind in Deutschland im Durchschnitt 50 bis 70 Mitglieder groß.[383] Innerhalb von zwei Jahren sind so über 500 Gruppen mit geschätzt etwa 35.000 Mitgliedern (!) entstanden.[384] Viele existierenden Gruppen sind dabei noch nicht einmal auf der Internetseite registriert. Kal-El erklärt diesen Umstand damit, dass bei *H.e.l.f.a.* alle Gruppen eben wie eine echte

382 www.helfa.org. Der etwas ungewöhnliche Name ist ein Akronym und steht für *H*elfer *e*ngagieren sich *l*eidenschaftlich/*l*iebevoll *f*ür *a*lle.

383 In Afrika zum Beispiel sind die Gruppen größer, weil dort die Anzahl der Familienmitglieder größer ist.

384 Stand Frühjahr 2022

Graswurzelbewegung dezentral organisiert sind, es gibt keinen „Chef" für alle. Auch Kal-El bekleidet diese Rolle nicht. Seine Rolle ist eher die eines „kollektiven Organisators" und Propagandisten.[385]

Wie hilft nun *H.e.l.f.a.* den Menschen ganz praktisch? Dazu erläutert Kal-El[386]:

> *„Wir machen ein Projekt, wo wir uns kostenlos unterstützen. Und was ist das größte Problem, dass wir als Gesellschaft damit haben? Die größten Probleme, die wir wirklich haben, sind soziale Probleme, insbesondere fehlendes Geld. Und die gehen wir an. Wenn du die Ursache des Problems finden willst, dann denke an ein amerikanisches Sprichwort: ‚Follow the money'[387] (folge dem Geld).*
> *Und wenn wir nun das Geld abschaffen: Was brauchen wir wirklich? Wir sind sozial anonymisiert, also machen wir kleine Gruppen, die sich kennen und sich gegenseitig kostenlos oder zum Selbstkostenpreis unterstützen. Mit einem enormen Effekt!"*

Und das bedeutet ganz konkret zum Beispiel: Hilfe in Krankenhäusern; Kümmern um Obdachlose; Unterstützung bei der Lebensmittelversorgung durch Zusammenarbeit mit Bauern, die Lebensmittel zum Teil spenden, die an die Helfer weitergegeben werden. Sehr effektiv zeigt sich das bei Krisen und Katastrophen wegen der gegenseitigen Unterstützung, wie etwa bei der Flutkatastrophe in Ahrweiler.[388]

Ähnlich wie bei den Tauschringen, die schon lange vor der Corona-Krise existierten, allerdings hier mit einem viel weiter gefassten Anspruch einer echten Graswurzelbewegung, hat auch *H.e.l.f.a.* (so gut wie) nichts mit dem Internet zu tun. Die Basis der Zusammenarbeit

---

385 Auf der Internetseite von helfa.org finden sich zahlreiche Videos zu den zentralen Themen von *H.e.l.f.a.*

386 https://www.youtube.com/watch?v=KENEXC3aPvM

387 S. a. Lars Schall, *Denken wie der Feind. 20 Jahre Ausnahmezustand 9/11 und die Geopolitik des Terrors. Teil 1: Das Erdöl, der Dollar, die Drogen*, Book on Demand, Norderstedt 2021, S. 110 ff.

388 https://www.ahrtal.de/flut-hilfe#

ist das persönliche Kennenlernen der Menschen, um die tragfähige Grundlage für die gegenseitige Unterstützung zu legen: Vertrauen schaffen unter den Menschen durch gemeinsame Arbeit an einem Ziel.

> *„Stell dir mal vor, du wirst mal ernsthaft krank. Dann brauchst du jemanden, dem du vertrauen kannst und nicht jemandem, den du nur von Facebook kennst und nie gesehen hast."*

Die Gruppen finden sich nicht nur in Deutschland, sondern haben sich in den letzten zwei Jahren über Europa und die Welt ausgebreitet. So sind *H.e.l.f.a.*-Netzwerke inzwischen in Österreich, Dänemark, Spanien, Griechenland, Italien/Sardinien, Ungarn und Portugal im Aufbau. Selbst in Uganda, Kenia und auf Bali findet man sich unter diesem Dach. Bei dieser internationalen Ausrichtung „ohne Grenzen" wird und soll ein Beitrag zur Völkerverständigung geleistet werden – zwischen Israelis und Palästinensern, zwischen Russen und Ukrainern, zwischen Amerikanern und Russen und noch vielen mehr. „Wir sind *eine* Menschheitsfamilie", so das Diktum von Kal-El.[389] Um der Initiative eine Struktur zu geben, gibt es eine Einteilung in lokale Gruppen, in Themengruppen (bisher über 150), in Berufsgruppen und in Organisationsgruppen, in denen auch Vereine und Stiftungen arbeiten können, um bestimmte Projekte zu verwirklichen.

Und die Entwicklung geht rasant weiter.[390] Das neueste Projekt ist der Aufbau einer eigenen *H.e.l.f.a.*-Mediaredaktion[391]. In einem Podcast-Kanal werden mit einfach gemachten Mitteln selbstgedrehte Podcasts veröffentlicht[392], die mit Berichten „vor Ort" positive Nachrichten vermelden, wo Menschen Unterstützung bekommen können. Das Ziel ist eine eigene Nachrichtenagentur mit weltweiter Reichweite. „Alles, was menschlich ist" ist die Leitlinie.

---

389 Gespräch mit dem Autor am 17.05.2022

390 Ein spannendes Streitgespräch fand beim Radio *Berliner Morgenröte* zwischen Kal-El und dem AfD-Politiker Matthias Pawlik statt: https://radio-berliner-morgenroete.de/h-e-l-f-a-superman-versus-afd-matthias-pawlik/

391 https://helfa.org/de/node/721

392 Wer mitmachen möchte, schreibt eine E-Mail an: redaktion@helfa.de

> *„Wir denken dabei einen Moment an die öffentlich-rechtlichen Medien, von Nachrichtensendungen bis zu Magazinen, die nahezu gleichgeschaltet das berichten, was ihre Geldgeber von ihnen erwarten oder zensieren, was nicht ins offizielle Narrativ passt. Und [die] maßgeblich daran beteiligt sind, Angst und Schrecken [zu] verbreiten und die Menschen in eine Massenpsychose [zu] versetzen. Die Folgen sind Spaltung der Gesellschaft, Hetze und Verfolgung von ‚Sündenböcken'."*[95]

„Aber das kostet doch alles Geld", werden Sie denken. Ja, es fließen auch reichlich Spenden in die Initiative, aber eben nicht in Bargeld, sondern in Form von vielfältiger Unterstützung – gratis. Eine Ausnahme bilden allerdings die Themengruppen, die konkrete Projekte planen, wie neuerdings zum Beispiel den Kauf von Wohnimmobilien für die Etablierung von Mehrgenerationenhäusern. Dafür werden auch Gelder gesammelt. Die Beschaffung der für solche Projekte benötigten finanziellen Mittel dürfte machbar sein, da Geld doch in weitaus größeren Mengen vorhanden ist, als es der Welt guttut. Es muss nur an die richtige Stelle. Wer sich angesprochen fühlt, sollte handeln.

„Wir fangen an, ganz neu zu denken!", so der Gründer, aber er räumt ein: Nicht alle Interessierten und Aktivisten könnten dies von Beginn an leben. Noch immer gebe es eine verbreitete Art zu leben, die sich mit dieser Denkweise nicht vereinbaren lasse. Die Menschen seien der „alten Welt" verhaftet, trügen deren Glaubenssätze in sich. Das sei vor allem der Egoismus, die Ellenbogen-Mentalität, die man nicht so schnell über Nacht ablege.

So wie einem Alkoholiker etwa bei einem Entzug konsequent der Alkohol entzogen werde, so konsequent sei man auch bei *H.e.l.f.a.* „So wie es keinen positiven Alkoholismus gibt, so gibt es auch keinen positiven Egoismus." Wer sich nicht an die Regeln halten könne oder wolle, der werde aus einer Gruppe ausgeschlossen. Oder es werde eine neue Gruppe gegründet. Hier werde Selbstlosigkeit ohne Gegenleistung gelebt.

Für den Umgang mit- und untereinander sind die Gruppen autonom und selbstverantwortlich, nur vier einfache Grundregeln gelten:[393]

1. *Das Schenken:* Der Schenkungsgedanke beschreibt unsere Haltung, wie wir eine neue Art des Miteinanders schaffen.
2. *Einander Kennenlernen:* Das Kennenlernen dient dem Wieder-Annähern von uns allen, sodass wir einander wieder vertrauen. Vertrauen ist die Basis für das Gelingen des Schenkungsgedankens.
3. *Moderatoren (Ansprechpartner):* Die Moderatoren sind da, um auch überregional oder sogar international den Kontakt halten zu können, obwohl wir uns nicht persönlich kennen. Sie bauen Gruppen auf, unterstützen und stärken diese.
4. *Eigene Regeln der Gruppen:* Die eigenen Regeln sollen gruppenspezifische, regionale und kulturelle Besonderheiten respektieren und berücksichtigen. So können alle Gruppen, zusätzlich zu den von *H.e.l.f.a.* gegebenen vier Grundregeln, eigene Grundsätze für ihre Belange definieren. Dies soll die Individualität und Freiheit im Umgang miteinander jeder einzelnen Gruppe stützen.

Innerhalb dieser vier Grundregeln können alle *H.e.l.f.a.*-Aktiven ihre Fähigkeiten einbringen und sich ihrem eigenen Tempo entsprechend entwickeln. Es gibt allerdings noch eine fünfte Regel, die *Plus-1-Regel:*

> *„Spaß zu haben. Tanzt, lacht und freut Euch über das Leben."*

Wer Freude am Schenken und am Altruismus hat, findet bei *H.e.l.f.a.* eine echte Alternative zum „Haben-Wollen" – und zum „Ich zuerst"-Programm.[394]

---

393 www.helfa.org

394 Ein interessantes Streitgespräch zwischen Kal und dem AfD-Politiker Matthias Pawlik ist bei *Radio Berliner Morgenröte* zu sehen und zu hören: https://t.ly/OD4IY

25. Tauschen und Handeln aus einer Hand: Der *Dorfring*

Unser Weg durch die Welt der Tauschökonomie führt uns nun in einen Ort im Ostwestfälischen. Eine Region, von der man augenzwinkernd sagt, dass dort die Menschen einfach, das Gras noch grün und die Kühe glücklich seien. Eine heile Welt? Nicht ganz, denn auch dort regten sich im Frühjahr 2021 die kritischen Geister und fanden sich, im Ostwestfälischen beheimatet und im mittleren Lebensalter, eine Handvoll Menschen zusammen.[395] Und da man im ländlichen Bereich war, nannte man das Projekt praktischerweise einfach *„Dorf"*.

Begonnen hatte die Initiative – wie auch bei den originären Tauschringen und bei *H.e.l.f.a.* – mit einem Tauschring, elektronisch organisiert, der nun den Namen *Dorfring* bekam, um Waren und Dienstleistungen untereinander und zwar vornehmlich in der Region zu tauschen, ganz pragmatisch und unkompliziert. Zugleich wurde eine eigene „Regio-Währung" eingeführt, um ein Verrechnungssystem für Leistung und Gegenleistung zu haben, den *DoRi* (abgeleitet aus dem Namen *Dorfring*). Wie die Gründer erzählen, entstand der *DoRi* auch deshalb, weil ihnen das Risiko eines Währungscrashs zu groß wurde. Am Himmel der Corona-Pandemie zogen die ersten Gewitterwolken auf, der Wind wurde rauer und es drohte, sehr stürmisch zu werden. Der Marktplatz wurde rasch bekannter, viele schlossen sich vorausschauend und sicherheitshalber schon mal an und die ganze Angelegenheit kam in Schwung. So wurden bald schon nicht nur diverse Waren und Dienstleistungen ausgetauscht (alles lief reibungslos wie der Autor am eigenen Beispiel erfahren hat), sondern auch die persönlichen Bekanntschaften und Freundschaften nahmen

395 Gespräch mit dem Autor vom 18.05.2022

spürbar zu. Ein neues, bisher unbekanntes Lebensgefühl von Dabeisein und neuer Gemeinschaft war zu spüren. Man wollte sich weiter vernetzen, treffen und kennenlernen, im Organisationsdeutsch: vernetzen. Im Sommer 2021 kam das erste Dorffest (die *H.e.l.f.a.*-Plus-1-Regel[396]). Eine neue Gemeinschaft bildete sich. Menschen, die sich vorher weitgehend nicht kannten, saßen nun in Gesprächen bei Kaffee und Kuchen und reflektierten über die kleinen Dinge und den großen Rahmen des Lebens. Pragmatiker trafen auf Spiritualisten, Einzelgänger auf Team-Player, Singles auf Familien.

Fetzen aus einem Gespräch unter einem Pflaumenbaum:

> *„Ist unser Leben in die fixen Naturgesetze des Kosmos fest eingebunden, alles dem Zufall überlassen und müssen wir uns in unser Schicksal fügen? Oder ist das Universum mit seiner Energie und Lebendigkeit eher die Gelegenheit, ja Aufforderung, unsere Dinge in die eigene Hand zu nehmen? Menschen, die positive Energie wahrnehmen und an die guten Potenziale des Lebens glauben, nehmen ihre Rolle im Großen wie im Kleinen wahr und entfalten ihr Leben in einer Gemeinschaft Gleichgesinnter. Ein neues, großes Abenteuer, das einige Überraschungen bereithält, auch Rückschläge, aber im Vertrauen darauf, dass es ein Netz des Lebens gibt, das trägt. Und die Gemeinschaft hilft über die Angst hinweg […]“*[397]

Wer diese Erfahrung sozialpsychologisch gedeutet haben möchte, für den lohnt es sich, dazu Hans-Joachim Maaz zu lesen.[398] Diese

---

396 Siehe Kapitel 24 *Das „richtige Leben leben“* (S. 193)

397 Gespräch mit dem Autor 18.05.2022

398 Hans-Joachim Maaz macht in seinem neuen Buch *Die Angstgesellschaft* darauf aufmerksam: „Autoritäre Machtformen werden immer gebraucht und gewünscht von frühtraumatisierten Menschen, die nur in Abhängigkeit ihr Leben gestalten können. Dagegen bin ich nach den Erkenntnissen meiner therapeutischen und supervisorischen Arbeit überzeugt, dass Eigenständigkeit in sozialer Bezogenheit die beste und natürlichste Lebensform ist. Dies werden die herrschenden Eliten niemals zulassen, weil ihnen dann das Machtgefühl als Droge für das eigene narzisstische Defizit verloren ginge. Aber ich halte es immer für möglich, innerhalb einer Gemeinschaft, in die man essentiell verwoben ist, ein reifes, eigenständiges Selbst auszubilden und diese Eigene sowohl sozial- wie selbstverantwortlich zu leben.“ Hans-Joachim Maaz, *Angstgesellschaft*, Berlin 2022, S. 8-9

übergreifenden Fragen wurden nicht so gestellt, wie sie gerade formuliert wurden, aber dem Sinne nach durchaus. Wichtige praktische Informationen wurden und werden ausgetauscht, über den Rahmen des eigenen Lebens spannt sich nun ein größerer Schutzschirm auf.[399]

Ähnlich wie bei anderen Vertrauensgemeinschaften entstand hier in kurzer Zeit eine neue Gemeinschaft aus inzwischen über 120 Mitgliedern aus der Region. Es erscheint nicht überraschend, dass viele in der regionalen Protestbewegung gegen die Bedrohung der Demokratie aktiv sind. Mitglied des „Dorfs" wird man übrigens nur auf Empfehlung, um sich ungebetene Gäste vom Hals zu halten. „Der Tauschring ist Mittel zum Zweck, um sich zu vernetzen und kleine und größere Erfolge regelmäßig zu feiern."[400] Doch dabei blieb es nicht, die nächsten Ziele wurden anvisiert. Im August 2021 – das vermeintliche Wuhan-Virus „tobte" – kamen neue Überlegungen:

> *„Ein Dorfladen sollte gegründet werden, um Lebensmittel selbst zu beschaffen, vor allem von regionalen Produzenten, um sie mit den Konsumenten näher zusammen zu bringen und krisenfest zu werden. Wärme, Lebensmittel und ‚ein Dach über dem Kopf', sind die Grundpfeiler, die man abdecken kann. Das Dorf lebt!"*[401]

Alle zwei Wochen finden Organisationsbesprechungen statt, um die laufenden Angelegenheiten zu regeln. Wegen des großen Zulaufs aus der Umgebung wird das Dorf neuerdings in Ortsgruppen aufgeteilt. „Das macht es auch leichter, bei Lockdowns die Verbindung zu halten, sich zu treffen mit Menschen, die man kennt und wo

399 Wer persönliches Wachstum, das Fördern der Gemeinschaftsbildung und der Erde dienen miteinander verbinden will, sollte sich mit *Dragon Dreaming* beschäftigen. www.dragondreaming.org

400 Offensichtlich zählt das Feiern nachweisbar zu den Erfolgsfaktoren für gelingende Vorhaben, wie wir bestätigt finden bei: Swantje Eigener und Peter Schmuck: *Motivating collective action: Converting to sustainable energy sources in a German community*, in: Peter Schmuck und Wesley Schultz (Eds.) *Psychology of sustainable development*, Boston 2002, S. 241-257, zit. nach: Peter Schmuck, *Die Kraft der Vision*, S. 96

401 Gespräch mit dem Autor am 18.05.2022

man sich auskennt." Falls die Ausgrenzung von Nicht-Geimpften Mitmenschen weiter zugenommen hätte, hätte man gewusst, wo man einkaufen kann.

Auf das Dauersortiment wird im Dorfladen ein Preisaufschlag von 30 % auf den Einkaufspreis zuzüglich Umsatzsteuer geschlagen. Damit ist dieser aber im Durchschnitt immer noch günstiger als der stationäre Biohandel, weil die Fixkosten sehr niedrig sind und die Arbeit (noch) ehrenamtlich geleistet wird.

Intern wurde versucht, die Soziokratie[402] als Organisationsstruktur einzuführen. Alle Einwände sind grundsätzlich gleichwertig und werden daraufhin abgestimmt, ob sie einen sinnvollen Beitrag zur gemeinschaftlichen Vision leisten. Das muss „geübt werden, da die Einführung ein längerer Prozess ist"[403]. Nichts zu tun hat man im Dorf mit formaldemokratischen 51 %-Mehrheiten, wie sie im herkömmlichen Politikbetrieb verwendet werden und die „meistens durch politische Intrigen"[404] zustande kommen. Und in der Prüfung ist, ob man demnächst eine Komplementärwährung im Dorfladen einführt. Da Geld Vertrauenssache ist, ist der entscheidende Punkt, ob man die „wertlosen Scheine" wieder eintauschen kann. Aber wenn stattdessen die Abschaffung des Bargelds und die Einführung einer einzigen digitalen Zentralbankwährung droht, stehen diese Fragen sowieso zur Disposition und Neuentscheidung – wie überall. Man kann mit einigen Engagierten an jedem Ort ein eigenes Dorf auf die Beine stellen.

Ziehen wir ein kurzes Zwischenfazit: Die Tauschökonomie kann vor allem regional das Leben von Menschen durchaus erleichtern und ermöglichen, dass das Miteinander nachhaltig, ressourcenschonend und effizient auf die Grundbedürfnisse zugeschnitten wird und ohne den Einsatz von offiziellem Geld funktioniert.

---

402 Das ist ein System der Selbstorganisation auf der Basis der Systemtheorie. www.soziokratie.org.

403 Auszug aus einem Videogespräch mit dem Autor im Mai 2022

404 Auszug aus einem Videogespräch mit dem Autor im Mai 2022

Die schon lange existierenden Tauschringe versorgen in der Regel im Schatten der Normalwirtschaft Zigtausende von Menschen in Deutschland, Millionen Menschen weltweit ohne Geld mit Waren und auch Dienstleistungen und stellen zugleich die Bedingungen für ein soziales Miteinander her, die von elementarer Bedeutung für die Binnenstruktur von Netzwerken dieser Art sind.

Solche sozialen Netzwerke wecken, um es mit Gerald Hüther zu sagen,[405] den Wunsch der Menschen, sich und ihr bisheriges Leben grundsätzlich zu verändern. Sie schaffen Gelegenheiten, dass die in Bewegung Gekommenen mit ihrer ursprünglich einmal vorhandenen Entdeckerfreude in Berührung kommen oder mit ihrer Gestaltungslust, mit ihrer Sinnlichkeit, ihrer Offenheit, ihrem Einfühlungsvermögen und auch mit ihrem Bedürfnis, sich um etwas zu kümmern und Verantwortung für etwas zu übernehmen. Was dann mit ihnen und in ihnen geschieht, ist allerdings etwas ganz anderes, als das, was wir leichthin „Veränderung" nennen. Hüther nennt dies eine „Verwandlung". Die „Abschaltung" von Menschen, die Spaltung von Verstand und Gefühl (beispielsweise durch Gesichtsmasken in Schulen und Kindereinrichtungen) funktioniert dann nicht mehr. Das Bewusstsein wird erweitert durch die Energien, die in der Wirkungskette „Wahrnehmen – Erkennen – Handeln" entstehen. Unterschätzen wir nicht diese wirkmächtigen Energien, die wir für den Neuaufbau unserer Welt benötigen. Die weltweite Macht der Commons ist wie eine Befreiung, eine Alternative zum Kapitalismus und zum untergegangenen Staatssozialismus, zum gängigen, allseits verbreiteten Markt und übergriffigen Staat. Sie sind seltsam unsichtbar, von den offiziellen Wirtschaftswissenschaftlern fahrlässig totgeschwiegen, die scheinbar unfähig sind, dafür eine ökonomische und juristische Begrifflichkeit zu finden. Sie seien zu klein – so der große Einwand gegen Commons –, um Verarmung, Klimakrise und

405 Gerald Hüther, *Das Geheimnis nachhaltiger Veränderung heißt: endlich anfangen!* In: *Sustainable Austria*, Nr. 82, Winter 2021, S. 4-5

andere Weltprobleme zu bekämpfen. Die Praxis straft die Aussagen Lügen: Gerade die kleinteilige Selbstorganisation birgt durch einen lebendigen sozialen Prozess die Rettung, in dem die Menschen ihre Bedürfnisse selbstorganisiert befriedigen. Silke Helfrich, die 2021 bei einer Bergwanderung in Liechtenstein tragisch ums Leben kam, hat zur Organisation von Commons beeindruckende Bücher und Vorträge hinterlassen.[406]

Wir können ohne weiteres davon ausgehen, dass die Bedeutung von Tauschökonomien in sozialen Netzwerken in naher Zukunft sehr zunehmen wird. Galoppierende Inflation und drastische Preissteigerungen für Waren und Dienstleistungen des täglichen Bedarfs, Produktions- und damit Lieferausfälle durch den Krieg und kollabierende Finanzmärkte werden Millionen Menschen in Deutschland und weltweit in weitere Existenznöte (Nahrungsmittel- und Wasserversorgung, Wohnungslosigkeit, Krankheit, Verarmung) treiben. Da sind soziale Netzwerke fast nicht wegzudenken, eigentlich unabdingbar.

Dies gilt gleichermaßen für die Tauschringe und für *H.e.l.f.a.* mit seinem darüber hinaus gehenden Konzept der Kombination von Warentausch und Dienstleistungen, der kostenlosen gegenseitigen Hilfe und zwar europa- und weltweit und letztlich auch der Realisierung eigener Projekte wie Mehrgenerationenhäuser und ähnliches, für das das „offizielle" Geld eingesetzt werden muss. Auch hier können wir einen enormen Wachstumsschub nicht nur durch die Corona-Krise, sondern ebenfalls durch die oben angesprochenen dramatischen Entwicklungen erwarten – und dies weltweit. Die Zahlen sprechen eine deutliche Sprache. Und vor Ort führt kein Weg daran vorbei, lokale und regionale Lebens- und Überlebensgemeinschaften zu gründen, zu vergrößern und auszubauen.[407]

---

406 Zum Beispiel: Silke Helfrich und David Bollier, *Frei, fair und lebendig – Die Macht der Commons*, Bielefeld 2020

407 Ein Beispiel für eine regionale Handelsplattform, die diesem Gedanken folgt, ist das *Netzwerk für regionales Wirtschaften – Regionalkonzept*, zu finden unter: www.

»Die spinnen, die Römer.«
(Obelix)

26. Ganz Gallien ist besetzt? – Vertrauensgemeinschaften

Im Herbst 2020 trafen in Norddeutschland die ersten Widerständler zusammen, die in Zeiten des Masken-Zwangs, des Lockdowns, der PCR-Tests und der Quarantänepflicht ihrer Freiheit beschnitten worden waren. Auf Grund ihrer Proteste hatten sie Diskriminierung am eigenen Leib erfahren und sich daher auf die Suche nach einem eigenen sozialen Raum begeben. Einige von ihnen hatten in der „Querdenken"-Bewegung mitgemacht und dort Erfahrungen gesammelt, andere hatten eine DDR-Sozialisation hinter sich und waren sensibilisiert für staatliche Zwangsmaßnahmen, die sie skeptisch machten und die nach Obrigkeitsstaatlichkeit rochen. Beide Gruppen hatte also hinreichende eigene Erfahrungen mit staatlichen Drangsalierungen aus Vergangenheit und Gegenwart hinter sich. Die Ostdeutschen brachten darüber hinaus ein Frühwarnsystem aus ihrer eigenen biografischen Erfahrung mit, das erste zarte Vorzeichen und potentielle Auslöser von Krisen seismografisch wahrnahm, die am Ende im Zusammenbruch des staatlichen Systems münden könnten.

Es war die Zeit, als in den Supermarktregalen im Frühjahr 2021 großen Lücken klafften, die Verbraucher mit Hamsterkäufen von Toilettenpapier und Nudeln für leergefegte Regale sorgten und

regionalkonzept.org, das im März 2022 in der Pfalz begonnen wurde.

die Hersteller mit der Lieferung kaum nachkamen. Die begehrten Artikel wurden rationiert, pro Haushalt nur eine begrenzte Anzahl angeboten. Wer mehr auf das Kassenband legte, musste den Überschuss abgeben. In der Republik breitete sich langsam Panik aus, hinter vorgehaltener Hand erfuhr man, wo noch Ware zu bekommen war. Aus DDR-Zeiten kannte man noch die sogenannte „Bückware". Das waren begehrte Produkte, die man mit guten Beziehungen zu der Verkäuferin bekam, die sie unter der Theke hortete, wo man sich nach ihnen bücken musste. Daher der Name „Bückware". Eingedenk dieser Erfahrungen wusste man, dass es nun an der Zeit war, Vorsorge zu treffen und Vorräte zu bunkern – und zwar diesmal organisiert.

Die Diskussionen kreisten um die Fragen: Was passiert bei einem Zusammenbruch der Versorgung in meiner Gemeinde oder Stadt? Was ist dann zu tun? Wo bekomme ich Lebensmittel, Wasser und all die anderen Waren des täglichen Bedarfs? Es wurde aus Spezialliteratur zitiert, wie lange zum Beispiel Berlin, Deutschlands einwohnerstärkste Stadt, dies durchhalten werde. 3 Tage? 4 Tage? 5 Tage? In den urbanen Zentren ist ein Ausweichen aufgrund der großen Zahl an Menschen wohl äußerst schwierig. Bewohner in eher ländlichen Gegenden sind in einer solchen Situation sicher im Vorteil. Bange Fragen kamen auf, die sich in dieser Weise noch niemand bisher gestellt hatte. Kommt es bald zu Plünderungen, Diebstählen, gar Straßenschlachten? All das klang ein wenig nach Panikhandeln und Übertreibungen, aber auch nach Untergrund. Handeln war angesagt, man musste sich dringend versorgungstechnisch einrichten. Darin war man sich letztlich einig.

Also wurden Notfalllisten angelegt und es wurde ausgelotet, was vorrangig sei und was danach komme. Diese waren nicht vergleichbar mit der Packliste für den Urlaubskoffer, sondern für einen Ernstfall gedacht. Eine für alle völlig neue, skurrile Situation, die jeder persönlich anders wahrnahm. Einige taten diese Erkenntnisse zum damaligen Zeitpunkt einfach als „Hysterie" ab, andere nahmen die möglichen Gefahren ernst und agierten dementsprechend.

Konkret hieß das: Nahrungsmittelvorräte anschaffen. Kaufen im Supermarkt oder/und baldmöglichst mit den nächsten Landwirten Kontakt aufnehmen, Lagermöglichkeiten für die nächsten 4-5 Monate finden, Wasserquellen für Frischwasser suchen und Wasserfilter beschaffen, Lampen, Campingkocher, Kerzen, Decken, Klebeband, Mülltüten, Kurbelradios, Stromgeneratoren und so weiter beschaffen – die Listen wurden immer länger. Ein Insider-Tipp machte die Runde: „Mit 50 kg roten Linsen kommst du alleine ein Jahr über die Runden." Die Lieferanten hatten ordentlich zu tun und lieferten, was das Lager hergab. Die Vorräte wurden dezentral untergebracht. Wer als Landwirt größere Lagerflächen hatte, bunkerte Brennholz und Wasservorräte. Die Sache kam langsam ohne großes Aufheben ins Laufen, aber nur dort, wo die Menschen nicht in einer Konsumentenstarre verblieben und auf Lösungen durch andere warteten. Nahezu unbemerkt von der Öffentlichkeit organisierte man sich wie im Untergrund. Ein Hauch des Geheimnisvollen lag in der Luft.

Die Gruppen wurden zu „Dörfern", deren Basis das gegenseitige Vertrauen ist – Vertrauensgemeinschaften. Alle Gemeinschaften sind autonom und entstehen autark. Es gibt keine „Mustergemeinschaft", nach der sich alle zu richten hätten. Die regionalen Traditionen und örtliche Vielfalt sind Stärken, die gezielt genutzt werden. Die Gesamtzahl der Vertrauensgemeinschaften umfasst inzwischen mehrere hundert. Die nächsten *Gallischen Dörfer* entstanden Schlag auf Schlag, zunächst in der Oberpfalz und der Weinregion des Heilbronner Landes, im Niedersächsischen und im Ruhrgebiet.

In einem Situationsbericht[408] aus Sachsen schildert Sophia-Maria Antonulas von einem *Gallischen Dorf*, in dem sich aus dem Widerstand gegen die Einschränkung der Grundrechte Gleichgesinnte aus Sachsen fanden, um sich selbst zu organisieren. Aus anfänglich kleinen Treffen wurde ein großer Zulauf, so dass sich bald weitere

408 Sophia-Maria Antonulas, *Aus kleinen Bächen ein kräftiger Fluss*, in: *Die Vier*, Nr. 6/22, S. 42-43

Gruppen in der Umgebung bildeten. Im Großraum seien es zehn bis 15 Gemeinschaften.

Die regionalen Gruppen treffen sich immer „analog“, also persönlich, das Internet wird vermieden. Wenn nötig, werden Daten auf lokalen Servern verarbeitet – die Angst vor Repressionen durch den Staat ist zu groß. Auch Handys bleiben außen vor, es wird persönlich eingeladen. Mitmachen kann man nur, wenn man einen Bürgen aus der Gruppe hat.

Die Gruppen kümmern sich um die lokale Selbstversorgung mit Lebensmitteln, Dienstleistungen kleinerer Art und den Schutz vor Notfällen, z. B. falls Lieferketten zusammenbrechen, Zutrittsverbote für Ungeimpfte ausgesprochen werden oder Strom, Wasser oder Gas ausfallen sollten. So sind bereits Notstromaggregate und Trockentoiletten angeschafft worden. Der Besitzer einer lokalen Gärtnerei stellte Gewächshäuser für Gemüseanbau zur Verfügung, in einem gemeinsam errichteten Gemüsebunker werden Vorräte gelagert, die gemeinsam eingekocht oder bei Festen verbraucht werden.

Feste Regeln, Zuverlässigkeit und Vertrauen prägen den Umgang miteinander. Und aus Kleinem kann Großes werden, „wie kleine Bäche, die sich schließlich treffen und zu einem breiten, kräftigen Fluss vereinigen“, zitiert Antonulas eine Initiatorin.

27. Vision von einer Gesellschaft ohne Geld: *Saruj*

Neben Tauschgemeinschaften und dem Operieren mit Komplementärwährungen kann man auch darüber nachdenken, ob nicht auch ein Leben ohne Geld möglich ist. Wie es gehen könnte, zeigt Bilbo Calvez[409]. Sie ist eine in Paris geborene Biologin mit Schwerpunkt Genetik und wurde durch ein Projekt zur Analyse der Gesichtshälften-Symmetrien 2013 bekannt. 2014 trat sie in Berlin bei einer Rede in der Friedensbewegung als Zeitreisende mit der Vision einer geldlosen Gesellschaft auf. Ihr Projekt *Die Bärensuppe*[410] brachte ihr große Beliebtheit ein. Bei einer Deutschland-Tour 2017 wurde bei jedem Tour-Stopp eine Suppe gekocht, indem alle Beteiligten ihre Zutaten mitbrachten und damit diese Suppe zubereiteten. Alle aßen von der Suppe und man stellte fest, dass die Suppe für alle reicht, sogar immer viel mehr Suppe da ist, als benötigt wird, wenn sich alle beteiligen. „Jeder gebe, was er kann, jeder nehme, was er braucht," hieß es. In einem Interview im April 2022[411] stellte sie ihre Erfahrungen einer geldlosen, anarchischen Gesellschaft in Form ihres Romans *Saruj – Stell dir vor, es gibt kein Geld mehr*[412] vor. In ihrem Zukunftsroman entwirft sie die Vision einer anderen Welt ohne Geldzwang. Ihre Heldin „Saruj" (sprich: Sarüsch) wird genau an dem Tag geboren, an dem das Geld abgeschafft wurde. Sie lebt in einer Welt im 22. Jahrhundert, in der das Geld allein nicht mehr den hohen Wert darstellt, nach dem alle streben. Eingebettet in die

409 Ihre Internetseite lautet: https://www.bilbo.calvez.info

410 https://www.bilbo.calvez.info/baerensuppe

411 Hört auf zu zählen! Eine geldfreie Gesellschaft. Interview mit dem Internetsender eingeSCHENKt.tv. https://www.youtube.com/watch?v=tDDGMqC7c7g

412 https://www.bilbo.calvez.info/saruj

Liebesgeschichte von Saruj und Kevalam reflektieren beide, wie die Welt dorthin gekommen ist und wo sie zukünftig stehen wird. Sie schauen zurück in die „dunklen Zwanziger“ und denken darüber nach, wie es den Menschen schließlich gelang, sich von der Vorherrschaft der Eliten zu emanzipieren und die Kontrolle über ihr eigenes Schicksal zu übernehmen. Beim Lesen dieses Romans stellt sich das Gefühl ein, bereits mitten in der Lösung zu leben. Wie in einer Zeitmaschine verblasst die entfernte Zukunftsvorstellung und macht dem gegenwärtigen Augenblick Platz.

Aus heutiger Sicht scheint diese Vorstellung einer Gesellschaft ohne Geld zwar utopisch. Aber ist sie deshalb undenkbar? Eine inspirierende Vision zum Nachdenken. Wir müssen sie aufmerksam verfolgen und mit Taten nähren.

Wer mehr wissen möchte, kann sich über den Telegram-Kanal[413] über Lesungen mit dem Thema „Saruj – Stell dir vor, es gibt kein Geld mehr“ informieren, die an vielen Orten Deutschlands durchgeführt werden. Gleichgesinnte trifft man dort ganz sicherlich und Diskussionen über eine Welt lohnen – die Welt ohne (Euro-)Geld ist vielleicht näher, als mancher denkt. Wer sich über den Fortgang dieses Experiments auf dem Laufenden halten will, liest am besten regelmäßig die Blog-Einträge von Bilbo Calvez.[414]

---

413 https://t.me/saruj2114

414 https://www.bilbo.calvez.info/blog

»Was im Leben zählt, ist nicht, dass wir gelebt haben. Sondern, wie wir das Leben von anderen verändert haben.«
(Nelson Mandela)

28. Ein revolutionärer Plan für gerechteren Wohlstand: *UBUNTU*

Die afrikanische Lebens- und Stammesphilosophie ist eng mit der Vorstellung verknüpft, dass wir Menschen miteinander in Gemeinschaft verbunden sind, die einen gegenseitigen Umgang in Respekt, der Wahrung der Menschenwürde und der Gerechtigkeit bedingt. In einer afrikanischen Stammessprache heißt dies *UBUNTU.*[415] Davon soll hier die Rede sein, um zu betonen, dass Menschlichkeit nicht von Voraussetzungen abhängig ist und das Ringen darum sich nicht nur auf unseren eigenen erlebbaren Horizont beschränkt.

Der südafrikanische Schriftsteller, Politiker und Apartheid-Gegner Michael Tellinger entwickelte darauf basierend eine eigene *UBUNTU*-Politik, mit der er sich gegen die Praktiken der Banken wandte und auch zu Wahlen antrat.[416] Wir möchten Michael Tellinger hier ausführlich selbst zu Worte kommen lassen.

> *„Die Frage, die wir uns stellen müssen, ist folgende: Was tun wir, wenn alles zusammenbricht? Was tun wir, wenn die Banken ihre*

---

415 Das weitverbreitete Open-Source-Betriebsystem *UBUNTU* nennt sich deshalb auch so.

416 Michael Tellinger, *Das UBUNTU-Prinzip. Ein revolutionärer Plan für gerechteren Wohlstand. Die Enthüllung des Globalen Bankenbetrugs*, Saarbrücken 2014, in wesentlichen Auszügen abgedruckt in Hambach, *Bargeld*, a. a. O., S. 230-277; der Abdruck in diesem Buch geschieht mit der freundlichen Genehmigung von Erich Hambach.

Tore schließen und es kein Geld mehr gibt? Denn wenn wir keinen klaren Plan für die Zukunft haben, wird die Menschheit in große Schwierigkeiten geraten.
Albert Einstein definierte Wahnsinn als das stetige Wiederholen ein und desselben Experiments bei gleichzeitiger Erwartung unterschiedlicher Ergebnisse. Das bedeutet, dass wir wahnsinnig sein müssen, denn wir drehen uns mit ein und demselben Finanz-Geld-System seit 6.000 Jahren im Kreis – einem System, das nicht funktioniert und zu andauernden Konflikten und Elend unter den Menschen geführt hat. Während also im Jahr 2012 eine Ära zu Ende ging[417] *und das ‚neue Zeitalter' des Bewusstseins begonnen hat, wurde klar, dass die Menschen dieser Welt genug haben von diesem Missbrauch.*
Dieser massive globale Aufschrei von Millionen von Menschen war eine starke Botschaft an jeden heute lebenden Menschen, dass die Zeit gekommen ist, ein völlig neues System zu etablieren – eine neue Gesellschaftsstruktur, die anders ist als alles, was wir als sogenannte zivilisierte Spezies jemals erlebt haben.
Solch ein neues System erfordert große Visionen, großen Mut und große Entschlossenheit, uns selbst von jenen zu befreien, die uns kontrollieren wollen. Es wird ein Paradigmenwechsel in unserem Denken vonnöten sein, um das zu erreichen, was viele für unerreichbar halten – eine utopische Welt der Einheit und Fülle für alle.
Doch mehr als alles andere wird es eine neue Ebene von Einheitsbewusstsein einer kritischen Masse von Menschen erfordern, denn wir können unsere Probleme nicht lösen, indem wir sie weiterhin von derselben Bewusstseinsebene aus angehen, auf der wir uns derzeit befinden. Lasst uns also zur Saat des Bewusstseins werden und jenes Utopia erschaffen, nach dem wir alle uns sehnen und für dessen Erleben wir geboren wurden. In Afrika heißt es UBUNTU."[418]

417 Am 21.12.2012 endete mit dem 13. Baktun der Maya-Zyklus.
418 Tellinger in Hambach, *Bargeld*, a. a. O., S. 236 f.

UBUNTU ist eine Lebensphilosophie aus afrikanischen Überlieferungen und heißt übersetzt: *Ich bin, weil wir sind.* Damit ist ein gesellschaftliches Zusammenleben gemeint, das von den Beiträgen an Talenten und an Fähigkeiten seiner Mitglieder, eine Art „Beitragssystem", lebt. Tellinger hat 2005 in Südafrika die *UBUNTU Contributionism* (engl. beitragen, einbringen) ins Leben gerufen und 2012 die *Ubuntu-Party* auf diesen Prinzipien aufgebaut.[419]

> *„Er fand in seinen Studien heraus, dass viele altertümliche Kulturen bereits ähnliche Systeme hatten, durch welche ihre Gemeinschaften reguliert wurden. Leider wurde viel von diesem Wissen unterdrückt, oder es ging während der Kolonisierung der Welt durch die sogenannten ‚zivilisierten' Eroberer verloren, die das Land der indigenen Völker weltweit gestohlen haben. Manche eingeborenen Völker wie die Cherokee sagten: ‚Wenn es nicht für alle gut ist, dann ist es überhaupt nicht gut.' Andere Naturvölker nannten es das 7-Generationen-Denken [...] und in Afrika heißt es eben UBUNTU. Diese Philosophie gab es bereits in vielen tausenden alter Kulturen, nur von diesen vielleicht anders genannt. Die Prinzipien auf denen diese Kulturen beruhten und nach welchen diese Völker lebten, waren identisch. Klar, denn sie hatten sich alle am Vorbild von Mutter Natur orientiert."*

Michael Tellinger legt anschließend detaillierte Pläne für die wichtigsten Bereiche der Gesellschaft vor. Wir können sie hier nur skizzieren, sie machen die Transformation der Gesellschaft konkret und anschaulicher. Einiges ist dabei aus der südafrikanischen Sicht geschrieben, gilt aber bei entsprechender Anwendung für jedes Land, für die ganze Welt.

Der Handlungsplan hat den jährlich neu zu wählenden Ältestenrat im Zentrum, der sich mit allen Anliegen der Menschen beschäftigt, dezentrale Regierungsstrukturen, beginnend auf lokaler

---

419 Tellinger in Hambach, *Bargeld*, a. a. O., S. 230-277

Ebene sind die Gliederungsprinzipien nach den Forderungen von *UBUNTU*. Es gibt Aktionspläne für Zucht und für die Landwirtschaft sowie Agrikultur, in denen zum Beispiel die Finanzierung der Saatmittel und anderer notwendiger Gegenstände und die Verteilung der Ernteergebnisse geregelt ist.[420] Auch ein Handlungsplan für lokale Heilungszentren ist Bestandteil.

Für den Bereich Finanzen und Banking wird kurzfristig eine „Menschen-Bank" (People's Exchange/Bank) geschaffen, um alle Menschen mit dem notwendigen Geld zu versorgen und gleichzeitig mit dem Ziel, das Geld abzuschaffen. Die neue Währung soll gold- und silbergedeckt sein. Handels- und Notenbanken werden geschlossen, Banker und Aktionäre werden für die von ihnen geschaffenen Schulden persönlich haftbar gemacht. Sie und die Anwälte, die sie verteidigt haben, werden strafrechtlich zur Verantwortung gezogen. Weitere Punkte auf der Agenda sind die Abschreibung aller Darlehen, die verbrieft (für die also Sicherheiten gegeben wurden) worden sind, sowie die Erschaffung von alternativen Währungen für verschiedene Städte.[421]

Mit der *Neuen Freiheits-Charta* wendet sich die *UBUNTU*-Bewegung an die ganze Welt, die von den Menschen bei der Vorstellung des *UBUNTU-Contributionism*-Systems in Südafrika in Waterval Boven, Mpumalange, am 3. November 2010 angenommen wurde:

> *„Willkommen in unserer schönen utopischen Welt von bewu[ss]t entwickelten Menschen, die in Einheit und Harmonie mit unserem Planeten und aller Schöpfung leben. Nur aus der Einheit können wir unendliche Vielfalt erreichen, so sei es!"*[422]

---

420 A. a. O., S. 266 ff.; vgl. *Menschlich wirtschaften* und andere, von denen schon die Rede war.

421 Ebenda; für alle anderen wichtigen Bereiche gibt es fundiert strukturierte und ausgearbeitete Pläne, die man auf der Internetseite www.ubuntuplanet.org und im Buch von Michael Tellinger im Einzelnen nachlesen kann.

422 A. a. O., S. 274 ff.

»Jeder kann Geld als Geld brauchen,
ohne zu wissen, was Geld ist.«
(Karl Marx)

29. Komplementärwährungen: Alternative Geldsysteme der Zukunft

Komplementär[423] nennt man Phänomene dann, wenn sie nicht ursächlich miteinander verbunden sind, nichtsdestotrotz jedoch zwei Aspekte benötigt werden, um einen empirischen Prozess, ein Ereignis oder ein Verhalten zu beschreiben. Sie verhalten sich wie eine Drehtür oder ein Reißverschluss zueinander. Wir finden diese Phänomene bei Kategorien wie „Form" und „Inhalt" oder auch beim „Werden" und „Vergehen" in der Natur.

Dieses Prinzip findet sich auch bei Geldsystemen: Standard- und Komplementärwährungen existieren parallel, basieren auf unterschiedlichen Konzepten, in ihrer Funktion sind sie aber aufeinander angewiesen. Komplementärwährungen übernehmen also Aufgaben, die konventionelle Währungen nicht oder nicht ausreichend übernehmen können.

„Das System der Standardwährungen hat sich während des Industriezeitalters als nützlich erwiesen[424]", erläutert Stefan Brunnhuber, Arzt und Professor u. a. für Nachhaltigkeit an der Hochschule Mittweida und Voll-Mitglied des *Club of Rome* und vergleicht es mit

423 Vgl. Stefan Brunnhuber, *Das Prinzip der Komplementarität*, in: Margret Kennedy/ Bernard A. Lietaer, *Regionalwährungen*, S. 74-76

424 Ebenda

Komplementärwährungen:

> *„Doch es handelt sich dabei um eine zinsbasierte Fiat-Währung, die nur aufgrund ihrer hierarchischen und monopolisierten Struktur funktioniert [...] Die negativen Seiten der Standardwährung können jedoch nicht innerhalb des Systems selbst korrigiert werden. Ein Komplementärwährungssystem aber, das auf völlig unterschiedlichen Prinzipien beruht (keine Zinsen, lokale und regionale Organisationsstruktur, Förderung des Sozialkapitals und basisdemokratische Entscheidungen), wäre genau dazu in der Lage. Beide Systeme zusammen (Standard- und Komplementärwährung) würden somit dazu beitragen, das ganze System zu stabilisieren [...] Komplementär zu denken, bedeutet also, dass man die wörtliche und ursächliche Ebene kennt, diese jedoch in einem dritten Schritt sowohl miteinschließt wie auch transzendiert.“*[425]

Eine Komplementärwährung ist also eine Währung (oder ein Tauschmittel), die eine Ergänzung und zugleich eine Alternative zu den nationalen Währungen darstellt. Komplementär bedeutet, dass sie nationale Währungen, also sogenannte gesetzliche Zahlungsmittel wie zum Beispiel den Euro, nicht ersetzen will, sondern parallel zu diesen existiert. Es gibt weltweit bereits eine Vielzahl dieser Alternativ- oder Parallelwährungen und dies längst nicht erst seit der Corona-Pandemie.

> *„Ca. 10.000 Komplementärwährungen [darunter geschätzte 2.000 Kryptowährungen wie Bitcoin; Anm. d. Autors] ergänzen rund 200 Nationalwährungen weltweit. Allein in Japan soll es über 200 alternative Währungen geben. Den Schweizer WIR gibt es seit über 30 Jahren und über 80.000 Unternehmen akzeptieren ihn als Zahlungsmittel. Parallelwährungen werden innerhalb einer abgegrenzten Region als eigene Währung komplementär zur gesetzlichen Währung*

425 Ebenda

> *verwendet. Die – in Deutschland – am weitesten verbreitete staatliche Parallelwährung ist der sog. Chiemgauer, den es bereits seit 2003 gibt.“*[426]

Alle Initiatoren von Komplementärwährungen verbindet – trotz aller Unterschiede – das Anliegen, ein gerechteres und nachhaltigeres Geldsystem zu praktizieren. Sie verbinden daher mit der Konzeption der Komplementärwährung häufig soziale, ökologische und politische Ziele. Angesichts periodischer Finanzkrisen und Geldentwertungen durch hohe Inflationsraten finden sie immer mehr Zuspruch. Offensichtlich nimmt die Zahl der Menschen zu, die in der Nutzung solcher Zahlungsmittel einen möglichen Ausweg aus der unklaren Zukunft der Standardwährungen sehen.

Wenn von Komplementärwährungen die Rede ist, werden eine Reihe von sich überschneidenden und oft austauschbaren Begriffen verwendet. Die wichtigsten werden hier aufgeführt.

Lokale oder Gemeinschaftswährungen sind Komplementärwährungen, die innerhalb eines Ortes oder einer anderen Form von Gemeinschaft (wie z. B. unternehmensbezogene oder Online-Gemeinschaften) verwendet werden. Regionale Währungen ähneln lokalen Währungen, werden aber innerhalb einer größeren geografischen Region verwendet. Und sektorale Währungen sind Komplementärwährungen, die innerhalb eines einzelnen Wirtschaftssektors, wie z. B. im Bildungs- oder Gesundheitswesen, verwendet werden. Viele private Währungen sind Komplementärwährungen, die von privaten Unternehmen oder Organisationen ausgegeben werden. Andere Begriffe sind Alternativwährungen, Hilfswährungen und Mikrowährungen. Der Kredit auf Gegenseitigkeit ist eine Form der Alternativwährung, und somit kann jede Form der Kreditvergabe, die nicht über das Bankensystem läuft, als eine

426 Bettina Spilker, Professorin an der Universität Würzburg über staatliche Parallelwährungen und ihre steuerliche Behandlung, in: https://journals.ub.uni-heidelberg.de/index.php/hfst/article/view/77988

Form der Alternativwährung betrachtet werden. Eine Sonderform der alternativen Währungen sind Barter (engl. Tausch). Dabei werden in einem Tauschsystem Waren gegen Waren gehandelt, ohne eine Währung zu verwenden. Was antiquiert klingt, ist aber weltweite Praxis, wenn z. B. im Online-Geschäft Firmen mit ähnlicher Zielgruppe wechselseitig Werbebanner auf ihren Internetseiten tauschen, um die gegenseitigen Zugriffszahlen zu erhöhen und um dadurch im Online-Ranking bei Suchmaschinen aufzusteigen. LETS (engl. Local Exchange Trading System = lokales Tauschhandelssystem) schließlich ist eine besondere Form des Tauschhandels, bei dem Punkte gegen Gegenstände getauscht werden. Ein Punkt steht für eine Arbeitsstunde und ist somit eine zeitbasierte Währung. Es handelt sich im weiteren Sinne um Tauschringe.[427]

Das *Netzwerk für monetäre Vielfalt* unterscheidet „Komplementärwährungen"[428] nach:

1. Regiogelder (regional gebunden und der lokalen Wirtschaft verbunden, z. B. *Elbtaler*, *Chiemgauer*, *Roland* u. a.)
2. Bonussystemen und Unternehmenswährungen (Prämiensysteme, um Kunden zu binden, z. B. *Pay Back*, *Miles & More* der Lufthansa u. a.)
3. Bartersysteme und *WIR Bank*[429] (Waren und Dienstleistung werden ohne Zahlungsmittel vor allem im Internet-Geschäft im Tausch angeboten, z. B. als b2b-Währung; die Währung der genossenschaftlichen schweizerischen WIR-Bank [CHW] ist eine Privatwährung als Unternehmenskredit)
4. Parallelwährungen (auch Komplementärwährungen, die den gleichen Währungsraum wie eine nationale Währung abdecken

427 Die internationale Seite www.cummunity-exchange.org zählt in Deutschland 10 Systeme, weltweit über 1200 Systeme. Erläuterung aus dem Wikipedia-Eintrag zu complemetary currency: https://en.wikipedia.org/wiki/Complementary_currency (übersetzt mit deepl.com)

428 https://monneta.org/waehrungsvielfalt/, abgerufen am 27.10.2023 [https://archive.ph/BIf4R]

429 https://www.wir.ch/de/

und von öffentlichen Einrichtungen zumindest akzeptiert, aber oftmals sogar herausgegeben werden, z. B. *Sardex*)

5. Tauschringe und Zeitbanken (oft informelle und an sozialem Austausch orientierte Währungen, die aber auch auf Zeitbasis abrechnen, z. B. *PIRX*, *H.e.l.f.a.*)
6. Virtuelle und Kryptowährungen (z. B. bei Online-Spielen, *Bitcoin* u. a.)
7. Energiewährungen: (eine Vielzahl von Währungen und Währungsentwürfen, denen ein Bezug auf Energie als universelle Werteinheit oder Wertgrundlage gemein ist, z. B. Energie aus Windkraft-, Photovoltaik- und Biomasseanlagen)
8. Andere Komplementärwährungen, wie z. B. Reputationswährungen, Umweltwährungen, Bildungswährungen und Investitionsgutscheinen
9. Freebanking, unregulierter Geldschöpfung durch Privatbanken

Nach diesem kurzen Überblick folgen nun einige konkrete Beispiele für innovative Währungsmodelle, die sich entweder noch im Aufbau befinden oder bereits erfolgreich umgesetzt werden.

30. Kreislaufwirtschaft ohne Schulden: *Gradido*

Wer erstmals von dem Konzept *Gradido* hört, wird verblüfft sein, wie sich ein Währungsmodell fast nahtlos in das Konzept einer besseren Welt einfügen kann. Ich ging der Sache daraufhin nach und nahm Kontakt zu Bernd Hückstädt, dem Initiator, auf. Hückstädt hatte sich vom Werden und Vergehen in der Natur inspirieren lassen, als er über eine völlig andere Art von Geldsystemen nachdachte.

„Die Natur bringt Leben in überfließender Fülle ständig hervor, während wir mit unserem derzeitigen Geld- und Wirtschaftssystem ständig Leben zerstören und uns an den Rand der Existenz bringen", sagt Bernd Hückstädt.[430] Der gelernte Musiker und Mathematiker beschäftigte sich schon lange mit Themen der sozialen Ungerechtigkeit und der klaffenden Schere zwischen Arm und Reich. 2005 gründete er schließlich mit seiner Partnerin Margret Baier ein Institut für Wirtschaftsbionik.[431] Daraus entwickelte er *Gradido – die natürliche Ökonomie des Lebens.*[432] Der Name *Gradido* leitet sich ab von den englischen Begriffen *Gra*titude (Dankbarkeit), *Di*gnity (Würde) und *Do*nation (Gabe). Zuerst mag das ungewohnte und innovative

430 Zeitschriften Nr. 109 (2.Quartal 2022), CH-Rotkreuz; https://www.zeitenschrift.com/artikel/gradido-gesundes-geld-fuer-eine-neue-welt

431 Die Bionik beschäftigt sich mit dem Übertragen von Phänomenen der Natur auf die Technik. (Beispiele: Klettpflanze-Klettverschluss, Pfoten-Autoreifen, Gecko-Saugnäpfe)

432 https://gradido.net/de/; die Internetseite steht inzwischen neben deutsch in dreizehn weiteren Sprachen zur Verfügung.

Konzept des *Gradido* skeptisch stimmen und utopisch oder unmöglich erscheinen. Je länger man sich jedoch mit den Ideen beschäftigt, desto aufregender und interessanter erscheinen sie einem.

Bei *Gradido* entsteht das Geld nicht mehr durch Schuldenaufnahme – wie im alten System –, sondern wir Menschen schöpfen das Geld selbst. Das ist im Prinzip etwas denkbar Einfaches, doch im ersten Moment irritiert es auch.

Im Schuldgeld-System lautet die Regel: Für jeden Euro Guthaben wird dieselbe Menge Schulden erzeugt. Damit wir diesen Zusammenhang nicht gleich und direkt merken, werden die Schulden nicht auf unserem privaten Bankkonto mit einem Minuszeichen verbucht, sondern die Staaten machen die Schulden. Wir finden sie in ihren Staatshaushalten als unbegreiflich große Summen wieder. „Der Staat“, das sind wir aber selbst. Und damit sind es auch unsere Schulden. Wir zahlen sie indirekt über Steuern und Abgaben ab. Wohin uns das Schuldgeld-System führt, zeigen die Zahlen des Bundes der Steuerzahlen, der den Schuldenstand der Bevölkerung pro Kopf ausrechnet. Das Ergebnis ist schockierend: 28.724 Euro (!) (Stand: 18.09.2022)[433] pro Kopf – und das vom Baby bis zum Greis. Eine vierköpfige Familie startet ins Leben mit über 100.000 Euro Schulden auf ihrem Konto. Wüssten die Menschen dies, würden sie ihren Unmut sicher massiv zeigen.

Fast alle Staaten der Welt sind hoch verschuldet. Dass dies auf Dauer nicht gutgehen kann, beweist die Vergangenheit hinreichend mit ihren laufenden Finanzkrisen, Blasen, Crashs, Geldreformen und Kriegen.

Anders ist dies bei *Gradido*: einer Geldschöpfung durch das Leben und nicht durch Schulden. Bereits Ende der 1990er-Jahre wuchs bei Bernd Hückstädt die Erkenntnis, dass das Schuldgeld-System und der Zinseszins allen Naturgesetzen widersprechen und niemals eine gerechte Welt schaffen können. Alles Natürliche unterliegt dem

433 https://steuerzahler.de/index.php?id=218

Gesetz des Werdens *und* Vergehens. Gemeinsam mit Margret Baier entwickelten er die *Natürliche Ökonomie des Lebens.* Sie nahmen die Natur zum Vorbild und machten sich auf den Weg, auch in der Ökonomie das universelle Gleichgewicht zu finden. Eine Lebensaufgabe für zwei Menschen, die beruflich nicht aus dem Finanzwesen kamen und sich nicht weniger vornahmen, als das Finanzsystem revolutionieren zu wollen.

Auf den ersten Blick schien dies eine unmögliche Aufgabe. Dennoch gründeten sie die *Gradido-Akademie* und im Laufe der Jahre vernetzte man sich mit der Welt der Forscher und Entwickler alternativer Geldsysteme. Die Arbeit an ihrer Lebensaufgabe nahm konkrete Formen an. „Wir verstehen uns als internationales Forschungsnetzwerk", erläutert Bernd Hückstädt.

> *„Jede Teilnehmerin und jeder Teilnehmer trägt zur Forschung bei. Fragen, wie: ‚Was sind Beiträge zum Gemeinwohl?', ‚Wie kann bedingungslose Teilhabe die Potenzialentfaltung fördern?', ‚Wie gehen Menschen mit dem natürlichen Kreislauf von Werden und Vergehen im Zusammenhang mit einem neuen Geldsystem um?' etc. werden in direkter Erfahrung bearbeitet, und die Ergebnisse fließen in das gemeinsame Forschungsprojekt ein. Daran beteiligen sich aktuell mehrere tausend Menschen mit steigender Tendenz."*[434]

Ihr Grundanliegen ist weltweiter Wohlstand und Frieden, die Bekämpfung der materiellen Not, die Versorgung aller Menschen mit dem Lebenswichtigsten. Das Finanzsystem steht dieser friedvollen Entwicklung diametral entgegen. Soll das Finanzsystem verändert werden, beginnt dies den *Gradido*-Gründern zufolge zunächst mit einer grundsätzlichen Änderung der Einstellung der Menschen zu ihrem Leben selbst. Dankbarkeit und auch Demut vor der Schöpfung sollte sie dabei leiten.

---

434 So Bernd Hückstädt in einer schriftlichen Mitteilung auf Fragen des Autors vom 14.07.2022

> *„Wollen wir die Lebensqualität für alle Menschen auf unserem Planeten verbessern, dann beginnt es mit unserer inneren Haltung. Sie sollte geprägt sein von Dankbarkeit und Wertschätzung seinen Mitmenschen und dem Leben gegenüber.“*[435]

Die Biophilie[436] wurde ethische Grundlage des *Gradido*-Geldsystems. Und sie zeigt sich in dreifacher Hinsicht, als „dreifaches Wohl“: Als Wohl des Einzelnen, als Wohl der Gemeinschaft und als Wohl des großen Ganzen, also der Umwelt. Aus dem dreifachen Wohl leitet sich die „dreifache Geldschöpfung“ ab.

Dreifache Geldschöpfung

Um das Wohl des Einzelnen in einem Finanzsystem zu gewährleisten, führt das *Gradido*-System den Begriff des „aktiven Grundeinkommens“ ein (nicht zu verwechseln mit dem aktuell auch diskutierten „bedingungslosen Grundeinkommen“). Für das Wohl der Gemeinschaft gibt es einen großzügigen Gemeinschaftshaushalt, der keine Steuern erhebt und, noch wichtiger, der Gemeinschaft keine gigantischen Schulden auflastet. Für das Wohl des großen Ganzen schließlich wird ein Ausgleichs- und Umweltfonds (*AUF*) eingerichtet, und zwar in derselben Höhe des Gemeinschaftshaushalts.

Das Modell sieht so aus: Die Gemeinschaft, zum Beispiel ein Staat, schöpft jeden Monat für jeden Bürger dreimal 1.000 *Gradido* (GDD). *Gradido* ist folglich auch der Name der Währung, wobei 1 *Gradido* den Wert von 1 Euro hat. Die ersten 1.000 *Gradido* sind als erste Geldschöpfung das aktive steuerfreie Grundeinkommen für jeden Bürger.

Was wären diese 1.000 *Gradido* wert, wenn man sie auf unsere heutige Euro-Währung bezieht? Ein Beispiel soll dies erläutern:

Im jetzigen System zahlt man für eine Handwerkerstunde ca.

---

435 In: Zeitenschrift, Heft 109 (2. Quartal 2022), CH-Rotkreuz; www.zeitenschrift.com

436 Der Begriff Biophilie kommt aus dem Altgriechischen und bedeutet „Liebe zum Leben“ oder „Liebe zum Lebendigen“ und geht auf den Psychoanalytiker Erich Fromm zurück.

60–80 Euro. Der Handwerker selbst bekommt davon ca. 15–20 Euro (nach Abzug der Steuern und des Sozialversicherungsbeitrags) ausbezahlt. Das ist ein Kaufkraftverlust der eigenen Arbeit von etwa 75 Prozent. Da es bei *Gradido* weder Steuern noch Sozialversicherungsbeiträge gibt, sind die Bruttoeinnahmen gleich der Nettoeinnahmen. Die Kaufkraft wäre damit etwa viermal so hoch wie heute.

Wichtig ist nun das Adjektiv „aktiv". Aktives Grundeinkommen heißt es deshalb, weil jeder Mensch das Recht hat, freiwillig zum Gemeinwohl beizutragen und dafür 1.000 *Gradido* erhält. Indem er fünfzig Stunden im Monat, also durchschnittlich zwei Stunden am Tag, für die Gemeinschaft arbeitet und etwas tut, das er gerne macht und das dem Wohl aller dient. All diejenigen, die aufgrund ihres Alters oder ihres Gesundheitszustands nicht ist der Lage sind, sich aktiv am Gemeinwohl zu beteiligen, erhalten das Grundeinkommen ebenfalls, also bedingungslos.

Die zweite Geldschöpfung von 1.000 *Gradido* ist für den schuldenfreien öffentlichen Haushalt ganz ohne Steuern bestimmt. Und die dritten 1.000 *Gradido* füllen den Topf des Ausgleichs- und Umweltfonds. Er dient der Sanierung und Erhaltung der Umwelt. Eine 4-köpfige Familie hätte also 4.000 *Gradido* monatlich als aktives Grundeinkommen zur Verfügung. Rechnet man die Beiträge für den öffentlichen Haushalt und den Ausgleichs- und Umweltfonds hinzu, sind es sogar 12.000 *Gradido* monatlich.

Damit ein Geldsystem überhaupt funktioniert und Wohlstand für alle Menschen erzeugen kann, muss es sich am Vorbild der Natur orientieren: „Die Natur", so erklärt Hückstädt, „ist auf Kooperation aufgebaut, und zwar zu 99 Prozent. Nur ein kleiner Teil der Natur ist das darwinsche Überleben der Stärksten. Das wird viel zu sehr überbewertet. Ein neues Geld- und Wirtschaftssystem müsste daher viel mehr auf Kooperation ausgerichtet sein und viel weniger auf Konkurrenz."[437]

---

437 A. a. O.

Aktuell entwickelt ein achtköpfiges Programmierer-Team *Gradido* als weltweite Währungsplattform, die dezentralisiert werden wird. Die Software wird als Open-Source-Software entwickelt, das bedeutet, dass jeder den Quellcode einsehen und herunterladen kann – weltweit und kostenfrei. Ein ähnliches Vorgehen werden wir bei der Blockchain-Technologie kennenlernen.

Um sich zu beteiligen, eröffnet man über die Internetseite von *Gradido* ein „*Gradido*-Konto". Dort schöpft man sein „aktives Grundeinkommen" selbst, indem man angibt, was man für das Gemeinwohl tut. Das ist der aktive Teil am Grundeinkommen. Schreibt man zum Beispiel an einem Kinderbuch, kann man für den notwendigen Zeitaufwand bis zu 50 Stunden im Monat und 20 GDD pro Stunde, also 1.000 GDD pro Monat „schöpfen". Selbstverständlich behält man aktuell seine weiteren Einnahmen in Euro. Die „bedingungslose Teilhabe" bedeutet, dass jeder das bedingungslose Recht hat, sich mit seinen Gaben, also mit dem, was er oder sie gut und gerne macht, in die Gemeinschaft einzubringen, sein „aktives Grundeinkommen" jeden Monat zu erhalten und damit den *Gradido* zu erschaffen. Die „bedingungslose Teilhabe" mit ihrem „aktiven Grundeinkommen" unterscheidet sich signifikant vom sogenannten universellen Grundeinkommen, wie es ein Klaus Schwab konzipieren will. Dies wird möglicherweise im Zusammenhang mit dem neuen digitalen Zentralbankgeld kommen und ist sicherlich keineswegs so bedingungslos, wie man suggeriert, denn die internationalen Finanz-Eliten werden die Bedingungen diktieren.

Ein *Gradido*-Konto besteht lebenslang. Stirbt ein Kontoinhaber, so geschieht dasselbe wie mit den derzeitigen Bankkonten auch: Das Guthaben wird an die Erben übertragen. Danach kann das Konto gelöscht werden.

Die auf dem Konto gutgeschriebenen *Gradidos* (GDD) kann man mit anderen *Gradido*-Teilnehmern tauschen, auch über einen Online-Marktplatz nach dem Prinzip „Biete und Suche". *Gradido* ist nicht lokal, sondern als weltweites Netzwerk bestehend aus dezentralen

Communitys angelegt. Der bis jetzt noch zentrale Server wird auf dezentrale Server verteilt werden, sodass Gemeinschaften dies für ihren Kreis regional nutzen können. Dies geschieht aktuell bereits und wird weiter ausgebaut. Ziel ist die weltweite Verbreitung. Für so ein großes Projekt benötigt man natürlich eine längere Vorlaufzeit.

Deshalb ist *Gradido* zunächst noch keine Handelswährung, sondern ein Dankpunkte-System, mit dem freiwillige Beiträge zum Gemeinwohl honoriert werden. *Gradido* fördert also das freiwillige Engagement, die wichtigste Säule der Gesellschaft.

Im Falle eines Finanzcrashs könnte *Gradido* sofort als Ersatz für das „alte Geld" dienen. Dadurch, dass *Gradido* nur als Guthaben geschöpft wird, also keine Schulden gemacht werden, ist immer genug für alle da. Wie alles Lebendige in der Natur ist auch der *Gradido* vergänglich. Die Vergänglichkeit beträgt rechnerisch 5,61 Prozent pro Monat und wird kontinuierlich auf dem *Gradido*-Konto abgerechnet. Hiermit wird sichergestellt, dass dieses System die Geldmenge auf selbstregulierende Weise in der Balance hält.[438]

Wer ein mulmiges Gefühl bei der Vorstellung hat, dass sich ein Kontostand zum Jahresende halbiert, möge einmal nachrechnen, wie sich sein persönliches Guthaben und gespartes Vermögen bei explodierenden Preisen im Laufe eines Monats oder Jahres zurzeit entwickelt. Unterschieden werden muss allerdings eine inflationärer Wertverfall durch Preissteigerungen von einer Geldentwertung durch Vergänglichkeit. Beim *Wunder von Wörgl* haben wir gesehen, welche konjunkturverstärkende Wirkung der Vergänglichkeitsaspekt von nur 1 % haben kann.

Nach diesen Ausführungen kann man sich zu Recht fragen, wie die aufwändige Entwicklung und Betreuung des *Gradido*-Systems bezahlt werden. Hier fällt die Antwort denkbar einfach aus:

---

438 Die Ermittlung der monatlichen Vergänglichkeit kann mit Hilfe einer Tabellenkalkulation ermittelt werden. Im White-Paper ist sie auf der Internetseite von *Gradido* dargestellt: https://docs.google.com/document/d/1jZp-DiiMPI9ZPNXmjsvOQ1BtnfDFfx8BX7CDmA8KKjY/edit#heading=h.gn4vbajmzv9n

Um die Entwicklung heute zu finanzieren, gibt es freiwillige Förderbeiträge in Form von Spenden. Diese werden in der aktuellen Währung Euro bezahlt und mit einer eigens geschaffenen zweiten Verrechnungseinheit, dem *GradidoTransform* (GDT), „bedankt", also verrechnet. *GradidoTransform* (GDT) sind Dankpunkte für die Zeit des Übergangs. Im Gegensatz zum *Gradido* unterliegen sie nicht der Vergänglichkeit. Sie dienen der Transformation und können später 1:1 in *Gradido* umgewandelt werden. Die gezahlten Euro-Beträge werden als Dank mit dem hohen Faktor von 15 umgewandelt in *GradidoTransform* (GDT). Die Umrechnung erfolgt zurzeit mit dem Faktor 15. Für eine Förderung von 1.000 Euro erhält man also 15.000 *GradidoTransform*. „Beim *GradidoTransform* handelt es sich nicht um eine Investition oder Anlage im herkömmlichen Sinne, sondern eher um Schenken und Danken", so Bernd Hückstädt im Interview mit dem *Antizyklischen Börsenbrief*.[439]

Gradido ist mit anderen Worten das Angebot, eine Brücke von der alten Kauf- und Bezahlwirtschaft hin zu einer neuen Schenk- und Dankwirtschaft zu bauen. Mit den geschöpften *Gradidos* können sich die Mitglieder untereinander austauschen. Selbstständige und Unternehmen können ihre Produkte und Dienstleistungen mit *Gradido*-Rabatt anbieten und dadurch ihren Kundenstamm ausbauen. Technisch funktioniert dies über einen *Gradido*-Link, der an den Empfänger verschickt wird. Dieser löst den Link per Mausklick auf seinem *Gradido*-Konto ein, und die *Gradidos* werden ihm gutgeschrieben.

Im Februar 2023 wurde eine neue Währungsform präsentiert: der *Gradido DankBar* (GDB), kurz *DankBar*. Dabei handelt es sich nun um eine vergängliche *Papierwährung*. Gegenüber dem digitalen *Gradido* verändert er seinen Wert im Verlaufe eines Jahres. In einem eigenen Blog-Beitrag wird das näher erläutert:

---

439 *Antizyklischer Börsenbrief* vom 03.05.2021; www.antizyklischer-boersenbrief.de

> *„Die Scheine sind mit der Jahreszahl bedruckt, z. B. ‚Gradido DankBar 2023'. Da der Wert des (digitalen) Gradido konstant bleibt, werden die Preise in Gradido angegeben. Will man den Preis in bar begleichen, wird zum aktuellen Kurs von Gradido in DankBar umgerechnet. Das funktioniert mit jedem Taschenrechner bzw. Handy auf den Cent genau – oder überschlägig im Kopf."*[440]

Der *DankBar* verliert im Laufe des Jahres die Hälfte seines Wertes. Das bedeutet, dass wir für dieselbe Menge *Gradidos* entsprechend mehr *DankBar* geben oder empfangen. Für der Umrechnung dient die folgende einfache Faustregel, mit der wir den Betrag ungefähr im Kopf schätzen können:

Am Anfang des Jahres ist 1 *Gradido* = 1 *DankBar*. Ein Vierteljahr später – also ab April – sind es ungefähr ein Viertel mehr: 1 GDD = 1,25 GDB. Ein weiteres Vierteljahr später – ab Juli – sind es zwei Viertel bzw. die Hälfte mehr: 1 GDD = 1,5 GDB. Drei Vierteljahre später – ab Oktober – sind es drei Viertel mehr: 1 GDD = 1,75 GDB. Um den Jahreswechsel herum werden dann 2 alte *DankBar* gegen 1 neuen getauscht, und ein neuer Jahreskreis beginnt. Für den Alltag ist dies hinreichend genau.

Inzwischen ist ein weiterer Schritt in der Vernetzung getan. Ein neu eingerichteter Marktplatz, auf dem Waren und Dienstleistungen angeboten werden, verbunden mit einer Landkarte, die die Umkreissuche ermöglicht, ist inzwischen online gegangen."[441]

Die Gründer denken schon weiter über das *Gradido*-Modell als Geldanlagemöglichkeit nach, wenn nach den Plänen des Weltwirtschaftsforums („The Great Reset") Edelmetalle als Wertspeicher möglicherweise an Bedeutung verlieren werden. Die Anwendungsmöglichkeiten sind vielfältig: Neben Firmenbeteiligungen und zinsfreien *Gradido*-Krediten könnten Möglichkeiten für eine „flexible

---

440 Text aus dem Blog-Beitrag, gekürzt und zusammengefasst: Den Originalbeitrag findet man unter: https://gradido.net/de/der-dankbar-kommt-gradido-in-scheinen/

441 https://gradido.community/de/

Lebensplangestaltung“ treten: Produktive Arbeitsperioden könnten sich mit Auszeiten abwechseln und so ein Lebensarbeitszeit-Konto aufgebaut werden.

Bernd Hückstädt hat auch konkrete Krisensituationen im Auge, in denen *Gradido* helfen könnte:

> *„Gradido ist enorm resilient. Im Gradido-Modell ist die gesamte Wirtschaft viel robuster aufgestellt und kann auf Katastrophen jeglicher Art flexibel reagieren. Wenn Unternehmen durch höhere Gewalt, z. B. Lockdown, zeitweise keine Einnahmen haben, können sie ihre laufenden Kosten aussetzen, ohne dass bei ihren Mitarbeitern, Lieferanten und Gläubigern größere Probleme entstehen. Die Mitarbeiter sind sofort durch das aktive Grundeinkommen versorgt.*
> *Da Kredite zinsfrei sind, kann die Tilgung ausgesetzt werden, ohne die Gläubiger zu schädigen. Im Gegenteil: je später die Tilgung, desto größer der Nutzen für die Gläubiger im Gradido-Modell. Auch Mieten und sonstige laufenden Kosten können im Katastrophenfall gestundet werden, da auch bei den Vermietern und Lieferanten die Einnahmeeinbußen abgefedert werden können. Wie wir sehen, braucht also der Staat die Unternehmen nicht zu retten. Das können die selbst im Gradido-Modell.*
> *Und jetzt kommt noch etwas Großartiges hinzu: Den Regierungen steht ja neben dem schuldenfreien Staatshaushalt zusätzlich der Ausgleichs- und Umweltfonds in gleicher Höhe zur Verfügung. Normalerweise ist der für Umweltschutz und -sanierung gedacht, doch im Katastrophenfall kann er zur Linderung der Folgen verwendet werden. Regierungen haben also im Gradido-Modell keinen steigenden Kapitalbedarf bei Katastrophen, wie z. B. der Corona-Krise. Gradido hat unzählige Vorteile gegenüber dem alten System. Das mag ungewohnt erscheinen, liegt aber ganz einfach daran, dass Gradido den Naturgesetzen folgt, während das alte System diesen diametral entgegengesetzt ist und schlichtweg nicht funktionieren*

> *kann. Auch jetzt noch, wo das Kind schon in den ‚Corona-Brunnen' gefallen ist, können wir mit Gradido eine positive Wende einleiten.*"[442]

Gradido versteht sich als Teil der demokratischen Transformationsbewegung der Welt. Kritiker behaupten, wegen der globalen Vernetzung der Volkswirtschaften ließe sich *Gradido* nicht in einem einzigen Land umsetzen. Dagegen wenden die Gründer ein, dass *Gradido* komplementär, also parallel zum alten Geldsystem eingeführt werden könnte.[443] Ein möglicher Stufenplan könnte so aussehen, dass ein Land oder eine Gruppe von Ländern zum Beispiel mit einem 10-Prozent-Anteil von *Gradido* beginnt und die Quote dann schrittweise gesteigert wird. In einer Übergangszeit würden beide Währungen parallel verwendet, sodass der Außenhandel ungestört weitergehen könnte.

Die Antwort auf die Frage, ob ein Geldsystemwechsel mit dem bestehenden politischen Personal überhaupt realistisch ist, hängt entscheidend von den politischen Kräfteverhältnissen ab und davon, ob eine politisch relevante Anzahl von Menschen die „schöne neue Welt" des Klaus Schwab, seinen „Great Reset", wollen bzw. akzeptieren, ob sie Chip-Implantationen, Transhumanismus und digitale Kontrolle akzeptieren. „Ihr werdet nichts besitzen und werdet glücklich sein" – so wird Klaus Schwab zitiert. Im Klartext: Enteignung und Gedankenkontrolle. Das ist wie die Wahl zwischen Himmel und Hölle. Sofern sich ein Teil für die Hölle entscheidet, gibt es zwei Welten nebeneinander, die parallel existieren. Was „im Außen" noch passieren muss, damit Alternativen wie *Gradido* ihren Weg in die breite Öffentlichkeit finden, darüber spekuliert Hückstädt nicht. Wie in jeder bürgernahen, beteiligungsorientierten, partizipativen Bewegung setzt er auf Entwicklung, Aufklärung und Verbreitung. Damit Menschen sich für *Gradido* auf demokratische

442 *Antizyklischer Börsenbrief* vom 03.05.2021; www.antizyklischer-boersenbrief.de
443 *Die Vier*, 2-21 (August 2021)

Weise entscheiden können, müssen sie das System kennen und verstehen. Die Gründer vertrauen darauf, dass man die Vorteile schnell bemerken wird, die *Gradido* den teilnehmenden Mitgliedern des *Gradido*-Währungsraums bietet, und sich deshalb weitere Mitglieder anschließen werden. Je mehr mitmachen, desto größer die Vorteile für alle. Die Gesamtdarstellung[444] von *Gradido* durch die Gründer erweckt den Eindruck, dass ein perfektes System entwickelt wurde. Dieser Eindruck lädt zu kritischen Fragen nach dem Hintergrund der Finanzierung des Projekts ein, die nicht offen einsehbar ist. Der ständige Bezug auf Liebe und Wertschätzung mutet esoterisch und transzendental an. Es ist zumindest denkbar, dass die dahinter liegenden Interessen bei dem Aufbau einer großen Community auf dieser weltanschaulich-emotionalen Basis noch andere sein könnten.

Gradido ist der Entwurf eines neuen Geld- und Währungssystems, das das Ziel hat, eine weltweite Alternative zu werden, also die Standardwährung zu ersetzen.

Anders als *Gradido* sind die meisten der alternativen Geld- und Währungssysteme regional orientiert. Aus der großen Anzahl von komplementären Währungen und Tauschringen hat sich das *Regiogeld*[445] entwickelt, dass parallel zum Euro in Umlauf gebracht und genutzt wird. Das *Regiogeld* soll die regionale Wirtschaft fördern und Initiativen unterstützen, die Menschen in sozialen Netzwerken verbinden. Es wird allerdings zentral geschöpft, kontrolliert und verwaltet und hat damit Ähnlichkeiten mit der herkömmlichen Geldschöpfung, wie sie Geschäfts- und Zentralbanken betreiben. Während in jenen großen Organisationen tausende hauptberuflich Beschäftigte arbeiten, leben die *Regiogeld*-Initiativen von der ehrenamtlichen Tätigkeit ihrer Aktivisten. Und das ist zugleich ihre Achillesferse. Denn viele der unbezahlten Organisatoren fühlen sich

444 Auf der Internetseite von Gradido kann man sich ein Hörbuch zu Gradido in fünf Sprachen kostenlos herunterladen. https://gradido.net/de/book/

445 Grundsätzliche und aktuelle Informationen findet man bei www.der-regio.de.

durch den hohen Verwaltungsaufwand, die die laufende Betreuung erfordert, überfordert. Der anfängliche Enthusiasmus erlahmt vielfach und die Beteiligten fahren ihr Engagement zurück oder geben auf. Die Regionalwährungen stagnieren in der Folge häufig oder stellen ihre Arbeit ein. Zugleich entstehen ständig neue Initiativen, die Regionalgelder schöpfen. Ihre Anzahl ist inzwischen beträchtlich.[446] Ein aktuelles Beispiel finden wir in unseren Nachbarländern Italien und Belgien.

446 Mit wenigen Klicks finden sich viele weitere interessante Hinweise und Informationen auf dem entsprechender Internet-Blog: https://regionetzwerk.blogspot.com

31. Eine italienische Provinz mit eigenem Geld: *Sardex*

Aus Sardinien ist von einer bemerkenswerten Bewegung zu berichten, die schon 2010 ihren Anfang nahm. Auf der Insel wurde schon vor 12 Jahren der *Sardex*[447], eine alternative Währung, in Umlauf gebracht. In einer der ärmsten Provinzen Italiens, in Sud Sardegna, ergriffen vier Unternehmer, die ohne jegliche Erfahrung in der Finanzindustrie waren, die Initiative zu einer eigenen Komplementärwährung, da diese Region sehr unter den Folgen der letzten Finanzkrise gelitten hatte. Die Finanzkrise 2007 hatte auf der Insel zu einer hohen zweistelligen Arbeitslosenrate geführt. Vor allem Kleinbetriebe kämpften um ihre Existenz. Die Not war groß. Nun ging es in erster Linie darum, dass neue Kunden gefunden wurden und Arbeitsplätze gesichert werden konnten. Die erste Bedingung dafür ist eine gewisse Liquidität, um die nötige Kaufkraft wieder herzustellen. Klein- und mittelständische Unternehmen sollten daher vernetzt werden und sich gegenseitig Kredit gewähren, um die Geschäfte wieder in Gang zu bringen. In diesem Zuge könnte ein eigenes Geldsystem behilflich sein, so die Grundidee. Die Wirkmechanismen dieses Systems sollen nachfolgend betrachtet werden.[448]

Der *Sardex* ist eine Komplementärwährung, die zusätzlich zur Euro-Währung eingeführt wurde und ohne eigene Münzen und Banknoten organisiert wird. Die Geldbewegungen werden über ein Online-Konto gebucht. Um am Zahlungssystem teilnehmen

---

447 Weitere Informationen findet man auf der (italienischsprachigen) Internetseite: https://www.sardexpay.net/ und der deutschsprachigen Seite: https://monneta.org

448 Auf der Internetseite der Liechtensteiner Bank *LGT* findet man ein eindrucksvolles Video über die Geschichte des *Sardex*. https://www.lgt.com/de/magnet/nachhaltigkeit/sardex-eine-waehrung-fuer-sardinien/

zu können, bekommen Unternehmen innerhalb des Netzwerkes eine Kreditlinie zur Verfügung gestellt, die in Euro angegeben wird, deren Betrag bei Geldgeschäften aber in der neuen Regionalwährung abgewickelt wird. Damit können Waren und Dienstleistungen von den dem Netzwerk angeschlossenen Nutzern in *Sardex* erworben werden. Um den Teilnehmern die Nutzung zu erleichtern und den Nutzerkreis zu verbreitern, gibt es eine Vielzahl von Hilfsmitteln, so zum Beispiel Informations- und Hilfsangebote durch die Netzwerkorganisation, Werbeflyer, Aufkleber, mit denen sich die beteiligten Firmen öffentlich kenntlich machen können, sowie Netzwerkveranstaltungen und eigene Messen.

Die Nutzung des *Sardex* ist nur Unternehmen vorbehalten, die ihren Sitz auf Sardinien haben. Unternehmen außerhalb der Insel können keine Konten eröffnen. Einzelpersonen können ebenfalls Konten in *Sardex* führen und sich am Zahlungsverkehr beteiligen. Sie erhalten allerdings keine Kreditlinien, ihre Konten sind als Guthaben-Konten zu führen. Nach Angaben von Leander Bindewald führten 2017 über 3.800 Unternehmen und etwa 2.300 Einzelpersonen *Sardex*-Konten.[449] Inzwischen hat das Beispiel des *Sardex* von Sardinien aus auch auf dem italienischen Festland Schule gemacht und findet dort großen Zuspruch.

> *„Auf nationaler Ebene hat Sardex in elf Regionen des italienischen Festlands Währungsinitiativen initiiert. Die Währungsinitiativen werden in Zusammenarbeit zwischen der Sardex S.p.a. und lokalen Partnern ins Leben gerufen und sind in deren Besitz.“*[450]

Nach der Gründung 2010 als Gesellschaft mit beschränkter Haftung wurde *Sardex* bereits 2016 eine Aktiengesellschaft mit 50 Mitarbeitern.

Da der Bargeldverkehr nach wie vor in der Standardwährung Euro abgewickelt wird, ist umso erstaunlicher, dass im Jahr 2017 das

449 https://monneta.org/sardex/
450 Ebenda

Transaktionsvolumen des *Sardex* 212 Millionen Einheiten (gleicher Gegenwert in Euro) überstieg.[451] Dabei muss man berücksichtigen, dass der Zahlungsverkehr mit *Sardex* letztlich auf dem gegenseitigen Vertrauen beruht, dass er auch beim Vertragspartner eingelöst und das Geschäft erfolgreich und sicher durchgeführt werden kann. Insofern trägt jeder einen Teil des Kreditrisikos mit. Allerdings gibt es auch Regeln, die für den Zahlungsverkehr gelten und den Teilnehmern Sicherheit geben. Guthaben auf *Sardex*-Konten werden nicht verzinst. Daher lohnt es nicht, dort höhere Beträge zu halten. Und negative Salden müssen innerhalb von 12 Monaten ausgeglichen werden, sonst können Geldstrafen verhängt werden, die in Euro zu zahlen sind. Diese Regeln führen offensichtlich dazu, die Konten stets auszugleichen, und im Ergebnis zu einer höheren „Umlaufgeschwindigkeit" (Verhältnis der positiven Salden in *Sardex* zu ihrem Transaktionsvolumen) der Währung. Bindewald nennt für das Jahr 2016 erstaunliche 11,56 Besitzerwechsel beim *Sardex* gegenüber 1,5 beim Euro.[452] Mit anderen Worten: Während der Euro den Besitzer im Laufe eines Jahres nur 1,5mal wechselt, sind es bei *Sardex* etwa 11,5mal.[453]

Guiseppa Littera, einer der Gründer, erklärt zum Erfolg des *Sardex*: „Mit ein bisschen Vertrauen kommt man sehr weit. Vor allem wenn es sich um geteiltes Vertrauen handelt, und wenn die Regeln für alle akzeptabel sind."[454] Der Erfolg gibt ihm und anderen recht: 2017 überstieg das Transaktionsvolumen von *Sardex* 212 Millionen Einheiten (Gegenwert in Euro).[455]

Das bedeutet in aktuellen Zahlen: über 10.000 in Italien eröffnete B2B-Konten, 86 % Wachstum (2020), 220 Millionen Kreditvolumen (2019), in 15 Regionen Italiens wird der *Sardex* genutzt, 26

451 Ebenda
452 https://monneta.org/sardex/
453 https://www.goethe.de/ins/fr/de/kul/dos/kri/21365789.html
454 Ebenda
455 https://monneta.org/sardex/

Makrosektoren, in denen man handeln kann und über 5 Millionen ausgeführte Transaktionen.[456]

Zu den Vorteilen von Regionalwährungen im Krisenfall führt Giuseppa Littera aus: „Wenn wir alle plötzlich von einem Tsunami überspült werden, haben wir eine größere Überlebenschance, wenn wir alle geschlossen auf einem Boot sitzen, als wenn wir vereinzelt im Meer treiben."[457] Der Erfolg des *Sardex* scheint nicht zu stoppen zu sein, er hat sich inzwischen stark verbreitet.[458] Selbst die renommierte US-amerikanische Elite-Universität *Yale* ist auf die Komplementärwährung aufmerksam geworden, inzwischen Mitglied im Partnernetzwerk von *Sardex* und berichtet ausführlich in ihrem *Yale Institute for Network Science* über „eine der erfolgreichsten Komplementärwährungen in Europa" („one of the most successful CCs in Europe"[459]).

In Belgien rettete ein Regionalgeld die Bevölkerung, wie wir sehen werden.

Wie eine Stadt den Lockdown übersteht

Mitten in der Corona-Pandemie startete die belgische Stadt Charleroi mit ihren 200.000 Einwohnern, gezwungen durch den Lockdown, eine bemerkenswerte Unterstützungsinitiative für den lokalen Einzelhandel, der durch die Geschäftsschließungen an den Rand seiner Existenz gedrängt wurde. Um hier gegenzusteuern, wurde eine eigene Regionalwährung eingeführt.[460] Allen Bürgern wurden von der Stadt Charleroi 20 Euro in der Regionalwährung *Carol'Or* angeboten. Das Ergebnis war sensationell. Fast alle Bürger (über 95 %!) nahmen dieses Angebot, das bis zum 30. Juni 2021

---

456 https://www.sardexpay.net/community/ (Abruf: 18.09.2022)

457 https://www.goethe.de/ins/fr/de/kul/dos/kri/21365789.html

458 https://www.sardexpay.net/

459 https://elischolar.library.yale.edu/cgi/viewcontent.cgi?referer=&httpsredir=1&article=1066&context=dayofdata sowie Partner e Collaborazioni: https://www.sardexpay.net/community/

460 Zum aktuellen Stand informiert die Internetseite https://carolor.org/ (in französischer Sprache)

befristet war, an und besorgten sich die neuen Regionalwertgutscheine. In kurzer Zeit kam dadurch ein Volumen von 4 Millionen in *Carol'Or* gewechselten Euro in Umlauf. Diese wiederum wurden ausschließlich in Charleroi ausgegeben, da die Währung nur in der Stadt als Zahlungsmittel akzeptiert wurde, und wirkten zum Wohle des lokalen Einzelhandels wie auch für die Beschäftigten dort. Diese Effekte konnten erreicht werden, weil es zur Zusammenarbeit von staatlichen Institutionen und der Zivilgesellschaft kam und nicht zu einem Gegeneinander.

Der Regiogeld Verband berichtet auf seiner Website dazu:

> *„Die lokale Initiativgruppe wird unterstützt von ‚Financite', einem Verein in Belgien, der Regionalwährungen berät und bei der Implementierung hilft. Der Verein arbeitet mit staatlichen Behörden eng zusammen und erhält projektbezogen Förderungen.*
> *Dieses Beispiel zeigt, dass eine Koordination zwischen Staat und Zivilgesellschaft im Sinne von Public-Citizenship-Partnerships zu nachhaltigen Lösungen bei der Begegnung von gesellschaftlichen Herausforderungen beitragen kann."*[461]

Ein Beispiel, das Schule machen sollte. Weitere Informationen zum Thema Komplementärwährungen als soziale Innovation finden Sie auch bei Christian Gelleri[462].

---

461 https://regionetzwerk.blogspot.com/2021/01/zweiarten-von-recht-beim-lockdown-und.html

462 Eine sozialwissenschaftliche Fachtagung über soziale Innovationen und ihre Wirkung auf Formen des nachhaltigen Zusammenlebens und Wirtschaftens, die 2019 in München stattfand, informiert: *Nachhaltig Leben und Wirtschaften: Management Sozialer Innovationen als Gestaltung gesellschaftlicher Transformation* (Sozialwissenschaften und Berufspraxis), hg. von Gerald Beck u. a., München 2020 und dort insbesondere der Beitrag von Christian Gelleri, *Komplementärwährungen und monetäre Werkzeuge als soziale Innovation*, https://doi.org/10.1007/978-3-658-29379-6_8

32. Make your own money: *Minuto* Energie-Gutscheine

Konstantin Kirsch, Projektentwickler und begeisterter Imker, der im Hessischen in der Nähe von Hersfeld 1993 einen Waldgarten für Permakultur und lebende Architektur[463] anlegte, ist der „Gründervater“ vom *Minuto*.[464]

Bei seinen Bienenvölkern, die er bewirtschaftet, machte er eine einfache Beobachtung mit weitreichenden Folgen. Er sah, dass sie ihre gegenseitige Unterstützung und Hilfe benötigen, um ein gemeinsames Produkt, den Honig, zu produzieren. Und er „erkannte, dass sie in einer großen Gemeinschaft leben und kein Geld brauchen. Und es funktioniert!“[465] Bienen benötigen kein Geld, weil sie alles, was sie zum Leben brauchen, in ihrer Gemeinschaft und in der Natur finden und daher für ein Tauschmittel keine Verwendung haben. Anders ist es bei uns Menschen. Der direkte Tausch von Ware gegen Ware (oder Dienstleistungen) mit anderen Menschen funktioniert nur sehr selten, weil das Gegenüber z.B. gerade nicht das benötigt, was man aktuell anzubieten hat. Wie verfährt man, wenn jemand frische Erdbeeren abzugeben hat, das Gegenüber aber eine Rückenmassage wünscht? Es bedarf eines Wertmaßstabs, um die angebotenen Waren und Dienstleistungen zu bemessen.

Um den Wert eines Angebots festzulegen, kam Konstantin Kirsch auf den Gedanken, dass der eigentlich passende Maßstab die Energie

---

463 https://www.waldgartendorf.de

464 www.minuto-cash.de; außerdem finden sich weitere Informationen auf den Internet-Seiten www.minuto-wissen.de, www.minuto-regional.de und auf YouTube unter dem Stichwort *Minuto*. Nach einem Gespräch mit Konstantin Kirsch wurde auf seine Bitte der Begriff „Zeitwertscheine“ durch „Energie-Gutscheine“ ersetzt.

465 Erklärvideo *Make your own money* (in englischer Sprache mit deutschen Untertiteln): https://www.youtube.com/watch?v=CU8OCx_MO4E

ist, die jemand benötigt, um eine Ware herzustellen oder eine Dienstleistung zu erbringen. „Energie" ist jedoch im Alltag nicht so leicht zu messen. Physikalisch berechnet, ist Energie das Produkt aus Zeit und Leistung. Der Wert einer Ware oder Dienstleistung wird also durch die qualitative Leistung in Verbindung mit der Arbeitszeit bestimmt. Diese Erkenntnis war der Gründungsmoment des *Minuto*-Energie-Gutscheins im Jahre 2009. Verbreitung fand er zunächst in Deutschland (Bielefeld, Gießen, Marburg, Wetzlar), dann auch in der Schweiz (Zürich) und in Übersee (Australien, Paraguay).[466] Die tatsächliche Verbreitung des *Minuto* lässt sich nicht zuverlässig schätzen, da es keine zentrale Registrierung der Anwender und der geschöpften Gutscheine gibt. Konstantin Kirsch geht von bis zu 10.000 Nutzern aus. Jedenfalls erhöhte sich die Nachfrage seit 2022 signifikant. Es erreichten ihn weitere regionale und überregionale Anfragen aus Chile und Norwegen. Hilfreich bei der Etablierung war die Einrichtung einer Gruppe[467] im Messenger Telegram, die Neuigkeiten und Informationen zum *Minuto* und verwandten Themen veröffentlicht. Neuerdings arbeiten Entwickler zusätzlich an einer Software-Lösung für die *Minuto*-Energie-Gutscheine, die, so Konstantin Kirsch, „einfach sein soll: kurz vor der Lochkarte, aber elektronisch."[468]

Der ursprüngliche Begriff „Zeitgutschein" sowie die ursprüngliche Internetseite *www.minuto-zeitgutscheine.de* verleiteten einige Menschen zu der falschen Annahme, dass nur die Zeit der Wertmaßstab des *Minuto* sei und Qualität und Leistung keine Rolle spielen. Um dieses Missverständnis zu beheben und gleichzeitig die Bargeld-Qualität des *Minuto* hervorzuheben, wurde im August 2012 der neue Begriff *MinutoCash*[469]und die dazugehörige neue Internetseite eingeführt.

---

466 Sebastian Leinert, *Regionale Komplementärwährungen in Deutschland*, Norderstedt 2016, S. 197

467 https://t.me/minuto_regional

468 So in einer schriftlichen Mitteilung an den Autor.

469 https://minutocash.org; https://minuto.org/de

Durch seine einfache physische Handhabung verringert *Minuto-Cash* den ansonsten hohen Verwaltungsaufwand auf ein Minimum. Es ist auf diese Weise schnell herzustellen und: es ist dezentral organisiert und zinsfrei.[470]

Konstantin Kirsch antwortete auf die Frage nach den Besonderheiten des *Minutos*:

> *„Ich mag zu den Alleinstellungsmerkmalen des Minuto anmerken, dass Margrit Kennedy, wohl diejenige, die Regiogelder mit am besten kannte, echt lange brauchte, den Minuto zu erkennen, als das, was es ist. Sie hatte den Minuto zuerst längere Zeit nicht ernst genommen, quasi belächelt, weil er so ultra simpel, quasi als Bastelwerk daherkommt. Da gibt es keine Silberfäden in aufwändigen Drucken, da gibt es keine Kontrolle, wer alles mitmacht, keine ausgeklügelte Software usw.*
> *Eines Tages plötzlich machte es „klick" bei Margrit und sie schwärmte plötzlich für den Minuto, weil der gänzlich anders funktioniert als alle anderen Regiogelder. Er ist dezentral bis zum einzelnen Menschen und fördert die Selbstermächtigung wie kein anderes System."*[471]

Im Folgenden soll nun genauer untersucht werden, wie das praktische Vorgehen bei der Schöpfung von *Minuto* ist?[472]

Die Maßeinheit ist die „Minute qualitativer Leistung". 60 *Minutos* haben also den Wert von 60 Minuten (einer Stunde) qualitativer Leistung. Eine Umrechnung von *Minutos* in Euro ist weder zeitlich noch regional festlegbar, da staatliche Währungen niemals auf ewig stabil sein können.

---

470 Das Muster eines *Minuto*-Gutscheins auf: https://www.minuto-wissen.de/Minuto-Einführung.html

471 Schriftliche Antwort an den Autor vom 19.08.2022

472 Einzelne typische Fragen werden umfassend auf der Internetseite https://www.minuto.wiki/de:start beantwortet.

Konstantin Kirsch schreibt zum Thema „Umrechnung" auf seiner Internetseite *www.minutocash.org*:

> *„Jetzt, Juni 2021, ist in Nord-Ost-Hessen (Mitte Deutschlands) ein Stundenlohn von 30 Euro angemessen für selbständig erbrachte qualitative Leistung. Demnach entsprechen in dieser Region 60 Minutos ungefähr 30 Euro. Und Produkte, für die derzeit 30 Euro verlangt werden, können für 60 Minutos gehandelt werden."*[473]

Minutos unterliegen keinem Kaufkraftverlust durch Inflation. Anders als bei *Gradido* haben sie keinen Wertverlust einkalkuliert, sind jedoch nur maximal 5 Jahre lang gültig. Sollten die Preise steigen, wird dies durch einen Umrechnungsfaktor angepasst.

Das „*Minuto*-Geld" wird erst im Moment des Austauschs, des Handels geschöpft. Vorher existiert das Geld nicht.

Minuto-Gutscheine können selbst ganz einfach hergestellt werden. Auf der Internet-Seite von *Minuto* findet man dazu Druckvorlagen, die man auf dem eigenen Drucker ausdrucken oder kopieren kann. Man trägt dort Stadt oder Postleitzahl des Herausgebers, Name und Adresse (mit einem Stempel) sowie gegebenenfalls den Beruf des Herausgebers ein, zusätzlich ist das Datum der Ausgabe und die Unterschrift des Ausstellers erforderlich. Auf der Rückseite wird angegeben, welche Leistungen angeboten wurde. Die Gutscheine haben eine Laufzeit von fünf Jahren, gerechnet vom Jahresende des Ausstellungsdatums an. Ein am 15.06.2022 geschöpfter Gutschein ist beispielsweise gültig bis zum 31.12.2027. Um die Glaubwürdigkeit zu erhöhen, wird jeder *Minuto*-Gutschein durch zwei Bürgen (weiblich und männlich) gedeckt. Für den Fall, dass der Gutschein-Schöpfer die Leistung nicht erbringen kann (z. B. durch Arbeits- oder Erwerbsunfähigkeit, wenn er „Unbekannt verzogen" oder verstorben ist, müssen die Bürgen eine gleichwertige Leistung erbringen.

473 https://minutocash.org/umrechnungskurs.html

Jeder *Minuto*-Gutschein hat eine Wertangabe. So gibt es auch Gutscheine zu 1, 5, 15, 30 und 120 *Minutos*.

Jeder Druckbogen steht für 231 *Minutos*. 10 Druckbögen ergeben somit 2.310 *Minutos*. Teilt man diese durch 60 Minuten, erhält man 38,5 Stunden qualitativer Leistung. Das entspricht einer Arbeitswoche. *Minuto* ist eine Ergänzung zum Standard-Zahlungsmittel (Euro).

Rechtlich sind *Minuto*-Gutscheine Inhaberschuldverschreibungen. Durch die Unterschrift des Herausgebers werden sie zu einer Urkunde. Im Rahmen von Nachbarschaftshilfe und Freundschaftsdiensten sind die Umsätze üblicherweise steuerfrei. Wir erinnern uns aber an die Begehrlichkeiten der Finanzbehörden, die Umsätze steuerpflichtig zu machen, wie wir es schon bei den Tauschringen kennengelernt haben. Geschäftsinhaber müssen Umsätze in *Minutos* genauso regulär versteuern wie andere Umsätze in Euro.

Für Neueinsteiger gibt es ein *Minuto*-Spiel. Hier werden spielerisch *Minutos* geschöpft, dazu Angebotskarten erstellt und ausgetauscht, sowie Dienstleistungen angeboten. Am Ende wird Bilanz gezogen, wer wie viele *Minutos* besitzt und wie viele Geschäfte stattgefunden haben. Das hilft, sehr schnell „in das System" zu kommen. Alle benötigten Unterlagen gibt es auf der Internetseite[474] zum Download.

Konstantin Kirsch demonstriert für Neueinsteiger an einem realen Beispiel den Kreislauf von *Minuto* Gutscheinen in seiner Region.[475] Es geht damit los, dass er einen Defekt an seinem Auto feststellt und damit in die Autowerkstatt fährt, da er die Reparatur nicht selbst durchführen kann. Für die Reparatur bietet er dem Mechaniker seinen selbstgeernteten Honig als Bezahlung an. Der Mechaniker benötigt aber keinen Honig. Also wird die Reparatur seines Autos in der Werkstatt mit einem *Minuto*-Gutschein über 30 *Minutos* bezahlt. Dieses Zahlungsmittel akzeptiert der Mechaniker für seine Leistung

---

474 https://www.minuto.wiki/de:start

475 Erklärvideo *Make your own money* (in englischer Sprache mit deutschen Untertiteln): https://www.youtube.com/watch?v=CU8OCx_MO4E

und beide sind zufrieden. Der Mechaniker wiederum bezahlt mit dem erhaltenen Zeitgutschein am nächsten Tag den Reitunterricht seiner Tochter und die Reitlehrerin ihrerseits begleicht damit die monatliche Stallmiete am Monatsende. Die Stallvermieterin nun geht mittags im Bio-Restaurant essen. Der gefragte Preis liegt jedoch höher als der Wert des angebotenen 30 *Minuto*-Gutscheins. Sie bezahlt die Rechnung mit dem Gutschein über 30 *Minutos*, und sie legt noch 5 Euro dazu, damit es reicht. Das Restaurant nun kauft Kokosöl für die Nahrungszubereitung ein und bezahlt die Händlerin mit dem erhaltenen Gutschein. Und so weiter, bis der *Minuto*-Gutschein schließlich zum Imker für den Kauf von Honig kommt. Mit der Lieferung des Honigs ist der Kreislauf geschlossen.

Dieses Beispiel zeigt, dass der Waren- und Geldkreislauf mit Gutscheinen funktioniert, aber an konkrete Bedingungen gebunden ist. Es muss zum einen eine ausreichend große Zahl von Personen geben, die *Minuto* akzeptieren, und diese müssen zum anderen in einem überschaubaren regionalen Umkreis ansässig sein, damit die Geschäfte überhaupt praktisch durchgeführt werden können.

Selbstverständlich ist die Schöpfung von *Minutos* genauso freiwillig wie ihre Wertschätzung als Zahlungsmittel für die eigene Leistung. Unfrei in der Annahme ist jedoch der Gutscheinschöpfer: Sobald ein von ihm ausgegebener *Minuto* zu ihm innerhalb der Gültigkeitsdauer zurückkommt, muss der Gutschein eingelöst werden.

Der Zahlungsverkehr mit *Minutos* geschieht parallel zur Standardwährung. Wie oben bereits erwähnt, ist es sehr wichtig, dass Angebote aus der Region entstehen, damit die Leistungsanbieter für ihre Angebote mit *Minutos* bezahlt werden können und sie diese ihrerseits wieder regional verwenden. *Minutos* sind daher gedacht für Gruppen, die sich untereinander vertrauen, also in der Regel erst einmal für Bekannte, Freunde und Menschen in der Nähe oder der Nachbarschaft. Jeder Einzelne kann (und sollte) sich nach seinen Bedürfnissen sein eigenes Netz aufbauen und wird dabei auch auf mehr als lediglich ein komplementäres Zahlungsmittel stoßen, zum Beispiel auf Angebote, von denen vorher noch niemand wusste. Diese Art von Geldgeschäften benötigt Zeit, sich daran zu gewöhnen. Über die Internet-Seite *Minuto*-Regional[476] kann man inzwischen eigene Angebote zu *Minuto*-(oder Euro-)Preisen einstellen und auf einer interaktiven Landkarte nach Angeboten suchen.

Minuto bringe Menschen dazu, meint Margrit Kennedy, darüber nachzudenken, was sie selbst anbieten können. Die meisten glauben von sich, dass sie nichts anzubieten hätten.[477] *Minuto* biete jetzt die Chance, vorhandene Fähigkeiten und Fertigkeiten einzubringen. Deshalb liefe *Minuto* in Transition-Initiativen[478] gut, weil dort schon das notwendige Vertrauen aufgebaut wurde. Dort seien „Testfelder und Brutstätten" für Systeme wie *Minuto*.[479] Der Umgang mit Regionalwährungen ermutigt Menschen somit, aus ihrer Passivität zu kommen und selbsttätig zu werden.

Sebastian Galek, der Entwickler der Internet-Seite *www.minuto.wiki*, erklärt:

> *„In der Gesamtheit betrachtet, eröffnet das einfache Minuto-Konzept ein völlig neues Geldparadigma, denn der Wert basiert im Gegensatz zu anderen Zahlungsmitteln nicht auf Knappheit. Das heißt, ob nun viele oder wenige Gutscheine im Umlauf sind, das hat keine Auswirkungen auf den Wert der Gutscheine, da jeder einzelne Gutschein ja selbst mit einer fixen Leistung besichert ist, die auf der Rückseite des Gutscheins notiert wird.*
> *Daher ergeben sich zum Beispiel mit einer deutlichen Erhöhung der Gutschein-Schöpfung und Umlaufgeschwindigkeit auch keine Preissteigerungseffekte wie es sonst bei Zahlungsmitteln üblich ist.*

---

476 https://www.minuto-regional.de

477 Siehe dazu das Interview mit Margrit Kennedy in: https://lesen.oya-online.de/texte/379-wir-brauchen-modellprojekte-und-aktionen.html

478 Transition-Initiativen sind lokale Netzwerke, die sich mit Ernährungssystemen, Energie und Verkehr, sozialen Zusammenhalt und anderen Themen beschäftigen.

479 Erklärvideo *Make your own money* (in englischer Sprache mit deutschen Untertiteln): https://www.youtube.com/watch?v=CU8OCx_MO4E

> *Die Begriffe Inflation und Deflation ergeben bei Minuto somit auch keinen Sinn mehr.*
> *Ein einzelner Gutschein ist zeitlich nur begrenzt gültig, hat jedoch genügend Zeit […] wieder beim Herausgeber eingelöst zu werden, und dieser kann wieder neue Gutscheine mit längerer Gültigkeit in Umlauf bringen. Das heißt in der Praxis, dass man mit Minuto-Gutscheinen, wenn man sie nicht Jahre hortet, ein absolut wertstabiles Zahlungsmittel hat.*
> *Dadurch, dass jederzeit genügend Minuto-Gutscheine geschöpft werden können, reduziert sich die Fixierung an Geld, und der Sinn des Wirtschaftens kommt in den Vordergrund. Zusätzlich steht bei der Schöpfung von Minuto sofort die Frage im Raum ‚Was kann ich Sinnvolles leisten, was andere benötigen?' Dadurch wird der Sinn nochmal verdeutlicht."*[480]

Aber auch bei all diesen überzeugenden Vorteilen ist das Minuto-System nicht frei von Problemen. Man muss bedenken: Bei allem Enthusiasmus für den Umstieg auf die *Minuto*-Gutscheine, wie überhaupt auf Alternativwährungen, ist der Abschied von einer zentralen Lenkung des Geldsystems hin zu einer dezentralen Selbstverantwortung für viele zunächst ungewohnt. Machen Sie einmal einen Selbstversuch und erklären das *Minuto*-Gutschein-System ihrem Nachbarn, der bisher nichts davon wusste, den Sie aber zum Mitmachen gewinnen wollen. Sie merken dann sofort, wie viel Verständnis, Zeit und Geduld Sie benötigen werden, um ihn als Tauschpartner zu gewinnen. Nebenbei werden Sie in der Praxis feststellen, wie viele Produkte trotz großer Mühe nicht regional zu bekommen sind, sondern von weit, eventuell sogar weltweit her angeliefert werden müssen.

Auch diese Erkenntnis ist ein wichtiger Lerneffekt, um das Denken und Handeln zu ändern. Daher steht und fällt der Erfolg – und

480 Schriftliche Auskunft vom 19.08.2022

das kann man nicht oft genug betonen –, mit dem Aufbau von regionalen Vernetzungen und Vertrauensgemeinschaften und mit regionalen Leistungsangeboten.

Wie aber verhalten sich Menschen, die nicht in regionale Vernetzungen eingebunden sind, und wie können nationale und darüberhinausgehende Vernetzungen aussehen? Wie verhalten sich die Industrie und der Handel? Bei der Beantwortung dieser Fragen kommen wir an den Möglichkeiten der Informationstechnologie und den historischen Erfahrungen eines „Cyber-Sozialismus" kaum vorbei.

»Mir schwebt so etwas vor
wie eine Art Computer-Sozialismus.«
(Arno Peters)

33. Auf der Höhe der Zeit: Digitale Planung und radikale Demokratie

Die schottischen Wissenschaftler W. Paul Cockshott und Allin Cottrell veröffentlichten 2006 unter dem deutschen Titel *Alternativen aus dem Rechner*[481] eine Schrift, in der sie nachweisen, dass eine sozialistische Planwirtschaft möglich ist, die derjenigen, die nach den Spielregeln von Angebot und Nachfrage des Marktes verfährt, überlegen ist. Die Werkzeuge dazu bieten die moderne Informationstechnologie, mathematische Verfahren und die Methoden einer Input-Output-Analyse[482]. Grundlage ihrer Analyse ist die Arbeitswerttheorie, deren Anfänge in das 18. Jahrhundert zurückgehen. Adam Smith, schottischer Nationalökonom, formulierte sie, und sie besagt in Kürze: Die Arbeit, die eingesetzt werden muss, um ein Gut zu erzeugen, bestimmt den Wert dieses Guts. Der Preis, den ein Gut am Markt erzielt, kann den Wert nur ungefähr wiedergeben. David Ricardo, britischer Nationalökonom, hat diese grundlegende Erkenntnis weiterentwickelt, und auch Karl Marx hat sie im ersten Band des Kapitals zur Mehrwerttheorie weitergeführt.

---

481 W. Paul Cockshott / Allin Cottrell, *Alternativen aus dem Rechner. Für sozialistische Planung und direkte Demokratie*, Köln 2006; Englische Originalfassung: Towards a New Socialism 1993

482 Bei einer Input-Output-Analyse wird die Wirksamkeit von eingesetzten Mittel mit den Ergebnissen ihrer Verwendung ermittelt.

In der heutigen Wirtschaftswissenschaft herrschen allerdings andere Lehren vor: die der Neoklassiker. Ihre These ist: Wieviel Arbeit in die Ware (das Gut) eingegangen ist, kann man nicht sehen. Es ist ein „Input“. Was am Ende herauskommt, ist der Preis. Der bestimmt sich nach Angebot und Nachfrage und nicht nach der Arbeitszeit und ist somit kein Mehrwert. Bleibt die Frage: Wenn Angebot und Nachfrage sich ausgleichen, wo entsteht dann der Gewinn? Diese Frage können sie nicht plausibel beantworten und verweisen auf eine „Kapitalproduktivität“.

Der österreichische Ökonom Josef Schumpeter behauptete 1911/1912: Der Gewinn ist immer ein „Innovationsgewinn“. Ein besseres Produkt erzielt eben den höheren Preis. Wenn ein Unternehmen also einen neuartigen Computer produziert, andere nachziehen und alle dann irgendwann einen Computer haben, entsteht demnach offensichtlich kein Gewinn mehr, den ja nur der Erste als Innovationsgewinn erzielt. Das ist nicht recht nachvollziehbar.

Für unser Thema ist wichtig, dass die schottischen Wissenschaftler, von denen soeben die Rede war, die Arbeitswerttheorie aufgegriffen und deren Gültigkeit für England und die USA nachgewiesen haben.[483] Inzwischen müssen wir mehrere Gewinnarten (Arbeitswerttheorie, Preisaufschlag/Mark-Up, Angebot und Nachfrage und Monopolgewinn) anerkennen, hinter allem aber steckt die Mehrwerttheorie. Cockshott und Cottrells Analyse der wirtschaftlichen Entwicklung in den sozialistischen Ländern, denen sie mehrere Besuche abstatteten, ergab, dass diese bei der Suche nach ökonomischen Lösungen falsche Wege gegangen waren. Es wurde eine Art von Marktsozialismus ausprobiert.

Als ein Ergebnis aus diesen Studien bieten die Autoren vor allem ökonomische Erfahrungen und Vorschläge für eine gesamtgesellschaftliche Planung an. Das betrifft z. B. die Verteilung von Gütern des täglichen Bedarfs nach den Bedürfnissen der Menschen,

483 Auf die weiteren Details der Arbeitswerttheorie gehen wir hier nicht weiter ein.

die gleiche Bezahlung von einfacher und qualifizierter Arbeit, Fragen der Landwirtschaft, neue Formen des Zusammenlebens und Möglichkeiten der direkten Demokratie bis hin zu den Eigentumsverhältnissen. Selbst diejenigen, die mit den Ideen einer vollständig geplanten Ökonomie nicht einverstanden sind, können die Ausführungen der Autoren mit Gewinn lesen. Wer allerdings dort nach einer Betriebsanleitung sucht, wie dies durchgesetzt werden kann, wird nicht fündig. Die Autoren stellen ein Analyse- und Planungsinstrument zur Verfügung, kein Drehbuch, nach dem eine andere Ökonomie aufzubauen wäre.

Für unseren Zusammenhang ist bedeutsam, dass eine moderne Version der Planungsrechnung mit der IT-Technologie des 21. Jahrhunderts und einer modernen partizipativen Demokratie verknüpft wird. Dazu gehören heute auch mittelständische Unternehmer mit ihrer Innovationsfähigkeit.

Um ein praktisches Anwendungsbeispiel der Arbeitszeitrechnung zu nennen: Es wird vorgeschlagen, dass Konsumgüter (z. B. ein Kühlschrank) gemäß dem Ergebnis der Arbeitszeitanalyse mit zwei Etiketten ausgezeichnet werden. Auf einem Etikett steht die tatsächlich gebrauchte Arbeitszeit für die Herstellung dieses Produktes, auf dem anderen steht der Gleichgewichtspreis, auch ausgedrückt in Arbeitszeit. Dieser gibt an, ob ein Produkt mehr oder weniger nachgefragt wird. Ist ein Kühlschrank also sehr gefragt, wird der Gleichgewichtspreis angehoben, um die Nachfrage auszugleichen und umgekehrt. Wenn also der Gleichgewichtspreis höher ist als der Arbeitspreis, wartet man, bis er auf den Arbeitspreis zurückgeht.

Nun stecken in jedem Produkt Arbeitszeiten von Menschen mit unterschiedlichen Qualifikationen. Die Arbeit eines Monteurs in der Produktion kann nicht einfach mit der des Maschinenbauingenieurs gleichgesetzt werden. In der Qualifikation eines Ingenieurs stecken – wie in einer Maschine auch – „geronnene“ Arbeitszeiten, die zu berechnen sind. Wenn man also einschätzt, wie viele

Professorenstunden, Bibliotheksstunden usw. in der Qualifikation enthalten sind, kann man diese Zeiten mit einer Übertragungsrate für lebendige Arbeit wie bei einer Maschine übertragen. Berücksichtigen muss man dann auch den Verschleiß, d.h. die voraussichtliche Lebensarbeitszeit des Ingenieurs wie bei der Wertübertragung auf eine Maschine. Aus der aufwändigeren Ausbildung folgt allerdings keine andere Bezahlung, denn die Gesellschaft hat ja die Qualifikation bereits bezahlt. Man stelle sich nur einmal die kulturrevolutionären Konsequenzen vor, die sich aus der gleichwertigen Teilhabe an einer Gesamtgesellschaft ergeben.

Helmut Dunkhase hat dieses zusammenfassend dargestellt und die Folgen für die Produktion, die Verwendung der Arbeitsgutscheine, die direkte Demokratie für Nicht-Konsumgüter (Bildung, Kinderbetreuung, Umweltschutz usw.) und den Außenhandel aufgezeigt.[484]

Dabei kann man auf die Praxis in Betrieben und Konzernen, von Institutionen und Großprojekten zurückgreifen und sie zu einer „digitalen Planung" weiterentwickeln.

„Man muss sie nur auf die gemeinschaftliche Ökonomie anwenden und in einigen Punkten modifizieren", so fasst Sandleben zusammen, „vor allem dort, wo sie durch Marktprozesse verkompliziert und durch die Befehlswirtschaft kapitalistischer Betriebe verunstaltet werden [...] An die Stelle der Preis- und Kostenrechnung muss die Arbeitszeitrechnung als neue Wirtschaftsrechnung treten, schon allein deshalb, weil in Geld ausgedrückte Warenpreise unter den neuen ökonomischen Rahmenbedingungen nicht mehr existieren."[485]

Es lässt sich mit Arbeitszeiteinheiten genauso gut rechnen wie mit Geldeinheiten und diese Herangehensweise zu einer volkswirtschaftlichen Wirtschaftsrechnung ausbauen.

---

484 https://helmutdunkhase.homepage.t-online.de/planwirtschaft_mb.pdf; für weitere Hinweise danke ich Helmut Dunkhase, Berlin. Vgl. auch: Helmut Dunkhase, *Plädoyer für Planwirtschaft. Vom Umgang mit Widersprüchen in DDR, Sowjetunion und VR China*, Köln 2022

485 Ebenda

> *„Wie die genossenschaftliche Organisation der Produktion durch das Gemeingut an den Produktionsmitteln gesamtwirtschaftlich verbunden ist, so bildet auch die betriebliche mit der überbetrieblichen, die dezentrale mit der zentralen Planung eine Einheit. Die Einheit dieser Planung sollte nicht gebrochen, sondern im Gegenteil organisiert und umgesetzt werden. Die Arbeitszeitrechnung als Mittel von Planung und Organisation ist nun, wie die Kostenrechnung, nicht mehr ebenso auf den Betrieb beschränkt, sondern zugleich eine gesamtgesellschaftliche Wirtschaftsrechnung, die eine Grundlage für die Organisation des gesamten ökonomischen Lebens der Gesellschaft bildet."*[486]

Aufgrund der hohen Rechnerleistungen und neuer mathematischer Methoden kann man den Preis von Waren durch den notwendigen Input von Arbeit als Maßstab ermitteln. Die Ermittlung der Nachfrage lässt sich dabei mit den Möglichkeiten der Angebotspotenziale abgleichen und in einem demokratischen Prozess der Planung mit Arbeitswerten in einen Zusammenhang stellen. Voraussetzung dafür ist allerdings, dass die Produktionsmittel gesellschaftliches Eigentum sind.

Dabei kann man auf historische Erfahrungen in der Sowjetunion und in Chile zurückgreifen. In Chile wurde während der Regierung der *Unidad Popular* unter Präsident Salvador Allendes (1970-1973) ein zweites digitales Planungsexperiment durchgeführt, sogar noch vor der Realisierung einer dominanten sozialistischen Eigentumsordnung. 1971 koordinierte der britische Managementkybernetiker Stafford Beer das Projekt *Cybersyn* (Cybernetic Synergy) mit einem System von Computern und Fernschreibern in Fabriken in der Hauptstadt Santiago. Praktisch wurde es im Bereich der unter der Kontrolle der Regierung stehenden, also operativ verfügbaren, Lastwagen eingesetzt, als es zu einem Streik oppositioneller Fuhrunternehmen

486 Ebenda

kam. Durch den Putsch 1973 wurde verhindert, dass damit weitergehende Erfahrungen gesammelt werden konnten.[487]

Der digitale Kapitalismus selbst betreibt den Abstimmungsprozess zwischen Angebot und Nachfrage mit seinen Möglichkeiten der Informationstechnologie. Obwohl der Markt es immer richten soll, plant das Kapital wie in einer perfekten Planwirtschaft. Dem Zufall wird nichts überlassen. Das brachte den Kolumnisten der *WirtschaftsWoche*, Dieter Schnaas, zu der Feststellung: „Für Lenin läuft's heut' wie am Schnürchen."[488]

Jack Ma[489], Gründer der chinesischen *Alibaba Group* argumentiert, dass die „staatliche Planung in der Sowjetunion und der frühen Volksrepublik China an unzureichenden Informationen gescheitert ist. Er sagt voraus, dass in den nächsten drei Jahren dank Künstlicher Intelligenz und der ungeheuren Datenmenge, auf die wir Zugriff haben, endlich eine geplante Ökonomie erreichbar ist."[490] Adrian Lobe zog daraus den Schluss in der Neuen Züricher Zeitung:

> *„Was Mas Vision einer Planwirtschaft 2.0 verstört, ist nicht nur die verengte Sicht, das Scheitern des Sozialismus auf ein reines Informationsproblem zu reduzieren. Der Traum einer computerisierten Kommandowirtschaft ist vor allem auch der Traum eines perfekt beherrschbaren und berechenbaren Individuums, das nur noch etwas wollen soll: konsumieren."*[491]

---

487 S. Kees van der Pijl, *Die belagerte Welt*, S. 286; Hermann Ploppa, *Ein anderer Elfter September – Der Putsch in Chile*. https://apolut.net/ein-anderer-elfter-september-der-putsch-in-chile-von-hermann-ploppa/

488 Dieter Schnaas, *Für Lenin läuft's heut' wie am Schnürchen, WirtschaftsWoche* vom 16.05.21; https://www.wiwo.de/politik/deutschland/tauchsieder-fuer-lenin-laeufts-heut-wie-am-schnuerchen/27194400.htm

489 S. a. das informative Porträt: Jack Ma/Alibaba: *Inklusive Globalisierung* in: Werner Rügemer, *Die Kapitalisten des 21. Jahrhunderts. Gemeinverständlicher Abriss zum Aufstieg der neuen Finanzakteure*, Köln 2018, S. 278 f.

490 Leigh Phillips und Michal Rozworski, *Eine geplante Wirtschaft kann funktionieren. Mit Künstlicher Intelligenz, Digitalisierung und riesigen Datenmengen ist eine Alternative zum Markt möglich*, in: *analyse & kritik* 648, Reihe: Planwirtschaft vom 16. April 2019; https://www.akweb.de/2019/04/eine-geplante-wirtschaft-kann-funktionieren/

491 *Neue Züricher Zeitung* vom 14.08.2019

Die in der öffentlichen Diskussion als „Industrie 4.0" benannte Entwicklung bedeutet die umfassende Digitalisierung der industriellen Produktion. In ihrer Folge hat dieser technologische Schub heute zu automatisierten Systemen mit Umgebungssensibilität und Lernvermögen (Künstliche Intelligenz) zum Internet der Dinge geführt.[492] Der „Informationsraum" wird „von den hochautomatisierten Prozessen in der Automobilproduktion, über den Einsatz von Tätigkeiten durch Software durch sogenannte Chatbots, textbasierten Dialogsystemen, die telefonische Servicehotlines ersetzen oder ergänzen,"[493] bestimmt.

Als Kybernetik, die hier eine zentrale Rolle spielt, bezeichnet man dabei eine Steuerungswissenschaft und eine Technologie, die verschiedene Systeme, technische wie nicht-technische, daraufhin untersucht und praktisch einsetzt, ob sie selbsttätig werden und voneinander lernen können. Man spricht auch von Feedback-basierter Selbstorganisation durch Rückkopplungsschleifen. Das bekannteste Beispiel ist in neuerer Zeit das Sprachsystem *ChatGPT*.

Der *Walmart*-Konzern, der als logistisches Wunderwerk gilt, ist ein Beispiel, wie aus einer solchen Informationsverarbeitung eine kybernetische Wirtschaftsplanung wurde.

> *„Bereits Mitte der 2000er-Jahre registrierten die Rechenzentren von Walmart über 680 Millionen verschiedene Produkte pro Woche und über 20 Millionen Kundentransaktionen am Tag. Barcodescanner und Computersysteme in den Läden identifizieren jeden verkauften Artikel und speichern diese Informationen. Satellitentelekommunikationsverbindungen werden direkt von den Filialen an das zentrale Computersystem und von diesem System an die*

492 Ebenda; mit dem Internet der Dinge ist die globale physische und die virtuelle Verknüpfung von Objekten mit Hilfe der Informationstechnologie gemeint.

493 Georg Jochum und Simon Schaupp, *Die Steuerungswende. Zur Möglichkeit einer nachhaltigen und demokratischen Wirtschaftsplanung im digitalen Zeitalter*, in: Florian Butollo / Sabine Nuss (Hg.), *Marx und die Roboter. Vernetzte Produktion, Künstliche Intelligenz und lebendige Arbeit*, 2. Auflage, Berlin 2023, S. 9; Im Folgenden beziehe ich mich auf diesen Beitrag.

> *Computer der Lieferanten angeschlossen, um eine automatische Neubestellung zu ermöglichen. Die Anforderung einer individuellen Identifizierbarkeit aller Produkte brachte den Konzern zur Anwendung von RFID-Tags*[494] *(Radio Frequency Identification) in allen Produkten. Damit werden Rohstoffe, Arbeiterinnen und Verbraucher innerhalb und außerhalb von Walmarts globalen Lieferketten nachverfolgbar. So kann die Ressourcen- und Güterlogistik direkt an den Konsum und theoretisch sogar an den Verschleiß der Güter im Verbrauch gekoppelt werden."*[495]

Noch weiter gehen die Onlinekonzerne *Amazon*,[496] *Google* und *Facebook*, die Nutzerdaten sammeln, um Informationen über das Verhalten und die Bedürfnisse der Konsumenten zu gewinnen und sie zu „Verhaltensmodifikationen" (Verhaltensänderungen) zu bewegen.[497]

In Zeiten von Big-Data[498], Cyberspace[499] und „Überwachungskapitalismus" löst die kybernetische Steuerung in der Folge zunehmend Marktmechanismen ab. Nicht nur in der unmittelbaren Produktion, sondern auch im Finanzbereich, selbst bei der Sprache und der Schrift. Der „freie Markt" wird zunehmend zu einer Fiktion, wie man am Beispiel der Internetgiganten am deutlichsten sehen kann. Zum Beispiel wird über eine dynamische Preisbildung (dynamic pricing), bei der die Kundenwünsche identifiziert werden, noch bevor sie ausgesprochen wurden, die angebliche Preisbildung über „Angebot und Nachfrage" ad absurdum geführt. Nebenbei gesagt, wird damit angesichts von Big Data auch die These der neoliberalen Ökonomen (Hayek und seine Schüler), dass „der freie Markt" alle

---

494 RFID-Tags bestehen aus Sendern und Empfängern, mit denen Personen und Objekte berührungslos identifiziert werden können. Diese Technologie wird zum Beispiel bei Zugangskontrollen eingesetzt.

495 Georg Jochum und Simon Schaupp, *Die Steuerungswende*, a. a. O., S. 338

496 https://www.reactev.com/de/blog/estrategia-de-precios-dinamicos-de-amazon

497 A. a. O.

498 Mit Big Data meint man Daten, die in großen Mengen, Vielfalt und Geschwindigkeit anfallen.

499 Ein Cyberspace ist eine von Computern erzeugte virtuelle Scheinwelt, die die Illusion einer realen Welt erzeugt.

Informationen zur Verfügung stelle, weitgehend hinfällig.[500] Schon eher muss man im Falle der IT-Konzerne von einem kybernetischen Monopolkapitalismus sprechen. Die Forderung nach einer „Steuerungswende“ wird nunmehr von Digitalisierungsforschern erhoben. Sie lautet, dass die kybernetische Steuerung sich in den Dienst von Natur und Gesellschaft stellen und der Einsatz der Technologie in der Gesellschaft demokratisch beraten werden solle (Deliberation). Insbesondere solle das Steuerungsmedium Geld durch alternative Steuerungsformen ergänzt oder ersetzt werden.[501]

Anknüpfen könnte man an das schon erwähnten Beispiel aus Chile oder auch an die Forschungsergebnisse von Elinor Ostrom, „dass gemeinschaftliche Regulierungsformen häufiger zu einer effektiveren Ressourcenverwaltung beitragen als staatliche und marktliche Regulierungsformen.“[502] Vielfältige Einzelpläne über öffentliche Plattformen oder Datengenossenschaften[503], möglicherweise durch Software-Agenten[504] sind denkbar, die in Foren zur Abstimmung gestellt werden können: „Gosplan[505] mit ‚Tweets‘ und ‚Likes‘“[506].

So könnten „digitale Kommunikationsinfrastrukturen wie Social Media die technische Grundlage für eine radikaldemokratische Wirtschaftssteuerung bilden“[507] und die Vergesellschaftung der Produktion. Auch Zahlungsformen, wie wir sie kennen, könnten sie überflüssig machen. Blockchain kann „als transparente Buchführung über alle Transaktionen, gekoppelt mit einem System von Quittungen für Arbeit oder andere Dienstleistungen“[508] Geld ersetzen. Aus Gründen

---

500 Shoshana Zuboff, *Das Zeitalter des Überwachungskapitalismus*, Frankfurt a. M. 2018

501 Georg Jochum und Simon Schaupp, *Die Steuerungswende*, a. a. O., S. 341 f.

502 A. a. O., S. 342

503 Vgl. dazu den Beitrag von Dominik Piètron, *Öffentliche Plattformen und Datengenossenschaften. Zur Vergesellschaftung digitaler Infrastrukturen*, in: Timo Daum/Sabine Nuss (Hg.), *Die unsichtbare Hand des Plans. Koordination und Kalkül im digitalen Kapitalismus*, 2. korr. Auflage, Berlin 2021

504 Soft-Bots, die zu eigenständigem Handeln fähig sind

505 Gosplan war die sowjetische Planungsbehörde.

506 Georg Jochum und Simon Schaupp, *Die Steuerungswende*, a. a. O., S. 343

507 Ebenda

508 Kees van der Pijl, *Die belagerte Welt*, a. a. O., S. 289

der gesellschaftlichen Gerechtigkeit wäre darauf zu achten, dass kein neues erbliches Privatkapital entsteht und Unternehmensgewinne ab einer bestimmten Größenordnung im Erbfall an die Gemeinschaft zurückfallen.

Der technologische Fortschritt entwickelt sich mit großer Geschwindigkeit in Richtung einer Informationsgesellschaft, in der der Bildung im Wechselspiel mit der Arbeit eine immer größere Bedeutung zukommt.[509] Es ist denkbar und auch wünschenswert, dass der Arbeitsmarkt, wie wir ihn kennen, auf mittlere Sicht rapide an Bedeutung verliert, ausführende Tätigkeiten in automatisierten Arbeitsprozessen eher durch kreative und überwachende Tätigkeiten ersetzt werden und auch das Einkommen an das Weiterbildungsengagement geknüpft werden.

Dass die Digitalisierung und entsprechende Internetplattformen transparente Abstimmungsverfahren ermöglichen, wurde schon erwähnt. Das wird die Beteiligung von Bürgern eher erleichtern. Parteien mit ihren spezifischen weltanschaulichen Festlegungen und ihrer inneren Parteidisziplin werden an Bedeutung verlieren.

„Die Voraussetzungen für einen Übergang zu einer Big-Data-Demokratie und einem neuen ökologischen Sozialismus, zugeschnitten auf die Verhältnisse des 21. Jahrhunderts, sind gegeben."[510] Zusammen mit dem Widerstand gegen die digitale Sklaverei werden die „Vorbereitungen und Experimente, mit denen dies realisiert wird, und die ständigen Rückkopplungen [...] schließlich zu einer radikalen Demokratie mit digitaler Planung führen"[511].

Dieser Zukunftsprognose wollen wir nun weiter auf den Spuren einer Aktualisierung von Engels Auseinandersetzung mit dem Idealismus seiner Zeit und den aktuellen Diskussionen um einen „Öko-Sozialismus" folgen.

---

509 Im Folgenden s. A. a. O., S. 287-292

510 A. a. O., S. 291

511 A. a. O., S. 292

»Es ist der Sprung der Menschheit
aus dem Reiche der Notwendigkeit
in das Reich der Freiheit.«
(Friedrich Engels)

34. Die Utopie des Sozialismus

1880 veröffentlichte Friedrich Engels seine einflussreiche Schrift *Die Entwicklung des Sozialismus von der Utopie zur Wissenschaft*[512]. Engels erläutert auf knappen 40 Seiten die Entstehung der dialektisch-materialistischen Geschichtsauffassung und den Klassenkampf als Kern der geschichtlichen Triebkräfte. Damit sei, so Engels, der Idealismus auf dem Gebiet der Geschichtsauffassung „vertrieben" und der Kapitalismus könne wissenschaftlich analysiert werden.

Das Buch von Klaus Dörre spielt mit dem Titel seines Essays auf Engels an, es liest sich allerdings wie seine Umkehrung: *Die Utopie des Sozialismus. Kompass für eine Nachhaltigkeitsrevolution*[513]. Friedrich Engels hatte ebenso wie sein Freund Karl Marx seine wissenschaftliche Arbeit einst mit der Kritik der utopischen Vorstellungen

512 Friedrich Engels, *Die Entwicklung des Sozialismus von der Utopie zur Wissenschaft,* Marx/Engels, *Werke*, Bd. 19, Berlin 1962, S. 177 ff. Es handelt sich eine Broschüre, deren Text in der umfangreichen Arbeit *Herrn Eugen Dührings Umwälzung der Wissenschaft („Anti-Dühring)* enthalten ist. Marx/Engels, Werke, Bd. 20, Berlin 1962

513 Klaus Dörre, *Die Utopie des Sozialismus. Kompass für eine Nachhaltigkeitsrevolution*, 2. Auflage, Berlin 2022; Diese Veröffentlichung wird deshalb am Ende dieses Buches vorgestellt, weil sie einen ausführlichen Entwurf einer sozial-ökologischen Zukunft auf marxistischer Grundlage präsentiert, der umfangreiche, konkrete Vorschläge dafür in einer sozialistischen Perspektive gibt und eine gewisse Zusammenfassung der zuvor dargestellten Beispiele der „Parallelgesellschaft" bietet. Die Lektüre dieses Buches wird daher hier ausdrücklich empfohlen.

von Zeitgenossen begonnen, deren Ergebnisse als Historischer Materialismus[514] bezeichnet werden. Dörre schließt daran im Titel und zu Beginn seiner Schrift an, in der er feststellt, „dass Sozialismus heute wieder zur Utopie werden muss, um politisch wirken zu können“[515] und das mit einem Hauptziel, das der Titel bereits verrät: Nachhaltigkeit.

Diese sei deshalb notwendig, weil der Kapitalismus an zwei Grenzen gleichzeitig stoße, die er die ökonomisch-ökologische „Zangenkrise“[516] nennt. Nachhaltige, zukunftsfähige Gesellschaften müssten eine Antwort auf diese Problematik finden. Dörre glaubt, diese Antwort in den 17 Nachhaltigkeitszielen der Vereinten Nationen (UN)[517] gefunden zu haben.

Auf der Basis einer neuen Eigentumsordnung seien „Konturen nachhaltiger sozialistischer Gesellschaften“[518] auszumachen. Die Diskussion darüber, wie diese zukünftigen Gesellschaften zu bezeichnen sind, ist nicht neu und dauert an: „Postwachstumsgesellschaften“, „Postkapitalismus“, „ökologischer Sozialismus“ – davon war hier schon die Rede. Dörre schlägt seinem inhaltlichen Schwerpunkt folgend den Begriff des „nachhaltigen Sozialismus“[519] vor. Der Jenaer Professor für Industriesoziologie möchte damit die zwei aktuellen Hauptströmungen der politischen Diskussion zusammenbringen: „Nachhaltigkeit beinhaltet Antworten auf den ökologischen Gesellschaftskonflikt, sie schließt aber auch soziale Zielsetzungen ein.“[520]

---

514 Der Historische Materialismus ist eine Gesellschaftsphilosophie, die das gesellschaftliche Geschehen nicht von seinen herrschenden Ideen, sondern umgekehrt aus seinen materiellen Grundlagen und den daraus entstehenden Herrschaft- und Lebensverhältnissen erklärt.

515 A. a. O., S. 39; vgl. auch die Buchbesprechung von Georg Fülberth, *Sozialismus 3.0?* in: *Lunapark21* – Zeitschrift zur Kritik der globalen Ökonomie vom 20.05.2023: https://www.lunapark21.net/sozialismus-3-0/

516 A. a. O., S. 50 ff.

517 A. a. O., S. 97 ff.

518 A. a. O., S. 117 ff

519 A. a. O., S. 29 ff.

520 A. a. O., S. 31

Die Konturen nachhaltig sozialistischer Gesellschaften entwickelt er in einem ausführlich begründeten „Gegenentwurf", um über das „Bilderverbot"[521] der „Kritischen Theorie" hinauszukommen. Auf 32 Seiten kann man Dörres Programm eines „nachhaltigen Sozialismus"[522] im Detail nachlesen. „Heutzutage gehören die Karten auf den Tisch"[523], so Dörre.

Für seinen Gegenentwurf definiert er folgende Voraussetzungen:

> *„[T]ransformative Rechtsverhältnisse, die Nachhaltigkeitszielen einen Verfassungsrang geben; kollektives Selbsteigentum an und in großen Unternehmen; kooperative Marktwirtschaft mit kleineren Unternehmen; die Eckpfeiler von Wirtschaftsdemokratie; Produktionsweisen mit langlebigen Gütern; ein neues Verhältnis von Markt und Plan sowie Nachhaltigkeits- und Transformationsräte als Innovationen im politischen System"*[524].

Greifen wir drei Beispiele aus dem umfangreichen „Kompass für eine Nachhaltigkeitsrevolution" heraus. Was sind **„transformative Rechtsverhältnisse mit Verfassungsrang"**?

Gemeint sind damit Rechte in einem sozialistisch-ökologischen Übergang (transformativ), die gezielt hergestellt werden, um, so Dörre, „Veränderungen zu erreichen, und [sie] verlieren zumindest einen Teil ihrer Macht, sobald ein bestimmter Zweck erfüllt ist"[525]. Ein wichtiger Ansatzpunkt ist die Definition des Bruttoinlandsprodukts (BIP) in kapitalistischen Volkswirtschaften. Der sogenannte „Warenkorb" der die durchschnittliche Preisentwicklung für Waren und Dienstleistungen für private Haushalte misst und als

---

521 Damit ist Theodor Adorno und seine „Kritische Theorie" gemeint. Adorno wandte sich gegen konkrete Planungen einer nachkapitalistischen Produktionsweise.

522 A. a. O., S. 117-149

523 Ebenda

524 A. a. O., S. 117 f. Am 13. Oktober 2022 war Dörre Gast beim *Wiener Stadtgespräch* der *Arbeiterkammer Österreich* und trug seine im Buch ausformulierten Auffassungen in sieben Thesen vor. Die Veranstaltung wurde aufgezeichnet, und es ist empfehlenswert, sie sich im Internet anzusehen. https://www.youtube.com/watch?v=cWmzVrHU9vg

525 A. a. O., S. 119

„Verbraucherpreisindex“ (VPI) bezeichnet wird, wird über Statistiken bestimmt, die sich aus Erhebungen des privaten Einkommens und des Verbrauchs (VPI) sowie aus Wirtschaftsprognosen ergeben (Wägungsschema). Das ist in mehrfacher Hinsicht problematisch.

Ein Beispiel: „So verschleiern die Kriterien des BIP das Ausmaß ökologischer Zerstörung. Sämtliche Arbeiten, die wegen einer havarierten Ölbohrplattform und der anschließenden Ölpest anfallen, tragen zum Wirtschaftswachstum bei“[526], merkt Dörre an. Im Gegensatz dazu sind beispielsweise gesellschaftlich notwendige, aber nicht bezahlte Erziehungsarbeit von Kindern und Sorgearbeit für die private Pflege betagter Eltern nicht enthalten. Dörres Vorstellung eines „nachhaltigen Sozialismus“ unterscheidet sich vom Kapitalismus vor allem darin, „dass anstelle des Gewinnstrebens soziale Bedürfnisse, Kooperation, kollektives Lernen und solidarische Sozialbeziehungen die Dynamik bestimmen“ und sie „zur Gewohnheit werden“[527].

Nachhaltigkeitsziele mit Verfassungsrang bedeute, „die Wachstums- durch Entwicklungsziele zu ersetzen“[528] und sie in Artikel 14 (2,3) des Grundgesetzes aufzunehmen. Bei einem Verstoß gegen diese Ziele sieht das Grundgesetz dann die Sozialisierung dieser „Wirtschaftsakteure“ vor, die in Artikel 15 des Grundgesetzes verankert ist. In der eigens entwickelten Bilanzierungstechnik der *Regionalwert AG*, von der schon berichtetet wurde, ist dieses auf der Ebene des eigenen Unternehmens bereits umgesetzt und mehrfach ausgezeichnet worden.

Das zweite Thema und „heißeste Eisen“ sind „**kollektive Eigentumsformen in großen Unternehmen**“. Sie seien deshalb zwingend, da der „freie Wettbewerb“ nur auf dem Papier existiere. Tatsächlich hat sich eine enorme Zentralisierung der Kontrollmacht zugunsten der Finanzakteure herausgebildet, führt Dörre aus.

526 A. a. O., S. 120
527 A. a. O., S. 118
528 A. a. O., S. 120

> *„[I]nsgesamt [besitzen] etwa 43.000 international agierende Konzerne Kontrollmacht über andere Unternehmen. Aber nur 1318 Firmen beherrschen im Durchschnitt mindestens 20 andere und damit vier Fünftel des globalen Umsatzes. Von diesen Unternehmen bilden wiederum 147 eine ‚Supereinheit', die ca. 40 Prozent der globalen Unternehmensnetzwerke kontrolliert. Zu den 50 einflussreichsten Unternehmen zählen nahezu ausschließlich Banken, Fondsgesellschaften und Versicherungen."*[529]

Dies bedarf anderer, kollektiver Formen von Selbsteigentum. „Wohnkooperativen, Energie- und Agrargenossenschaften, Mitarbeitergesellschaften oder Einrichtungen einer solidarischen Ökonomie"[530], wie sie auch im Buch exemplarisch dargestellt wurde. Auch Staatshilfen sollten mit Verfügungsrechten für Beschäftigte bezahlt werden. Da sind die zuletzt üppig gezahlten „Corona-Hilfen" für Großunternehmen und die zahlreichen „Bankenrettungen" der letzten Zeit an vorderer Stelle zu nennen. „Sobald dergleichen geschähe", schlussfolgert Dörre, „würde die Sozialisierung von Entscheidungsmacht [...] zu einem Prozess, der einer Revolution ohne einmaligen Akt der Machtergreifung gleichkäme"[531].

Unter „**Planung: Bürgerhaushalte und Nachhaltigkeitsräte**"[532] finden wir Vorschläge und Forderungen, die den Unternehmen Nachhaltigkeitsziele von der Gesellschaft vorgeben und deren Einhaltung auch kontrollieren. „Planwirtschaft im Dienst von Maximalrenditen" werde durch demokratische Planung ersetzt. Eine Verteilungsplanung in „demokratisch zusammengesetzten Gremien" wird der Bevölkerung regelmäßig zur Abstimmung vorgelegt. Ziel ist eine Beteilung möglichst aller relevanter gesellschaftlicher Gruppen auf dezentraler Ebene. Transformations- und Nachhaltigkeitsräte,

529 A. a. O., S. 124
530 A. a. O., S. 126
531 A. a. O., S. 126
532 A. a. O., S. 140 ff.

die zur Hälfte aus gewählten Personen und zur anderen Hälfte aus Experten gebildet werden, kontrollieren die Umsetzung der abgestimmten Nachhaltigkeitsziele, auch die Einhaltung von fairen Löhnen und guten Arbeitsbedingungen wie auch die Verwendung von Staatshilfen. Sie erweitern damit nicht nur die parlamentarische Demokratie auf allen Ebenen, sondern auch die Realisierung ökologischer und sozialer Nachhaltigkeitsziele auf dem Weg in einen partizipativen Sozialismus.

Kritisch ist anzumerken: Bei der Orientierung auf die 17 Nachhaltigkeitsziele der Vereinten Nationen (Sustainable Development Goals – SDG)[533] ist Vorsicht geboten, denn hinter den allgemein gehaltenen Zielen verbergen sich zugleich mächtige Interessengruppen der führenden kapitalistischen Länder, insbesondere der Vereinigten Staaten mit ganz anderen, imperialistischen Zielen. Sie nutzen zu ihrer Durchsetzung erfahrungsgemäß alle Wege, auch den der Instrumentalisierung der Vereinten Nationen[534]. Aktuelles Beispiel sind die Planungen zu „15-Minuten-Städten" mit der Begründung, ob berechtigt oder nicht, verbrauchsbedingte Emissionen in den Bereichen Ernährung, Städtebau, Kleidung, Mobilität, Luftfahrt und Elektronik zu bekämpfen[535]. In Kanada hat kürzlich der Sprecher einer Bürgerdelegation öffentlich aufgedeckt, dass und wie die UN, das WEF und die WHO bereits zu Beginn der 1990er Jahre die Macht in seiner Gemeinde übernommen haben.[536] Danach stehe die Bezeichnung „SMART Cities für Folgendes: S stehe für Surveillance (Kontrolle), M für Monitoring (Überwachung), A für Analysis (Analyse), R für Reporting (Berichterstattung), T für Technology (Technologie).

533 A. a. O., S. 100

534 Ausführlich und aktuell dazu: *Markus Fiedler, Der Weg zum Climagate-Skandal (Teile 1-3)* bei *apolut*: https://apolut.net/der-weg-zum-climategate-skandal-1-von-3-von-markus-fiedler01/

535 Für eine erste Übersicht: *Die „C40 Städte" und ihre utopischen Klimapläne: Auf dem Weg zur Klima-Diktatur?* https://www.kettner-edelmetalle.de/news/die-c40-stadte-und-ihre-utopischen-klimaplane-auf-dem-weg-zur-klima-diktatur-28-08-2023

536 Ebenda

Unter dem Vorwand, den Planeten retten und bewahren zu wollen, seien die Städte die Tore zur digitalen Überwachung geworden. Digitale Ausweispapiere, Zentralbankwährungen und Kontrolle durch 5G-Mobilfunk könnten dazu dienen, Sperrzonen einzurichten. Der digitale Covid-19-Impfpass der EU sei laut dem Bürgersprecher an ein Sozialkreditsystem gebunden, um den Zugang zu privatem Geld, zu öffentlichen Diensten, zur Bildung oder sogar zur Nahrung zu verwehren. Mit der Einführung des geplanten staatlichen Grundeinkommens könnte gewünschtes Verhalten beliebig erzwungen werden. „All dies wird Klima-Lockdowns ermöglichen", resümiert der Bürgersprecher. 15-Minuten-Städte seien Wölfe im Schafspelz.

Die „Konturen nachhaltig sozialistischer Gesellschaften" sind nicht Bestandteil der Forderungen der Vereinten Nationen. Zu diskutieren wäre, ob eine Verknüpfung auf globaler Ebene notwendig oder möglich ist. In dieser Hinsicht ist die Eigentumsfrage selbstverständlich das heikelste Thema.

Diese steht auch in der bundesrepublikanischen Gesellschaft nicht im Zentrum der Diskussion oder wird vollständig umgangen. Ein „gutes Leben im Kapitalismus" genügt offensichtlich vielen. Die kollektiven Eigentumsformen, die Dörre vorschlägt, wie Wohnkooperativen, Energie- und Agrargenossenschaften, Mitarbeitergesellschaften, Einrichtungen der solidarischen Ökonomie benötigen im Kapitalismus[537] reale Bewegungen und mehr Demokratie durch Beteiligung der Bürger (Räteformen), um nicht im akademischen Raum zu verbleiben. In den vorherigen Kapiteln finden sich zukunftsweisende Beispiele dazu.

Um diese Forderungen in der Praxis umzusetzen, stellen sich folgende Probleme:

- Die intellektuelle Diskussion hat ihre Adressaten in der Gesellschaft noch nicht genügend erreicht. Vorschläge für praktikable Lösungen werden in der Breite zu wenig thematisiert.

537 A. a. O., S. 123 ff.

- Dazu gehört als Hindernis, dass das gegenseitige Verstehen der Denkweisen von Beschäftigten in Industrie, Handel und Dienstleistungen/sozialen Bewegungen und von Aktiven der Umwelt-/Klimabewegung sich noch in den Anfängen befindet und zu einem erheblichen Teil auch noch gegensätzlich ist.
- Klärungsbedarf gibt es bei der Rolle des Staates, insbesondere der Frage, welche Handlungsspielräume der kapitalistische Staat „Zukunftsgesellschaften" bei der Gestaltung von alternativen, systemkritischen oder systemkonträren Vorhaben zugesteht. Dies insbesondere dann, wenn in zentrale staatliche Machtbefugnisse bis hin zum privaten Groß-Eigentum eingegriffen wird.
- Die notwendige Erweiterung von partizipativen, beteiligungsorientierten Möglichkeiten der Bevölkerung vor allem an kommunalen und regionalen Entscheidungen hängt technisch mit den Möglichkeiten der modernen IT-Technologie zusammen. Sie bietet die Möglichkeiten von Bürgerabstimmungen, auch häufige, über entsprechende Plattformen. Dazu gibt es schon Praxiserfahrungen (u. a. Niederlande). Darum sollte diese Veröffentlichung von Dörre um bereits vorhandene Praxiserfahrungen in einer weiteren Auflage erweitert werden.[538]

Ob positive Veränderungen realisiert werden, hängt davon ab, ob die handelnden Menschen die Prinzipien des ökologischen Sozialismus überhaupt wollen. Nach Dörres eigenem Bekunden gibt es erste zarte Anzeichen dafür, die Hoffnung machen können, auch wenn die Suche nach dem „revolutionären Subjekt" noch andauert[539]. Da diese Kursänderungen in Richtung eines Öko-Sozialismus nicht von selbst vollzogen werden, bedarf es einer politischen Bewegung[540], die sich für die Umsetzung der Ziele einsetzt.

---

538 S. Abschnitt *Auf der Höhe der Zeit: Digitale Planung und radikale Demokratie* in diesem Buch.

539 Dörre, S. 218

540 So auch abschließend bei *Georg Jochum und Simon Schaupp, Die Steuerungswende*, in: Florian Butollo / Sabine Nuss (Hg.), *Marx und die Roboter*, a. a. O., S. 344

In den Gesprächen mit den Aktivisten und Initiativen ging es nicht um „die große Lösung“, sondern um vielfältige lokale und regionale Lösungen. Solche Beispiele können sich bald ausweiten, wenn sie sich als stabil und vorteilhaft erweisen. Ob sie aber dadurch unmittelbar zum „revolutionären Subjekt“ werden? Dabei ist ganz konkret eine der wichtigsten Fragen, inwieweit zunächst „im Kleinen“ neue Handlungsräume geschaffen werden können, die demokratisch organisiert, dezentralisiert sind und durch Transparenz kontrolliert werden können.

Zum Einsatz der Blockchain-Technologie befragt, schreibt Bernd Hückstädt (*Gradido*):

> *„Wir arbeiten an dezentral vernetzten Community-Servern, um deren Datenhoheit sich die Communities bzw. deren Mitglieder selbst zu kümmern haben werden, wenn sie verfügbar sind, ebenso wie um die Mitbestimmungsrechte innerhalb der Communities. Die Entwicklung der dezentral vernetzten Community ist Open Source, das heißt für jeden Fachkundigen offen zugänglich. Wir entwickeln agil, das heißt, welche Technologien in welchem Bereich zum Einsatz kommen, wird während der Entwicklung von Fall zu Fall entschieden. Dadurch verwenden wir jeweils die Technologie, die uns für den jeweiligen Zweck am besten geeignet erscheint. Ob und in welcher Form Blockchain-Technologie zum Einsatz kommt (und wenn ja, welche), entscheiden wir, wenn es soweit ist.“*[541]

Und Konstantin Kirsch (*Minuto*) antwortet so:

> *„Sicher erweitert Blockchain die Möglichkeiten. Doch sind diese erweiterten Möglichkeiten wirklich das, was die Menschheit braucht? Ich gebe ein krasses Gegenbeispiel: Auch Atombomben erweitern die Möglichkeiten der Menschheit […] Insofern bin ich als grundsätzlich Möglichkeiten-Suchender auch wissend, dass es*

541 So Bernd Hückstädt in einer schriftlichen Mitteilung an den Autor.

Möglichkeiten gibt, die die Menschheit nicht gehen sollte. Zurück zu Blockchain/Minuto: Blockchain mag das Vertrauen ersetzen. Der Minuto basiert auf Vertrauen (und dies soll auch nicht geändert werden). Insofern mag es vielleicht so kommen, dass globale Währungen auf Blockchain-Basis kommen werden (weil es auf globaler Dimension schwerer mit dem Vertrauen ist) und als Ergänzung, als sogenannte komplementäre Währung, kann der Minuto im Kreis der Vertrauten genutzt werden. Ich sehe darin eine gute Kombination und keinen Wettbewerb.

Zum Thema „Demokratie": Dieser Begriff ist leider schon sehr oft missbraucht worden und hat in meinen Augen dadurch deutlich an Glanz verloren. Unter anderem, weil die USA schon mehrfach sich bemühten, fremde Länder mit Bomben zur Demokratie zu bekehren. Wenn unter Demokratie nicht Bomben, sondern ‚weitreichende Mitbestimmung' gemeint ist, dann ist seit eh und je das Geld der alltägliche demokratische Wahlzettel, mit dem man nicht nur alle 4 Jahre abstimmt, sondern mit dem man laufend, täglich, stündlich, minütlich entscheidet und mitbestimmt, was man kauft und das, was man kauft, wird (meist) wieder produziert und das, was keiner kauft, wird nicht mehr hergestellt.

Es gibt auch die demokratische Abstimmung mit den Füßen: Das ist dann der Fall, wenn es mehrere Geldsysteme gibt. So wird der Euro, ein Blockchain-Geld, ein x-beliebiges Regiogeld oder der Minuto entweder benutzt oder nicht. Und diejenigen Geldsysteme, die von vielen Menschen benutzt werden, sind die, die gewählt wurden. Ich sehe den Minuto eher als etwas Anarchistisches als etwas Demokratisches (die Mehrheit entscheidet), denn beim Minuto entscheidet der Einzelne in Selbstermächtigung und Selbstverantwortung, quasi als Souverän, als allerkleinste Keimzelle des Staates (also kleiner als die Familie). Die Demokratie entsteht daraus einfach, indem man den Minuto nutzt oder nicht[,] und was man mit dem Minuto (und anderen Währungen) kauft oder nicht.

> *Noch ein Nachtrag zur Blockchain: Ich persönlich sehe in digitalen Währungen keine Zukunft. Sobald der stabile Strom wegfällt, ist diese Möglichkeit schnell eine Illusion, eine reine Erinnerung an frühere Zeiten (als der Strom noch stabil zur Verfügung stand).“*[542]

Die Blockchain-Technologie,[543] die die technische Basis für Kryptowährungen bildet, ist ein Regelwerk auf der Basis von Transaktionen, die im Einvernehmen der Beteiligten miteinander stattfinden und in Protokollen, ähnlich einer Buchhaltung, festgehalten werden. Die Transaktionen (Geldbewegungen) werden durch klare mathematische Regeln (Werte) definiert, die öffentlich präsentiert, aufgezeichnet und umgesetzt werden und so genau den Anwendungsfall beschreiben.

Sehr kritisch sieht hingegen der renommierte Finanzjournalist Norbert Häring die von vielen verbreitete Euphorie über die Möglichkeiten der Blockchain-Technologie.

> *„Ich glaube nicht daran, dass sich durch technologische Neuerungen die Machtverhältnisse zulasten der sogenannten Eliten und zugunsten der Massen nachhaltig ändern lassen. Technologien sind Machtinstrumente und die Mächtigen bemächtigen sich in aller Regel ihrer. Allenfalls die Rangfolge unter den Mächtigen ändert sich, je nachdem, welche Fraktion den besten Zugriff bekommt.“*[544]

Der südafrikanische Autor und ehemalige Broker Brett Scott empfielt Geld- und Gesellschaftsreformern:

> *„Die Nutzung der Blockchain-Technologie dafür, das uralte System des informellen, zeitversetzten Gebens und Nehmens auf Vertrauensbasis unter Freunden oder Clan-Mitgliedern für die moderne Zeit und die Massengesellschaft zu revitalisieren: in Form von Rippling Credit oder Kettenkredit […] Dabei geben sich Menschen*

542 So Konstantin Kirsch in einer schriftlichen Antwort an den Autor.
543 blockchain: engl. für Blockkette
544 So in einem Schreiben an den Autor vom 27.12.2022.

> *(oder Organisationen), die sich kennen und vertrauen, gegenseitig Kreditlinien, die mithilfe der Blockchain-Technologie zu einem Netz verknüpft werden. Wenn das so funktioniert[,] wie beabsichtigt, kann das gleichzeitig als ein lokales Zahlungssystem Gemeinschaften näher zusammenbringen und diese als globales System mit der weiteren Welt verbinden […]*"[545]

Diese Idee überzeugt: Lokal beginnen und die Möglichkeiten ausloten, das Projekt weiter auszubauen. „Trustlines" (engl. Vertrauenslinien) sind danach nichts anderes als lokale Währungen, die besonders gut in abgegrenzten Gemeinschaften funktionieren. Das kann vor allem einige Auswirkungen auf das lokale und regionale Unternehmertum des Mittelstands haben und ein Schritt in Richtung Demokratisierung des Geldverkehrs bedeuten, wenn die Ware „Information" dem bisherigen Bankensystem entzogen und sie in eigene Netzwerke und Organisationsstrukturen überführt wird.

Es braucht Pioniere, die mit Visionen – häufig ausgelöst durch persönliche Schlüsselerlebnisse – den Anstoß geben, einem „Forscherinteresse" zu folgen und nach Wegen zu suchen, um diese dann gesellschaftlich anschlussfähig zu machen. Auch wenn der Weg dorthin über Irrwege führt. „Man muss seiner Intuition, seinen Spinnereien ein bisschen vertrauen," sagte Anton Zeilinger, Quantenphysiker und Nobelpreisträger für Physik 2022. „Die Begründung kann falsch sein, aber die Idee ist richtig."[546]

---

545 Norbert Häring, Leseempfehlung: *Cloud Money: Cash, Karte oder Krypto* von Brett Scott vom 13.10.2022; https://norberthaering.de/buchtipps/cloud-money/

546 Anton Zeilinger in der Universität Wien am 06.10.2022; https://www.youtube.com/watch?v=TYwp9Ush6hk

»Marx ist immer anregend.«
(Thomas Kuczynski)[547]

35. Wohin führen die weltweiten Proteste?

Um die weltweiten Proteste, ihre Reichweite und ihr mögliches politisches Potential einschätzen zu können, lohnt es, sich die Ausführungen von Frank Deppe näher anzuschauen. Der Marburger Politikwissenschaftler äußert sich in seiner politischen und persönlichen Bilanz[548] zu den weltweiten Protesten und prognostiziert eine Zunahme dieser Bewegungen. Dabei geht er auf unterschiedliche Varianten und Klasseninteressen ein. Berücksichtigen muss man, dass er dies ein Jahr vor Beginn des Ukraine-Krieges schrieb, die aktuellen Entwicklungen also nicht berücksichtigt werden konnten. Doch geht es uns hier vor allem um seine Analyse der grundsätzlichen Tendenzen gesellschaftlicher und politischer Antworten auf die zugespitzten Krisen in hochentwickelten kapitalistischen Staaten.

Deppe identifiziert drei verschiedene Verlaufsformen sich abzeichnender Protestbewegungen:

Die erste Ausrichtung, die er beschreibt, ist **eine rückwärtsgewandte Politik**: Diese Ausprägung ist in der Bundesrepublik, aber nicht nur hier, politisch rechts, „national" ausgerichtet, favorisiert eine „nationale Interessenvertretung" und sympathisiert auch mit

547 Aus einem Nachruf von Joachim Bischoff und Gerd Siebecke auf Thomas Kuczynski, der am 19.08.23 starb. https://www.sozialismus.de/kommentare_analysen/detail/artikel/marx-ist-immer-anregend/

548 Frank Deppe, *Sozialismus. Geburt und Aufschwung – Widersprüche und Niedergang – Perspektiven*, Hamburg 2021, S. 345 ff.

autoritären politischen Lösungen bis hin zu „völkischen Elementen". Angefeuert wird diese Vorstellung von den Migrationsbewegungen in der Folge von Kriegen und Massenarmut, aber auch durch die politisch gewollte Migration, die in der Bundesrepublik von der regierenden Ampelkoalition gefördert wird. Da diese Strömung auf eine Stärkung oder Wiederherstellung des nationalen Kapitalismus und den Schutz des Kleineigentums setzt, rekrutiert sich ihre soziale Basis vor allem aus abstiegsbedrohten Kleinbürgern, Industriearbeitern und den Unterschichten sowie Kleinrentnern. Wirtschaftliche, finanzielle und soziale Herausforderungen wie explodierende Energiepreise und Mieten, hohe Inflationsraten, Insolvenzen, Arbeitslosigkeit, Betriebsverlagerungen ins Ausland und De-Industrialisierungstendenzen sind die ökonomischen Grundlagen für Forderungen nach einer neoliberalen Politik „für Deutsche". Diese populistischen Positionen können bei weiterer Zuspitzung der Krisen auch dazu führen, dass einflussreiche Kapitalkreise die „rechte Karte" ziehen und offen autoritäre, auch separatistische Regimes unterstützen. Weltwirtschaftskrisen haben dies in der europäischen Geschichte gezeigt. Wahlumfragen und -ergebnisse deuten auf einen nahezu erdrutschartigen Vertrauensverlust in politische Parteien, Parlamente und den Staat hin.

Die in diesem Buch nicht behandelten Strömungen dieser politischen Ausrichtung verstehen sich als Sammlungsbewegungen, können aber wie etwa die „Freie Sachsen" als Beispiel gelten: „Und längst ist der Ruf nach einem freien, unabhängigen Sachsen nicht mehr nur von einer kleinen Gruppe zu hören, sondern von immer mehr stolzen Sachsen, die sich ihr sächsisches Selbstbewusstsein zurückgeholt haben [...] Wir wollen als freie Sachsen in einem freien Sachsen leben!"[549] Diese und ähnliche Sammlungsbewegung sind regional verankert mit zum Teil bundesweiter Ausstrahlung. Dazu zählen auch „Sammlungsparteien", die in der aktuellen Bundespolitik

549 https://freie-sachsen.info/

einen angeblichen „Öko-Sozialismus“ heraufziehen sehen. So der öffentlich gewordene Plan des Goldhändlers (ehemals Degussa) Krall, der möglicherweise gemeinsam mit dem ehemaligen Präsidenten des Bundesamtes für Verfassungsschutz, Hans Georg Maaßen, wahlpolitisch mit einer neuen Partei „die Mitte“ füllen will – „rechts von der CDU und links von der AfD“, mit der er wohl eine Zusammenarbeit beabsichtigt. Nach einer ersten Veröffentlichung in Internetmedien hat er tatsächlich Folgendes vor: „Den totalen Rollback von dann 20 Jahren Ampel-Murks&Merkel, das Antibiotikum gegen die dumme, woke, gegenderte, klimahysterische, wohlstandsfeindliche, Bürger und Leistungsträger hassende Kopfkrankheit, die dieses Land beherrscht [...] Atlas wirft die Welt ab“[550]. Kein Witz. An den notwendigen Finanzmitteln für den Wahlkampf wird dieses Projekt jedenfalls nicht scheitern.

Die zweite Bewegungsausrichtung bezieht sich auf den **Neustart („Re-Set“) des Klaus Schwab**, den Deppe als Verfechter eines Reformansatzes zur Erhaltung des globalen Kapitalismus charakterisiert. Schwab strebe die Kooperation mit linksliberalen und sozialdemokratischen Parteien sowie sozialen Bewegungen an, insbesondere mit der Klimabewegung und sei damit „der Exponent“ eines durch Reformen systemerhaltenden globalen Kapitalismus. Nach aktuellen Veröffentlichungen des Wirtschaftsjournalisten und Autors Ernst Wolff ergibt sich allerdings ein ganz anderes Bild.[551] Wolff schreibt, „dass das *World Economic Forum* (WEF) [es] seit seiner Gründung 1971 geschafft [habe], zu einer Schaltzentrale globaler Macht zu werden. Seit über 50 Jahren versammelt es die Spitzen aus Politik, Wirtschaft, Wissenschaft, Medien, Gewerkschaften, NGOs, Kultur und Kirchen, vernetzt sie untereinander und bringt sie mit den reichsten Menschen der Welt zusammen. Zudem bildet es seit mehr als 30 Jahren die

---

550 https://reitschuster.de/post/kommt-jetzt-ein-politik-beben-maassen-und-krall-wollen-partei-gruenden/

551 Verlagstext zu: Ernst Wolff, *World Economic Forum. Die Weltmacht im Hintergrund*, Hamburg 2023

korporative und politische Elite der Welt aus. Ob Bill Gates, Jeff Bezos, Jack Ma aus der Wirtschaft oder Angela Merkel, Emmanuel Macron, Viktor Orban oder Wladimir Putin aus der Politik – sie alle sind als ‚Global Leaders for Tomorrow' oder als ‚Young Global Leaders' durch die Schule des WEF gegangen." Zudem spielt das WEF mindestens eine koordinierende Rolle bei der Vorbereitung und Durchführung der weltweiten Corona-Maßnahmen (Impfungen, Lockdowns u. a.) sowie insbesondere bei der Einführung eines digitalen Zentralbankgeldes. Daher kann man beim WEF von einer Schaltzentrale des transatlantischen, vor allem digital-finanziellen Kapitals sprechen. In einer aktuellen Veröffentlichung präzisiert Deppe seine Position dahingehend, dass die Pläne von Schwab scheitern werden, weil ihrer Realisierung die Profitlogik der Finanzmarktkapitalisten, vor allem der USA entgegenstünden. Stattdessen hätte „eine linke Koalitionsregierung antikapitalistische Strukturreformen durchzusetzen." Darunter „drastische Eingriffe zur Regulierung des Finanzsektors" und „zum Abbau der Einkommens- und Vermögensunterschiede."[552]

Bei der dritten Bewegungsausrichtung geht es laut Deppe um **sozialistisch geprägte Perspektiven**. Deren Erfolgsaussichten seien sehr wesentlich (auch aus der geschichtlichen Erfahrung abgeleitet) von einem Lernprozess geprägt, in dem „kollektive Intellektuelle" (Gramsci) unterstützt von politischen Bewegungen in der politischen Öffentlichkeit die Interessen dieser Klassen und Bewegungen zu vertreten vermögen. Daraus entstünden auch Führungsgruppen und charismatische Führungspersönlichkeiten. Aus den Berufsgruppen der Juristen, Ärzte, Journalisten, Politologen und anderen kennen wir inzwischen eine ganze Reihe von Persönlichkeiten, die in den letzten drei Jahren in diese Rolle gelangt sind und sie mit politischem Einfluss in den Bewegungen vertreten. Deppe bezieht sich auf den britischen Sozialtheoretiker David Harvey, den er auszugsweise zitiert:

552 Frank Deppe, *Machtverschiebung in die linke Mitte?* In: Frank Deppe/Georg Fülberth/André Leisewitz (Hg.), *Fortschritt in neuen Farben? Umbrüche, Machtverschiebungen und ungelöste Krisen der Gegenwart*, Köln 2022, S. 14 ff.

> *„Das Kapital wird weder mit einem großen Knall noch einem großen Wimmern enden, sondern zum Geräusch zahlloser platzender Blasen in der ungleichen geographischen Landschaft eines müde akkumulierenden Kapitals. […] Immer häufiger sind episodische Ausbrüche des Volkszorns zu beobachten.“*[553]

Das „ewige exponentielle Wirtschaftswachstum ohne eine erkennbare materielle Basis“ heize diese Konflikte ständig von neuem an.[554]

Deppe beschäftigt sich aber nicht nur mit Verlaufsformen von Protestbewegungen, sondern führt darüber hinaus an, welche Wege für eine linke Perspektive des sozialen Wandels er sieht:

„Der erste Weg beginnt mit der Kritik und dem Widerstand gegen Herrschaftsverhältnisse, die mit Fremdbestimmung, Ausbeutung und politisch-kultureller Unterdrückung verbunden sind […]“[555] Auf der Basis der universellen Menschenrechte und Menschheitsinteressen auf Frieden und eine intakte Umwelt gehe es um **soziale und politische Reformen** für die Verteidigung der Demokratie, Sozialstaatlichkeit, Wirtschaftsdemokratie und nachhaltiges Wachstum. Dabei seien auch parlamentarische Mehrheiten für diese Ziele nicht unerheblich. Auf dem Hintergrund der sich national und international weiter zuspitzenden Krisen und der weitgehenden Unfähigkeit (und Unwilligkeit) der kapitalistischen Gesellschaften und ihrer Führer, würden diese Krisen nicht mehr integrativ gelöst werden können. Daraus könnten neue politische Verbindungen zwischen Sozialbewegungen mit Kapitalismuskritik und sozialistischen Kräften entstehen. Dies ist, zumindest in der Bundesrepublik noch ein weiter Weg, der die Aufnahme von zielführenden Diskussionen zur Voraussetzung hat.

Die nächste Methode seien **Basisbewegungen in der Zivilgesellschaft**, die freie, selbstverwaltete autonome Gebiete anstreben.

553 Frank Deppe, *Sozialismus*, a. a. O., S. 349
554 Ebenda
555 Ebenda

Darauf komme es hauptsächlich an. Die Bedeutung, die ein stabiler öffentlicher Wirtschaftssektor (vor allem bei Energie und Mobilität) und eine funktionierende Infrastruktur haben, nimmt in der öffentlichen Wahrnehmung zu. Einen Gedanken von Wolfgang Streeck aufgreifend, könne eine „kommunale Fundamentalökonomie" als Grundlage und Ausgangspunkt einer neosozialistischen Programmatik fungieren, die „wieder an reale Produktions- und Reproduktionsprozesse anschließt"[556]. Diese Bewegungen laufen weniger Gefahr, von politischen Parteien absorbiert zu werden, so Deppe. Allerdings warnt er, auch aus den Erfahrungen sozialer Bewegungen in der Bundesrepublik vor der Verlockung und der Gefahr, z. B. durch Parteineugründungen, vom herrschenden politisch-parlamentarischen System absorbiert und am Ende sogar zu Verfechtern des Systems zu werden. Die Entwicklung der Partei *Die Grünen* (und inzwischen auch der Partei *Die Linke*[557]) zeigt, wie aus einer anfänglichen systemkritischen Umwelt- und Friedenspartei eine Partei wurde, die inzwischen zu den härtesten „Menschenrechtsbellizisten"[558] und Kriegsbefürwortern transformiert ist.

Die Entwicklungs- und Schwellenländer in denen Militärdiktaturen, Kriege und Bürgerkriege mit all ihren schrecklichen Folgen herrschen, sind ein möglicher dritter Weg. Die Eroberung der Staatsmacht durch Militärputsche wie aktuell im afrikanischen Niger und die Befreiung von europäischen Kolonialmächten könnten die nächsten großen Herausforderungen werden. Oft folgen diesen Machtübernahmen Landreformen, Wiederinbesitznahme der nationalen Rohstoffe und Bodenschätze, Ausbau von Genossenschaften und ähnlichem, verknüpft mit sozialistischen Vorhaben. Die neue Macht organisiert dann die Bekämpfung des Hungers und der Armut,

556 Frank Deppe, *Überlegungen zur Sozialismusdebatte im 21. Jahrhundert*, in: Kim Lucht / Frank Deppe / Klaus Dörre (Hg.), *Sozialismus im 21. Jahrhundert?* Hamburg 2023, S. 23; vgl. auch das Kapitel 37 *Revolution von ganz unten* in diesem Buch.

557 Vgl. Sven Brajer, *Die (Selbst)Zerstörung der deutschen Linken. Von der Kapitalismuskritik zum woken Establishment,* Wien 2023

558 Kriegstreiber im Namen eines angeblichen Schutzes von Menschenrechten

den Gesundheitsschutz, Alphabetisierung und Minderheitenschutz. Das Entstehen solch erfolgreicher sozialer und wirtschaftlicher Gegen-Welten kann die westlichen, europäischen Unterdrücker in Angst und Schrecken versetzen.

Auf der 78. UN-Vollversammlung im September 2023 kam es zu einer harten Konfrontation von Staaten des „globalen Südens" mit der neoliberalen Hegemonie des „globalen Westens". „Die neoliberale Weltpolitik steht in New York am Pranger."[559] Die links-gerichteten Staatspräsidenten von Kolumbien, Brasilien, Argentinien, Bolivien, Honduras, Chile und Kuba kritisierten in scharfen Worten das internationale Finanzsystem und den Krieg in der Ukraine. Boliviens Präsident Arce machte den Kapitalismus als Hauptverursacher verantwortlich:

> *„Das grausame System der kapitalistischen Ausbeutung stellt die Produktion und Reproduktion des Kapitals über den Schutz des Lebens der Menschen und der Existenz des Planeten."*[560]

Die Vollversammlung, die einer Zwischenbilanz der Agenda 2030 und der Umsetzung der 17 Nachhaltigkeitsziele der UN diente, war auch hinsichtlich dieser Ziele eine einzige Generalabrechnung mit der Doppelzügigkeit des Westens. Aber „grünes Kapital" als Lösung agiere nur dort, wo es Profit gebe, so der kolumbianische Präsident Petro.[561] Eine dekarbonisierte (CO2-arme) Wirtschaft erfordere zudem eine Reform des Systems der multilateralen Entwicklungsbanken und des *IWF*. Gefordert sei eine demokratische, „nicht imperiale" Sichtweise.

„Die Menschen machen", wie Marx einmal sagte, „ihre eigene Geschichte, aber sie machen sie nicht aus freien Stücken, nicht aus selbstgewählten, sondern unmittelbar vorgefundenen, gegebenen und überlieferten Umständen"[562].

---

559 https://amerika21.de/2023/09/265988/lateinamerika-78-un-generalversammlung
560 https://www.nachdenkseiten.de/?p=104325
561 https://www.nachdenkseiten.de/?p=104325
562 Karl Marx, 18. Brumaire d. Louis Bonaparte, MEW Bd. 8, Berlin 1960, S. 115

36. Der Kampf um die Meinungsführerschaft und die Psychologie der Mitläufer

In den letzten Jahren sind die Grundlagen unserer Gesellschaft massiv beschädigt oder nachhaltig zerstört worden. Die Frage, die uns am Ende dieses Buches beschäftigt, lautet: Wie geht es nun weiter?

Eine mögliche, dennoch nicht ganz befriedigende Antwort darauf könnte lauten: „Wir benötigen ein gesellschaftliches und politisches Projekt“, wie bereits von Erik Olin Wright erwähnt, „das sich im Kampf um reale Demokratie in Wirtschaft, Staat und Gesellschaft verankert sieht“[563].

Dieser Ansatz, ein langfristiger und reformistischer Weg, strebt danach, den Kapitalismus zugunsten einer demokratischen, egalitären und solidarischen Wirtschaft und Gesellschaft zu überwinden. Und es ist ein langer Weg.

Es ist unbestreitbar, dass ein erster Schritt in Richtung dieses Ziels darin besteht, dass mehr solcher Projekte entstehen müssen, die die Menschen dazu bewegen, aktiv an einer zukünftigen Gesellschaft mitzuarbeiten, die für sie lohnenswert erscheint. Gallische Dörfer gewissermaßen. Den Kapitalismus dadurch zu überwinden, ist letztendlich notwendig, dürfte aber nicht das Ziel der meisten Aktivisten der Parallelgesellschaft sein. Auf dieses Fernziel kommt es im Moment auch nicht an, sondern darauf, die unmittelbaren Bedrohungen abzuwehren, die Freiheit und die Grundrechte zurückzuerobern und daraus eine Erweiterung der tatsächlichen Demokratie zu erkämpfen. In diesem Sinne ist auch Wright zu verstehen.

Die aktive Beteiligung der Menschen an ihren ureigensten Anliegen und Interessen, sei es in den Bereichen Gesundheit,

---

563 E. O. Wright, *Reale Utopien,* a. a. O., S. 10 ff.

Wohnen, Energie, Arbeit oder Ernährung, ist dafür notwendig, um nur ein paar dieser Sektoren zu nennen. Einige prägnante Beispiele wurden vorgestellt, sie sollen als Vorbild und zur Ermutigung dienen. Wobei hier mit den „handelnden Menschen" nicht die politische Elite oder die großen Kapitalbesitzer gemeint sind, die die Produktionsmittel beherrschen. Vielmehr sind es die Menschen, denen wir im Alltag begegnen, sei es in Vereinen, in Stadien als Fußballfans, in Bildungseinrichtungen, in Familien, als Kulturkonsumenten, im Handel, in der Medienlandschaft, auf Geburtstagsfesten, in der IT-Branche oder als Konsumenten von Unterhaltungsmedien.

Viele, die die Ereignisse in den letzten drei Jahren aufmerksam beobachtet und sich umfassend informiert haben, fragen sich, ausgesprochen oder nicht: Wann stehen endlich mehr Menschen auf, um sich aktiv zu wehren? Die Pläne, die Maßnahmen und die Folgen für Millionen Menschen sind doch so offensichtlich, dass der Widerstand dagegen zwingend sein muss! Sehen die Menschen das denn nicht? Wann kippt der Normalzustand der politischen Passivität der Bevölkerung in aktive Gegenwehr um?

Um Antworten auf diese Fragen zu finden, lohnt es, bei dem italienischen Politiker und Philosophen Antonio Gramsci[564] nachzulesen. Gramsci brachte den Begriff der Hegemonie (Vorherrschaft) als eine Strategie in die Diskussion, in der die „herrschende Gruppe" über die potentiell gewaltsame Dominanz hinaus auf einem Konsens beruht. Dabei gelingt es ihr, ihre Interessen als Interessen der Allgemeinheit darzustellen. Wir erinnern uns an die Aufforderung, dass impfen „solidarisch" sei; an Kirchen konnte man Plakate mit der Aufschrift „Impfen ist Christenpflicht" lesen. Im besten Fall gelingt es der „herrschenden Gruppe", den „‚aktiven Konsens' der Regierten zu sichern (Gramsci)"[565]. Das bedeutet, dass neben dem Einsatz von

---

564 Antonio Gramsci (1814-1937) war ein italienischer Schriftsteller, Politiker und marxistischer Philosoph. Von 1927-1937 durch die italienischen Faschisten inhaftiert. Er starb an den Folgen der Haft und verfasste dort seine berühmten „Gefängnishefte".

565 Erik Berg, *Steinbruch Gramsci. Hegemonie im internationalen politischen System,*

sozialen Zugeständnissen (Corona-Beihilfen, Überbrückungsgelder usw.) vor allem ein gesamtgesellschaftliches Einverständnis im Hinblick auf die Richtigkeit der aktuellen sozialen Ordnung hergestellt werden kann. Das Ziel der Meinungsmonopolisten ist erreicht, wenn sich dies im Alltagsverstand als normal, als „neue Normalität" festgesetzt hat. Damit ist dann das vermeintlich Private nicht mehr privat, sondern unter der Hand zu einem Wirkungsfeld der politisch „herrschenden Gruppe" geworden.

Diese Beobachtungen, vor allem aus den letzten drei Jahren, werden viele bestätigen. Die Vorherrschaft auf friedlichem Wege durch ein kollektives Einverständnis aufrechtzuerhalten, ist problematisch, vor allem, wenn sich herausstellt, dass die offiziellen Erklärungen Behauptungen ohne Grundlage sind oder einfacher gesagt: gelogen sind. Dann versucht man es mit Gewaltmaßnahmen.

In den letzten Jahren hat sich jedoch gezeigt, dass dieser Ansatz zunehmend weniger funktioniert. Der Sozialstaat erodiert, finanzielle Spielräume für sozialstaatliche Kompromisse schrumpfen, während Steuergelder in Kriegswaffenlieferungen und andere verschwenderische Ausgaben fließen.

Dies hat zur Folge, dass der Vertrauensverlust in die „politische Gesellschaft" immens ist. Umfragen von 2022, durchgeführt von der US-amerikanischen PR-Agentur *Edelman*, zeigen, dass viele Bürger Regierungen und Medien als spaltende Kräfte in der Gesellschaft betrachten. Nur eine Minderheit vertraut Regierungsvertretern und Journalisten.[566]

Angesichts dieser Entwicklungen suchen viele Menschen verzweifelt nach Auswegen, um mit der zunehmenden Unsicherheit

---

IZW – Blätter des Informationszentrums 3.Welt, Nr. 256; https://web.archive.org/web/20030911035454/http://www.sopos.org/aufsaetze/3bbdcd9ea0c9f/1.html

566 Die Ergebnisse des 2022er Vertrauensbarometers sind, dass „48 % der Befragten Regierungen und 46 % die Medien als spaltende Kräfte der Gesellschaft betrachten. Nur 42 % schenkten Regierungsvertretern und 36 % Journalisten Vertrauen." Zitiert nach: Ullrich Mies (Hg.), *Auswandern oder Standhalten … Politisches Exil oder Widerstand?* Groningen 2023; dieser Trend setzt sich fort.

umzugehen. Die wachsende Kluft zwischen dem Reichtum der „0,1 Prozent“[567] und dem Lebensalltag in einer „Abstiegsgesellschaft“ in den unteren Gesellschaftsschichten führt zu Zynismus, politischer Apathie und Dekadenz. Oben schwelgt man im Luxus, während unten Massenkultur, Privatfernsehen, Sportereignisse und der Konsum von Alkohol und anderen Drogen zur De-Mobilisierung („Entwaffnung“) der Klasse dienen.[568]

Soziale Probleme werden nicht mehr als gesellschaftliche Konflikte wahrgenommen, sondern die Selbstoptimierung oder das Akzeptieren des Übels stehen im Vordergrund. Dies wird über vielfältige Angebote geschickt vermarktet und gezielt in die Zivilgesellschaft eingeführt, was sich im Alltagsverhalten der Menschen deutlich zeigt.

Es ist daher dringend erforderlich, Aufklärung sowohl auf theoretischer als auch auf praktischer Ebene zu betreiben. Intellektuelle spielen dabei eine wichtige Rolle, indem sie die aktuelle Situation bewerten, öffentlichkeitswirksam auftreten und Alternativen vorschlagen. Denn viele Menschen sind im Alltag stark eingespannt und haben kaum Zeit, sich umfassend mit diesen Themen zu beschäftigen oder keinen Zugang zu wichtigen Informationen.

In den letzten Jahren haben sich zahlreiche Intellektuelle aus verschiedenen Bereichen wie Medizin, Jura, Journalismus und Politik zu Wort gemeldet. Sie haben Bücher geschrieben, Interviews gegeben, schriftliche Beiträge verfasst und alternative Kommunikationskanäle genutzt, um ihre Standpunkte zu verbreiten. Einige von ihnen haben sich durch ihren beharrlichen Widerstand zu quasi moralischen Instanzen und Vorbildern entwickelt, denen immer mehr Menschen auf der Suche nach Antworten auf ihre Fragen folgen. Diese Intellektuellen werden jedoch von der etablierten Presse, dem Fernsehen sowie

567 Hans Jürgen Krysmanski, *0,1 Prozent. Das Imperium der Milliardäre*, Frankfurt am Main 2012

568 Vgl. Frank Deppe, *Sozialismus. Geburt und Aufschwung – Widersprüche und Niedergang – Perspektiven*, Hamburg 2021, S. 346

Justiz und Polizei massiv bekämpft, da sie die zugrunde liegenden Machtstrukturen, Lügen und Ziele hinter den vermeintlichen Wohltaten aufdecken und damit den gewollten Konsens infrage stellen.

Die Dominanz der herrschenden Klasse ist also nie unumstritten, sondern immer umstritten und umkämpft. Dies zeigt sich deutlich in den Medien und in Gerichtsverfahren, nicht nur in Deutschland, sondern weltweit.

Abseits der aktuellen Kriegsgefahr ist das dominierende Thema weltweit die Angstkampagne vor einer neuen „Virusgefahr", begleitet von Ankündigungen neuer Impfkampagnen, Maskenpflichten und möglichen Lockdowns. Diese Maßnahmen, die die Freiheit der Bürger erheblich einschränken können, werden immer mehr auf Skepsis, Widerstand und Ablehnung stoßen. Informationen über die Folgen der Impfungen, darunter dauerhafte Schäden und eine noch unbekannte Todesrate, werden immer bekannter. Die wahren politischen und finanziellen Ziele der Pharmaindustrie und anderer Akteure werden transparenter. Es wird offenbar, wie einfach diese „Pandemie" hätte vermieden werden können. Kliniken werden geschlossen oder gehen in die Insolvenz.[569] Prominente Persönlichkeiten äußern sich vermehrt kritisch. Immer mehr Menschen konsumieren alternative Medien und beginnen, die bisherige Erzählung zu hinterfragen. Sie erkennen, dass die Interessen der Mächtigen nicht ihren eigenen Interessen entsprechen. Dennoch ist die Mehrheit noch nicht auf diesem Pfad des Erwachens. Und: die weitverbreitete Passivität kann in Mitläufertum umschlagen.[570]

---

569 Vgl. dazu die aktuellen Zahlen und Bericht bei der Initiative *Gemeingut in BürgerInnenhand*: www.gemeingut.org

570 Vgl. zum Folgenden: Wilfried Schwetz, *Zur Psychologie des Mitläufers: Ein Versuch über linkes Mitläufertum auf einen Text von P. Brückner;* https://magma-magazin.su/2023/04/wilfried-schwetz/zur-psychologie-des-mitlaeufers-ein-versuch-ueber-linkes-mitlaeufertum-auf-einen-text-von-peter-brueckner/; Dieser Beitrag bezieht sich wiederum auf: *Peter Brückner, Zur Psychologie des Mitläufers,* in: Axel R. Oestmann (Hg.), *Peter Brückner: Zerstörung des Gehorsams. Aufsätze zur politischen Psychologie,* Berlin 1983; der Text ist auch in folgendem Sammelband wiedergegeben: Peter Brückner, *Ungehorsam als Tugend. Zivilcourage, Vorurteil, Mitläufer mit einem Vorwort von Barbara Sichtermann,* Berlin 2018, S. 15 ff.

Die Masse der Mitläufer, in unserem Fall des Corona-Managements, kommt aus der allgemeinen Bevölkerung. Das größte Reservoir für Mitläufertum sind politisch Indifferente, also Unentschiedene, die keine eigene Distanz zu den Geschehnissen mehr haben und bei wachsendem Meinungsdruck in kurzer Zeit zur Mehrheitsmeinung übergehen. Eine mangelnde Ich-Schwäche führt dazu, aus Angst das eigene Milieu zu verlieren sich der Mehrheitsmeinung anzuschließen. Diese Menschen vermeiden Mehrdeutigkeit, unklare Situationen und können innere Unsicherheit nicht aushalten. Sie stehen nicht zu den tatsächlichen eigenen Bedürfnissen und suchen nicht nach abweichenden Meinungen, um sich ein eigenes Bild zu machen. Das würde sie noch mehr verunsichern. Man folgt lieber der Monopol-Meinung und verleugnet sich selbst. Damit ist eine innere Balance wieder hergestellt.

Gesellschaftlich ist dies vor allem eine Entwicklung, in der die Unsicherheit immer größer wird, die Unterstützungen, vor allem seelischer Art immer weniger werden oder gar nicht mehr vorhanden sind. Einsamkeit, innere Not, Frust, Wut, Gefühle der Sinnlosigkeit sind inzwischen Massenphänomene. Der Wunsch nach einer sozialen Umgebung, die die Atomisierung der Menschen aufhebt, wächst sozialpsychologisch auf diesem Boden. So kann keine Ich-Stärke entstehen, eine Kraft, um Verunsicherungen auszuhalten. Andersherum sehen wir auch, das Gegenteil: Wenn Menschen ihrem gesunden Menschenverstand und ihrer inneren Stimme vertrauen, wächst ihnen Kraft zu. Das taten die allermeisten Widerständler. Sie wussten intuitiv, dass, wie Sabine Langer es ausdrückte, „etwas nicht stimmt".

Die „herrschende Gruppe" reagierte: Sie etablierte eine autoritäre Ordnung mit Beschränkungen, Verboten, Strafen usw. und machte zugleich ein „attraktives Angebot". Wenn du dich unterwirfst, wirst du aufgewertet! Die so Verunsicherten wurden nun – scheinbar – in einer neuen Rolle in den Herrschaftsapparat integriert. Der Zugschaffner kann nun im Feldwebel-Ton durch die Abteile gehen, Denunziantentum und Blockwart-Mentalität verbreiten sich. Die bisher unbekannte

Zeitungsjournalist wird plötzlich „Mitglied der Chefredaktion“. Nun können sich aufgestaute Aggressionen abreagieren. Sündenböcke sind schnell gefunden. Der Indifferent-Passive wird zum Mitläufer, der Mitläufer wird zum Anhänger der herrschenden Meinung. Und das Fatale dabei ist: Nun gibt es keinen Weg zurück. Die Gefahr droht, beim Verlassen der zustimmenden Haltung vom Meinungsmonopol zum Zweifler und Ablehner gestempelt zu werden. Es droht Statusverlust, Verlust der Drittmittel an der Hochschule, Karriereende. Insbesondere linke Milieus scheinen besonders betroffen zu sein. Diese sind eher übersichtlich, jeder kennt jeden, es gibt einen starken persönlichen Zusammenhalt. Der Hang zum Sektenhaften ist latent vorhanden, rigoroser Gruppenzwang herrscht, die Monopolstellung auf Welterklärung, d. h. Herrschaftsambitionen hat man selbst. Wird man selbst dort zum Sündenbock, droht Exkommunikation. Hinzu kommt, dass viele Linke in eher prekären wirtschaftlichen Verhältnissen leben (vor allem sozial- und gesellschaftswissenschaftliche Berufe) und häufig auf „den Staat“ als Autorität fixiert sind. Das fördert das Annehmen von Identifikationsangeboten. Die neu gewonnene Freiheit ist ein goldener Käfig geworden.

Freiheit kann nur aus einer Selbstbefreiung entstehen. „[U]ns aus dem Elend zu erlösen, können wir nur selber tun“, heißt es im Vorwort dieses Buches. Befreiung kommt aus selbständiger Politisierung, aus den Erfahrungen, im Kontakt mit anderen über Aktionsformen und Ziele zu diskutieren, statt betreutem Denken und Handeln. In diesem Politisierungsprozess liegt die Hoffnung und auch die gesellschaftliche Kraft.

Wie ein Weg zu einer „realen Demokratie“, die ihren Anfang in einer Revolution für die Wiedergewinnung des irdischen Lebens hat, beschritten werden kann, soll uns im letzten Kapitel dieses Buches beschäftigen.

»Es werden immer wieder
junge Menschen aufstehen,
denen das Wort des Gewissens
mehr gilt als die Anpassung
an das gerade Opportune,
denen das Recht mehr gilt
als die Drohung der Gewalt,
denen die Freiheit mehr gilt
als die Verlockung des gerade Mächtigen.«
(Arno Klönne)

37. Revolution von ganz unten

Wenn wir an eine Revolution denken, haben wir meist große Menschenmassen vor Augen, die mit Fahnen und Bannern auf die Straße strömen. Das Gebrüll des Volkszorns, Besetzung der öffentlichen Gebäude, die Polizei zieht sich zurück, die Armee bleibt in den Kasernen.[571]. „Revolution? Revolution!" So der Titel einer Ausstellung in Hamburg 2019, die die Revolutionsjahre 1918/1919 zeigte.[572] Das Ausstellungsplakat zeigt eine große Menschenmenge während einer Kundgebung: Matrosen, Arbeiter, Bürger. Ihre Blicke sind ernst, die Menschen wirken nervös.[573] Es bildeten sich überall revolutionäre

571 Ich danke Kees van der Pijl für wichtige persönliche und schriftliche Hinweise und die Diskussion dieser Überlegungen.

572 https://www.shmh.de/ausstellungen/revolution-revolution-im-museum-fuer-hamburgische-geschichte/

573 Vgl. Joachim Radkau, *Das Zeitalter der Nervosität. Deutschland zwischen Bismarck und Hitler*, Darmstadt 1998

Räte, der Kaiser dankte ab. Die Novemberrevolution stürzte die fast 50 Jahre andauernde Hohenzollern-Monarchie.

Unser Revolutionsbild orientiert sich zumeist an einer Vorstellung des 19. Jahrhunderts. Zukünftige Revolutionen werden so nicht mehr stattfinden. Schon Friedrich Engels meinte dies im Anblick der blutigen Niederlage der Pariser Commune. Erst müssten sich, so Engels, die gesellschaftlichen Verhältnisse so ändern, dass ein militärischer Kampf nicht mehr nötig sei, der auch nicht gewonnen werden könne.

Dennoch: Szenarien dieser Art lassen sich noch immer in anderen Teilen der Welt beobachten, zuletzt in Europa unmittelbar vor der Verkündung der Covid-Pandemie. Für den französischen Präsidenten Macron, um nur einen der umstrittenen Staatsführer zu nennen, schien der Gesundheitsnotstand genau zum richtigen Zeitpunkt zu kommen. Die Bewegung der *Gelbwesten* hatte sich von Ende 2018 bis in das Frühjahr 2019 infolge der Steuererhöhungen für fossile Brennstoffe, insbesondere für Diesel, mit landesweiten Protestkundgebungen dann auch gegen eine geplante Rentenreform verbunden. Sie strahlte in andere Länder wie Belgien, Italien, Portugal, Irland, Ägypten, Taiwan bis hin nach Israel aus. In Frankreich und vielen anderen Ländern wurden die Beschränkungen zur Eindämmung eines vermeintlich tödlichen Virusausbruchs als Mittel genutzt, um eine aufmüpfige und rebellische Bevölkerung zu zähmen.

Eine schlecht durchdachte, eine, wie inzwischen aufgedeckt wurde, böswillig angelegte Impfkampagne, bei der unzureichend getestete Gentherapien zum Einsatz kamen, hat begonnen, die Gesundheit von mehreren Milliarden Menschen zu ruinieren, die faktisch gezwungen waren, sich impfen zu lassen. Die auf Arzneimittelrecht spezialisierte Rechtsanwältin Brigitte Röhrig weist den Vorsatz der pharmazeutischen und politischen Akteure nach: „Wie Milliardäre, Politiker und Staatsdiener wissentlich und willentlich Freiheit und Gesundheit ausradierten".[574]

---

574 Brigitte Röhrig, *Die Corona-Verschwörung. Wie Milliardäre, Politiker und Staatsdiener*

Mit der Überarbeitung der Internationalen Gesundheitsvorschriften (IHR) und einem neuen Pandemieabkommen, die der Weltgesundheitsversammlung im Mai 2024 zur Abstimmung vorgelegt werden sollen, würde ein neues Gesundheitsregime mit einfacher Mehrheit unmittelbar in nationales Recht ohne Vorbehaltsklauseln umgesetzt. Als Ziele werden im Pandemievertragsentwurf angegeben, dass damit angeblich Pandemien kontrolliert werden können, um gegenwärtige und zukünftige Generationen zu schützen.

> *„Diese Formulierung weckt Erinnerungen an den autoritären Zero-Covid-Ansatz, wonach jede Infektion zu vermeiden ist, was sich in Lockdowns, Kontaktbeschränkungen, Versammlungsverboten und Ausgangssperren niederschlug“.*[575]

Die Vorhaben der Weltgesundheitsorganisation weisen in Richtung einer totalitären Gesundheitsdiktatur.

Nach den bisher vorliegenden Entwürfen gibt es folgende Pläne: Medikations- und Impfpflicht, digitales Gesundheitszertifikat als Bedingung für alle Ortsveränderungen (Einkäufe, Besuche, Urlaubsreisen), Einschränkung der Lebensmittelfreiheit, Zwangsschlachtungen zur Einschränkung der Tierhaltung (einschließlich Haustiere), Durchsetzung der Maßnahmen durch digitale Überwachung und Zensur, gesundheitliche Schäden können vor keinem Gericht eingeklagt werden.

Eine Revolution im Zeichen der Konterrevolution

Es stellt sich die Frage, wie die Weltbevölkerung auf die Beweise reagieren wird, die früher oder später ans Licht kommen müssen: Die wahrscheinlichen Ursprünge des Virus aus der Forschung zur biologischen Kriegsführung,[576] seine Freisetzung, die Unterdrückung

---

wissentlich und willentlich Freiheit und Gesundheit ausradierten, München 2023

575 Elke Schenk, *Was steckt hinter dem Pandemievertrag? Multipolar* am 23.05.23, https://multipolar-magazin.de/artikel/who-pandemievertrag

576 Dazu äußern sich: Gunter Frank, *Das Staatsverbrechen*, Augsburg 2023 und Günter Theißen, *Das Virus. Auf der Suche nach dem Ursprung von Covid-19*, Frankfurt am Main

einfacher, leicht verfügbarer Medikamente (Hydroxychloroquin, Ivermectin[577]), beispiellose Restriktionen wie Ausgangssperren und Schulschließungen.

Wir müssen uns vor Augen führen, dass die weltweit verhängten, kasernenähnlichen Abriegelungsmaßnahmen, einschließlich Kontaktbeschränkungen, Versammlungsverboten, Ausgangssperren und Reiseeinschränkungen, als ein konterrevolutionärer Schritt unternommen wurden. Ihr Ziel war es, die Welle der Volksrevolten einzudämmen, die sich weltweit abzeichnete. Es handelte sich um eine Re-Aktion. Obwohl diese Revolten vielfältig waren, zeichneten sie sich doch dadurch aus, dass sie sich nicht mehr einfach mit den herkömmlichen Methoden, wie wirtschaftlichen Zugeständnissen oder Ablenkungen, unter Kontrolle bringen ließen, um die Hegemonie des herrschenden Blocks aufrechtzuerhalten.[578]

Selbst die Politik der Angst, die in den 1990er Jahren entwickelt wurde, erwies sich als unzureichend, da die Angst, die durch die Terroranschläge am 11. September ausgelöst wurde, nachließ.[579] Stattdessen wurden „Falsche Pandemien"[580], die seit Ende der 1980er Jahre erforscht wurden, als Ersatz verwendet. Im Gegensatz zu anderen möglichen Ausnahmezuständen wie Kriegen oder dem Klimawandel können Epidemien mit repressiven Maßnahmen bekämpft werden, die für die Mehrzahl der Menschen notwendig erscheinen.

Zugleich ist aber auch klar, dass das disziplinäre Projekt als Ganzes und seine Anerkennung in der Bevölkerung niemals als

---

2022; vgl. auch die Diskussion mit den beiden Autoren in der Sendung *Manova The Great WeSet*, September 2023, https://www.youtube.com/watch?v=NCdml0gKnsU

577 Als ein Beispiel die Mitteilung des Bundesamts für Sicherheit im Gesundheitswesen, das sich auf Untersuchungsergebnisse der Europäischen Arzneimittelagentur (EMA) bezieht: https://www.basg.gv.at/marktbeobachtung/amtliche-nachrichten/detail/warnung-vor-anwendung-von-ivermectin-zur-behandlung-von-covid-19; zu Hydroxychloroquin: https://www.bfarm.de/SharedDocs/Risikoinformationen/Pharmakovigilanz/DE/RI/2020/RI-hydroxychloroquin2.html

578 Vgl. auch Kapitel 36

579 Vgl. Paul Schreyer, *Chronik einer angekündigten Krise,* Frankfurt am Main 2020

580 Wolfgang Wodarg, *Falsche Pandemien. Argumente gegen die Herrschaft der Angst,* München 2021

ein einheitliches (kohärentes) und widerspruchsfreies Unterfangen betrachtet werden kann, sondern stets von inneren Unstimmigkeiten und hemmenden Einflüssen begleitet wird. Schon eine im Januar 2021 angestellte Studie die US-amerikanischen PR-Agentur *Edelman*[581] ermittelte in 28 Ländern, dass die Zustimmungsquote zur Impfung in 20 von ihnen unter 70 % gelegen habe. Das zeigt schon damals die Spaltung der Gesellschaft und den massiven Vertrauensverlust in Bezug auf nahezu alle Arten von Informationen von offizieller Seite.[582]

Der Bruch bestünde nach Aussage von Richard Edelman „zwischen den am besten ‚informierten' Bürgern und der Masse.[583] Weitere beredte Beispiele sind die öffentlichen, politisch-parlamentarischen Kämpfe, um nur diesen Bereich zu nennen, zur Durchsetzung dieser Kampagne in der Bevölkerung und die nahezu gleichlautende Propaganda durch die Leitmedien.[584]

Was zählt, ist die Gesamtausrichtung des Prozesses, der durch die Entscheidung, eine Gesundheitspanik anzustreben, in Gang gesetzt wurde, um alle Maßnahmen im Namen der Bekämpfung dieser Panik zu rechtfertigen. Diese spezifische konterrevolutionäre Stoßrichtung hat sich auch grundlegend auf die Art und die Formen des laufenden Aufstands ausgewirkt, der zwangsläufig wieder aufflammen musste. Die Revolution wird dieses Mal zweifellos „große Menschenmassen, die auf die Straßen strömen, Fahnen und Banner" umfassen.[585] Aber im Kern, als Prozess eines grundlegenden sozialen Wandels, wird sie etwas anderes hervorbringen, wenn sie erfolgreich sein und eine neue Ära der menschlichen Entwicklung einleiten soll.

---

581 *Edelman* ist die weltweit größte PR-Agentur mit Sitz in New York, USA.

582 Zitiert von Kees van der Pijl, *Die belagerte Welt*, a. a. O., S. 258

583 A. a. O., S. 259; hier handele es sich um Zelikows, einen einflussreichen US-amerikanischer Diplomaten und Buchautor, um die „relevante politische Gemeinschaft", den loyalen städtischen Kader.

584 Dazu ausführlich: Walter van Rossum, *Alternativen in Wirtschaft und Recht*, München 2023

585 Beginnend mit den großen Protestversammlungen in Berlin 2021.

Vom einzelnen Körper zu den umfassenderen Strukturen

Dies wird die erste Revolution in der Geschichte sein, bei der die Sorge der Menschen um die körperliche Gesundheit, eine existenzielle Sorge, im Mittelpunkt steht. Wie wir heute feststellen können, nimmt die Sorge um die grundlegende Gesundheit deutlich zu. Dies äußert sich in einer verstärkten Aufmerksamkeit für das, was wir essen und dessen Nährstoffgehalt. Allein ein Gang durch die Einkaufsstraßen einer mittelgroßen Stadt und die Beobachtungen im Familien- und Freundeskreis bestätigen dies. So sind nicht nur unbelastete Lebensmittel, sondern auch Vitamin- und Mineralstoffpräparate sehr gefragt.

Die Suche nach Lebensmitteln, die biologisch rein und nahrhaft sind, die Beachtung der Vitamin- und Mineralstoffzufuhr sowie regelmäßige körperliche Betätigung sind keine alleinige Frage des Lebensstils, eines Life-Styles und einer Work-Life-Balance einer begüterten Schicht mehr. Immer mehr Menschen erkennen, dass die Lebensmittelindustrie den menschlichen Körper als Ablagerungsort oder Müllhalde minderwertiger Nahrung missbraucht. Ebenso wichtig ist die Erkenntnis, dass die große medizinische Infrastruktur, einschließlich Krankenhäuser, Ärzte und die pharmazeutische Industrie heute eher als Quelle für Medikamentenabhängigkeit denn als Gesundheitsfürsorge wahrgenommen wird.

Eine gravierende, bisher in der deutschen Leitmedien-Öffentlichkeit noch wenig beachtete Folge sind die Vorschläge der „Regierungskommission für eine moderne und bedarfsgerechte Krankenhausversorgung“[586], durch die Krankenhäuser in Häuser der Grundversorgung (Level 1n) und in Häuser der Regelversorgung (Level 1i) eingeteilt werden. Nur Krankenhäuser der Grundversorgung (Levels 1n) sollen noch eine Notfallversorgung bereitstellen. Krankenhäuser der Regelversorgung (Level 1i) hingegen sollen nicht

586 https://www.bundesgesundheitsministerium.de/themen/krankenhaus/regierungskommission-krankenhausversorgung.html

unbedingt ärztlich, sondern von speziell ausgebildeten Pflegekräften geleitet werden. Sie sollen lediglich über stationäre Pflegebetten verfügen und ambulante ärztliche Behandlung nur auf Abruf leisten.[587] Wie eine repräsentative *Forsa*-Umfrage im Auftrag der *Robert Bosch Stiftung* 2023 ergab, hatten fast 60 % der Befragten nur noch wenig oder kein Vertrauen mehr in eine kompetente und gleichzeitig bezahlbare Gesundheitsversorgung.

> *„Dies ist mehr als eine Verdoppelung gegenüber 2020 (30 %). Rund 40 % der Befragten sind zudem der Meinung, dass sich die gesundheitliche und medizinische Versorgung in ihrem Land im letzten Jahr insgesamt verschlechtert hat. Bei den Teilnehmenden mit einer chronischen Erkrankung ist dieser Eindruck sogar noch stärker ausgeprägt (46 %).“*[588]

Angesichts des wachsenden Vertrauensverlusts in die Ärzteschaft infolge des Covid-Betrugs wird eine verstärkte Tendenz zur Eigenverantwortung für die eigene Gesundheit und das eigene Wohlbefinden erwartet, wobei die ärztliche Betreuung zunehmend in den Hintergrund treten könnte. An ihre Stelle tritt verstärkt autonomes Handeln der Menschen.

Um dies von einem Anliegen der Mittelschicht zu einem breiteren Volksanliegen zu machen, ist es notwendig, die wirtschaftlichen Auswirkungen eines solchen Wandels zu berücksichtigen. Die Kosten im Gesundheitswesen und für Versicherungen[589] sind in vielen Ländern außer Kontrolle geraten, was paradoxerweise mit Maßnahmen einhergeht, die die Auswahl von Behandlungsmöglichkeiten oder

---

587 So auf der Internetseite des Bündnisses *Gemeingut in BürgerInnenhand* zu lesen: https://www.gemeingut.org/buendnis-klinikrettung-zieht-bilanz-klinikschliessungen-2022-versorgungsengpaesse-und-die-probleme-der-krankenhausreform/

588 https://www.arzt-wirtschaft.de/vermischtes/zweifel-an-der-kompetenz-grosser-vertrauensverlust-in-die-gesundheitspolitik/

589 In der vorgesehenen „Finanzreform der gesetzlichen Krankenversicherung“ (Gesetzentwurf der Bundesregierung zum GKV-Finanzstabilisierungsgesetz) sind höhere Beiträge und Einsparungen vorgesehen: https://www.bundestag.de/dokumente/textarchiv/2022/kw42-de-gkv-finanzierungsstabilisierungsgesetz-916742

sogar von Ärzten, die sie durchführen, einschränken. Wenn jedoch das Vertrauen in die Gesundheitsbehörden schwindet, wirken diese Ausgaben immer weniger schlüssig. Weshalb sollte man hohe Versicherungsprämien zahlen, wenn man den Anbietern misstraut?

Daher könnte der nächste Schritt die Erweiterung der kommunalen Kontrolle über Arztpraxen sein[590], verbunden mit der Förderung eines gesunden Lebensstils. Schließlich könnte eine (Wieder-)Verstaatlichung von Krankenhäusern, Krankenversicherungen und der Pharmaindustrie in Betracht gezogen werden. Dies stellt lediglich einen möglichen Weg dar, der direkt zur Förderung des individuellen Bewusstseins für körperliche und geistige Gesundheit führen könnte. Das Bündnis *Klinikrettung*[591] legt schon seit Jahren entsprechenden Expertisen vor. Naturgemäß können und sollten die Einrichtungen und Unternehmen in ihrer ursprünglichen Größe nicht erhalten werden, die jetzt formell unter staatlicher Leitung stehen. Dies ist nicht mehr notwendig, weil die wachsende Selbstverantwortung der Menschen für ihre Gesundheit und der aktive Austausch von Wissen und Erfahrungen untereinander den Bedarf an umfassenden und oft kostspieligen industriellen medizinischen Behandlungen erheblich reduziert. Mit der Verkleinerung der allopathischen (schulmedizinischen) Behandlungsinfrastruktur, insbesondere der stark von Werbung und PR geprägten pharmazeutischen Industrie, würden kleinere Einrichtungen entstehen, die auf traditionelle Medizin zurückgreifen und sie mit den erfolgreichsten Methoden der modernen Medizin kombinieren.

In dieser ersten Phase einer revolutionären Gesellschaftsveränderung ist es aktuell nicht erforderlich, abstrakte Prinzipien der Demokratie wie Volkssouveränität, Rechtsstaatlichkeit, Schutz des Privateigentums zu diskutieren. Das Prinzip „one (wo-)man, one

590 Dieser Schritt könnte in das Konzept einer sozial-ökologischen Nachhaltigkeitsrevolution integriert werden.

591 https://www.gemeingut.org/buendnis-klinikrettung-zieht-bilanz-klinikschliessungen-2022-versorgungsengpaesse-und-die-probleme-der-krankenhausreform/

vote"[592] ist im Grunde genommen tief in der Transformation enthalten und hat eine eigene körperliche Dimension. Es knüpft an klassische demokratische Grundsätze wie „habeas corpus"[593] an, welcher besagt, dass dein Körper dir gehört. Dieses Prinzip gewinnt mit jedem Schritt an Bedeutung, der von individuellen Anliegen geleitet wird, die Gesundheit, Ernährung und Lebensstil betreffen.

Ein weiterer Aspekt der Ausweitung individueller Verantwortung auf die Wirtschaft betrifft die Lebensmittelversorgung. Hier ist eine „Mikrophysik"[594] der Revolution, um den Begriff von Michel Foucault zu verwenden, also ein Blick auf die Macht „von unten", aus der Perspektive der Betroffenen unerlässlich, da sie auf individueller Ebene beginnt und darauf abzielt, diese Verantwortung durch eine kontinuierliche Bereitstellung hochwertiger Lebensmittel zu honorieren. Landwirte in verschiedenen Ländern sollten eine entscheidende Rolle in diesem Prozess spielen.

Derzeit stehen Landwirte unter Druck von Banken und Futtermittelkonzernen, die sie in die kapitalistische Produktionsweise drängen, die auf Schnelligkeit und niedrige Kosten ausgerichtet ist. Die Niederlande als Agrarland wurden dazu offensichtlich von den Schülern des Weltwirtschaftsforums und seinen Verbündeten in der agrar-chemischen Industrie als eines der ersten Versuchsfelder ausgewählt. Der weitverbreitete Einsatz von Wachstumshormonen und Antibiotika, sogar als vorbeugende Maßnahme, beeinträchtigt die Qualität des Viehs und macht es anfällig für Krankheiten. Gleichzeitig sehen sich Landwirte mit großen Supermarktketten konfrontiert, die die Preise für Produkte wie einen Liter Milch unter das Preisniveau von Wasser gedrückt haben.

---

592 Englisch für: „Eine Frau, eine Stimme." Losung der Suffragetten, der Frauenbewegung in den 1920er Jahren in Großbritannien und den Vereinigten Staaten für die Einführung des Frauenwahlrechts. Hier ist gemeint: Jede/r hat eine eigene Stimme.

593 Lateinisch für „Du sollst den Körper zur Verfügung haben". Rechtsgrundsatz, wonach ein Angeklagter einem Gericht vorzuführen ist, um die Rechtmäßigkeit der Anklage durch die Staatsgewalt (Staatsanwaltschaft) zu überprüfen

594 Michel Foucault, *Mikrophysik der Macht: Über Strafjustiz, Psychiatrie und Medizin*, Berlin 1976;

Es ist wichtig, Verbrauchermärkte und Bauernmärkte, die gesunde Lebensmittel anbieten, zu unterstützen, um der steigenden Nachfrage nach gesunden Nahrungsmitteln gerecht zu werden. Die Supermärkte und Fabriken, die sie mit überwiegend stark verarbeiteten Lebensmitteln beliefern, sind Teil eines komplexen Systems, das große Handelsunternehmen und Banken umfasst, die Gewinnforderungen an diejenigen stellen, die von ihnen Vorleistungen oder Kredite erhalten.

Den weltweiten Import- und Exportmarkt der Agrarrohstoffe beherrschen die drei US-Unternehmen *Archer Daniels Midland* (abgekürzt ADM), *Bunge, Cargill* sowie das niederländische Unternehmen mit Firmensitz in Amsterdam *Louis Dreyfus Company* (abgekürzt ADM).[595] Die chinesische *Cofco*-Gruppe und der russische Getreidehändler *RIF* kamen in den letzten Jahren zu dieser Monopolgruppe hinzu.

Entstehende Doppelmacht

In der Vergangenheit war die sozialistische Erfahrung in erster Linie auf die Eroberung des Staates vor der Revolution und auf die Leitung des Staates nach der Machteroberung ausgerichtet. Das führte dazu, dass es für jede Tätigkeit eine bürokratische Institution gab, die Ziele vorgab und die Leistung abrechnete. So ist die gesamte Wirtschaft der sowjetischen Gesellschaft davon geprägt gewesen und steht im krassen Gegensatz zu dem, was mit einer Revolution von Grund auf gemeint ist.

Dennoch tauchen einige klassische Themen der revolutionären Theorie und Erfahrung auf. Dabei müssen wir auf den Begriff der Doppelherrschaft[596] eingehen. Dies ist eine notwendige Phase, in der

595 *Konzernatlas – Daten und Fakten über die Agrar- und Lebensmittelindustrie 2017*, hrsg. von der *Heinrich-Böll-Stiftung*, https://www.boell.de/de/2017/01/10/fuenf-agrarkonzerne-beherrschen-den-weltmarkt

596 Doppelherrschaft bezeichnet den Zeitraum von der russischen Februarrevolution (Februar 1917) bis zur Oktoberrevolution (Oktober 1917). In dieser Zeit konstituierte sich der *Petrograder Sowjet* und die „Provisorische Regierung" unter Kerenski. Der *Sowjet* rief zur Unterstützung dieser Regierung auf, untersagte aber seinen

die Menschen nicht mehr den etablierten Autoritäten (dem herrschenden Block) gehorchten, sondern beginnen, den neuen Autoritäten der Revolution (zumeist ihren intellektuellen Führern) Gehör zu schenken. Es handelt sich um eine Autoritätskrise, die Antonio Gramsci als „Interregnum" bezeichnet hatte. „Die herrschende Klasse hat den Konsens verloren", sie ist „nicht mehr ‚führend', sondern einzig ‚herrschend'", die „großen Massen haben sich von den traditionellen Ideologien entfernt [...] Die Krise besteht gerade in der Tatsache, dass das Alte stirbt und das Neue nicht zur Welt kommen kann: In diesem Interregnum kommt es zu den unterschiedlichsten Krankheitserscheinungen."[597] Sobald sich die Doppelherrschaft auf die staatlichen Gewaltapparate ausdehnt, ihre Delegitimierung zunimmt, ist die alte Ordnung dem Untergang geweiht, und die neue tritt an ihre Stelle.

Die rasante Zunahme oppositioneller Medien und das Auftreten von Intellektuellen beispielsweise aus der Medizin und der Juristerei belegen dies. So hat der ehemalige Präsident des Bundesverfassungsgerichts Hans-Jürgen Papier das höchste Gericht öffentlich scharf dafür gerügt, „dass es nach dem Prinzip ‚Not kennt kein Gebot' eine Blankovollmacht für Grundrechtseinschränkungen jeder Intensität in der Corona-Zeit gegeben und vom Gesetzgeber dafür keine angemessene Sachverhaltsaufklärung gefordert habe"[598]. Wörtlich sagte Papier:

> *„Bei der Pandemiebekämpfung ein undifferenziertes, ein allgemeines und letztlich unbegrenztes Plazet für Freiheitseinschränkungen und Grundrechtssuspendierungen jeder Art und jeden Ausmaßes zu erteilen, wie das ja in der Praxis geschehen ist, entspricht jedenfalls nicht unserer freiheitlich-rechtsstaatlichen Ordnung."*[599]

Mitgliedern zunächst in diese Regierung einzutreten, behielt sich aber das Recht vor, die Kontrolle über die Arbeit der Regierung auszuüben.

597 Frank Deppe, *Überlegungen zur Sozialismusdebatte im 21. Jahrhundert*, a. a. O., S. 17

598 https://norberthaering.de/new/papier-bverfg/

599 Ebenda

Der rapide Vertrauensverlust gegenüber dem Staat, der sich auch in dieser Einlassung eines ehemaligen Bundesverfassungsgerichtspräsidenten äußert, also die Delegitimierung des Staates, hat zur Folge, dass die alten Apparate umgebaut und wiederhergestellt und zum Teil sogar vergrößert werden. In einer mikrophysikalischen Revolution wird es jedoch keine solche Vervielfältigung und Reproduktion staatlicher Organisationen geben. Denn im Gegensatz zur Schaffung eines ebenso großen alternativen Staates in Verbindung mit riesigen Wirtschaftseinheiten, wie es in der Kommandowirtschaft des sowjetischen Staatssozialismus geschah, ist die Revolution eine Angelegenheit eines jeden Einzelnen.

Im Gegensatz zu früheren Vorstellungen von einer „einmaligen Machtergreifung", die in der Vergangenheit bei jedem Aufstand zwischen einem revolutionären und einem reformistischen Flügel unterschieden wurde, überwindet die Revolution von Grund auf diese Spaltung. Sie muss nicht sofort und möglicherweise vorschnell die Kontrolle übernehmen, um erfolgreich zu sein.

Jeder Schritt auf dem Weg zur Wiederherstellung einer natürlichen Lebensweise ist in sich selbst sinnvoll und führt zu unmittelbaren Verbesserungen, die im Verhältnis zu den erzielten strukturellen Veränderungen stehen. Sie verändern diese allmählich. Sobald die größer werdenden strukturellen Auswirkungen einer veränderten Lebensweise in den Fokus rücken wie die Übernahme von medizinischen Einrichtungen und die Lebensmittelverteilung, stellen sich jedoch ernsthafte Herausforderungen, die konterrevolutionäre Gewalt auslösen können, da dies in den Machtbereich des Staates und der Unternehmen eingreift. Im Gegensatz zu einer Revolution von oben nach unten, bei der es um alles oder nichts geht, kann sich diese Revolution von unten auch zurückziehen und auf bessere Zeiten warten.

Die Revolution der Kommunikation: Der Durchbruch in der Informationstechnologie

Die Möglichkeit, Daten im Internet ohne die traditionelle Rolle der Medienredaktionen als „Türsteher" („gate-keeper") zu veröffentlichen, kann in ihrer Bedeutung nur mit der Erfindung des Buchdrucks verglichen werden. Er legte die Grundlage für die Reformation der Kirche und ermöglichte es den Menschen erstmals, die Bibel selbst zu studieren, den Wahrheiten der Kirche und ihren Kodifizierungen gegen deren erbitterten Widerstand den Boden zu entziehen sowie damit eine Art Volksbildung einzuleiten.

Die Digitalisierung und das Internet ermöglichen Abstimmungen und Entscheidungen in voller Transparenz.

Das Gebiet der kommunikativen Selbstbestimmung ist zugleich politisch und rechtlich von ständigen Zensurmaßnahmen betroffen, die das Maß des für möglich Gehaltenen ständig übertreffen.

Die Wiener Wirtschaftshistorikerin Andrea Komlosy macht vier Bereiche aus, in denen der „neue Mensch" mit den Herausforderungen der Informationstechnologie und deren Interessen der Kapitalverwertung konfrontiert ist[600]:

1. den Bereich der Arbeitsprozesse mit Automatisierung, Roboterisierung und dem Entstehen „digitalen Nomadentums";
2. den Bereich der möglichst lückenlosen Verdatung;
3. den Bereich des umfassenden Zugriffs auf den menschlichen Körper durch Gesundheits- und Hygienepropaganda, „lebensverlängernde" Angebote der Medizin- und Pharmaindustrie, Impfungen und Big-Data für Big-Pharma;
4. den Bereich der Bewegungskontrolle durch die Reaktivierung des Gesundheitspasses, Corona-Apps, Pläne für Gesundheitsausweise und weltweite Zugangskontrollen unter Aufsicht der WHO, die daran geknüpft sind.

600 Andrea Komlosy, *Zeitenwende. Corona, Big Data und die kybernetische Zukunft*, Wien 2022, S. 162 ff.

Es ist offensichtlich, dass der Grund für die Verfolgung von Julian Assange, dem Gründer von WikiLeaks, nicht in erster Linie die „freie Presse" ist, die praktisch von der Milliardärsklasse der großen US-amerikanischen IT-Konzerne[601] kontrolliert wird. Stattdessen geht es um das Prinzip der Transparenz, das er in die Praxis umgesetzt und ein neues Zeitalter jenseits diplomatischer und kommerzieller Geheimhaltung eingeläutet hat.

Der gegenwärtige Trend zeigt jedoch immer noch in die entgegengesetzte Richtung, nämlich zu verstärkter Überwachung der Bevölkerung durch Staaten. Dies ist keine abstrakte Überlegung, sondern eine konkrete Herausforderung. Die Menschheit steht vor der Herausforderung, ihre Freiheit zurückzugewinnen oder in die digitale Sklaverei geführt zu werden. Angesichts der Tatsache, dass Letzteres für immer mehr Menschen unvorstellbar ist, wird eine alternative Gesellschaftsordnung den bankrotten Kapitalismus ersetzen müssen. Die Vorbereitungen und Experimente zur Umsetzung dieses Wandels sowie die ständigen Rückkopplungen, werden schließlich zu einer radikalen Demokratie mit digitaler Planung führen.

Ein strukturelles Hindernis für die beschriebene Revolution von Grund auf besteht darin, dass die Milliardärsklasse von der Bevölkerung durch eine Zwischenklasse von „Kadern"[602] abgeschirmt wird, die im Dienst der Oligarchie agieren. In den 1970er Jahren wurden diese Kader unter dem Einfluss einer kämpferischen Arbeiterklasse, die nach wie vor eine starke Position innehatte, politisch nach links gedrängt. Dies führte zu einem progressiven Schub in Richtung einer zukunftsorientierten Technokratie. Die neoliberale Gegenoffensive ab Anfang der 1990er Jahre brach dann den Klassenkompromiss mit der organisierten Arbeiterschaft ab und verlieh den städtischen Kadern, zumindest einem Teil von ihnen, die privilegierte Position, die sie heute innehaben.

---

601 Vor allem: *Microsoft*, *Google*, *Apple*, *Facebook*, *Amazon*

602 Darunter fallen zum Beispiel die Medien und die politischen Parteien, um zwei Beispiele zu nennen.

Der Erfolg einer Revolution von Grund auf hängt jedoch wesentlich davon ab, wie die besser gestellten städtischen Führungskräfte auf die weltweiten Aussperrungsmaßnahmen reagieren, die von Regierungen als Antwort auf soziale Unruhen in den unteren Schichten und bei abgedrängten Bevölkerungsgruppen verhängt werden. Die Informationstechnologie-Revolution hat sowohl diesen Kadern als auch der breiteren Bevölkerung die Werkzeuge zur aktiven politischen Teilhabe auf Grundlage von Information bereitgestellt. In dieser Hinsicht hat die Mai-68-Bewegung in Frankreich das theoretische Fundament für eine Revolution neuen Typs gelegt.

Der französische Philosoph Guy Debord, Teilnehmer des „Pariser Mai", argumentierte in seinem Manifest *Die Gesellschaft des Spektakels*[603], dass eine künftige Machtergreifung zur Beendigung des kapitalistischen Regimes nicht mit dem Aufstieg des kapitalistischen Großbürgertums (Bourgeoisie) im 18. Jahrhundert vergleichbar sein wird. Die Bourgeoisie entwickelte sich seinerzeit als eine „Wirtschaftsklasse" und als Produkt einer neuen Entwicklung des technischen und wissenschaftlichen Denkens. Sie war eine dynamische Kraft, die sich in den Städten konzentrierte und eng mit Handel und den frühen Manufakturen abseits von Zunftzwängen verknüpft war.

Im Gegensatz dazu wird das „Proletariat" im Kapitalismus, in Bezug auf die Klasse, die darauf abzielt, die Klassengesellschaft zu überwinden, nicht als „Wirtschaftsklasse" an die Macht kommen und die räuberische Dynamik des Kapitals durch gesteigerte Produktivität überwinden. Frühere Versuche wie der Arbeitersozialismus und der Staatssozialismus haben gezeigt, dass dies nicht möglich ist. Selbst die Sowjetunion und ihre Verbündeten, die über enorme natürliche Ressourcen verfügten und eine hochentwickelte technische und wissenschaftliche Elite sowie ein fortschrittliches Bildungssystem hatten, konnten letztendlich den westlichen Kapitalismus nicht überholen.

---

603 Guy Debord, *Die Gesellschaft des Spektakels*, 2. Auflage, Berlin 2013

Debord argumentiert, dass die fortschrittlichen Kräfte der Bourgeoisie nur dann überlegen sein können, wenn sie die Fähigkeit besitzen, über den Horizont des Kapitalismus hinauszublicken und als eine Klasse des Bewusstseins zu handeln. Eine zentrale Rolle spielt hierbei die wachsende Bedeutung von Informationen im modernen Leben, da sie Menschen aus verschiedenen Gruppen und Klassen vereint.[604]

Warum die „Bewusstseinsklasse", zu der im weiteren Sinne all diejenigen gehören, die über ein Smartphone verfügen, heute ein zentraler Faktor in unseren Überlegungen einer Revolution von unten ist und vor allem, warum die traditionelle Arbeiterbewegung dazu nicht imstande war, obwohl sie eine große Zustimmung und Unterstützung hatte, ist eine Frage von großer Bedeutung. Heute nimmt ihre Zahl zwar immer mehr ab, aber über Zuwanderungen werden auch neue Mitglieder zugeführt. Marx bemerkte einmal, dass eine Klasse einer Gesellschaft die gesamte Gesellschaft befreien kann, aber nur, wenn die Umstände dieser einen Klasse dieselben sind wie diejenigen der Gesamtgesellschaft. Diese Situation hat es niemals seit der Industriellen Revolution – weder vorher noch nachher – gegeben, in der die ganze Gesellschaft wie die Arbeiter lebte. Während die einen in den bevorzugten Gebieten der Stadt lebten, arbeiteten die anderen in den Minen und Bergwerken, hausten in ihren primitiven Unterkünften. In England mit der damals größten Arbeiterklasse und ihrer Organisationen war zum Höhepunkt der Industriellen Revolution Ende der 90er Jahre des 19. Jahrhunderts zum Beispiel die Zahl der Freimaurer, einer Vereinigung des Bürgertums mit Ursprung ebenfalls in England, größer als die Zahl der Arbeiter. Das heißt, dass sich diese bürgerliche Gesellschaft gar nicht als Bestandteil der Gesamtgesellschaft fühlte und keinen Kontakt mit der großen Zahl der Arbeiter hatte.

---

604 Die Idee einer „Klasse des Bewusstseins" hatte schon 1925 der ungarische Philosoph Georg Lukásc in seinem Werk *Geschichte und Klassenbewußtsein,* Georg Lukásc Werke Band 2, Bielefeld 2013

Heute, mit der Existenz einer „Klasse des Bewusstseins“, sind alle in derselben Situation, was diesen entscheidenden Unterschied angeht. Dies gilt selbst zwischen den Staaten Afrikas, wo es oft an Elektrizität mangelt und Westeuropa und Nordamerika. Wir sind fundamental miteinander verbunden, natürlich bei gleichzeitiger obszöner Ungleichheit in Leistung, Lebenschancen und Macht. Aber: Im Prinzip lebt jeder einzelne Mensch mit seinem Telefon im selben Universum des reichsten Machthabers. Das sind die Vorboten einer Situation, die sich radikal entladen kann.

Die zunehmende Besorgnis um ein gesundes Leben, die richtige Ernährung und einen aktiven Lebensstil hat das Potenzial, eine starke vereinigende Bewegung zu schaffen, wie sie in der Geschichte der Menschheit noch nie dagewesen ist. Die gesamte Gesellschaft orientiert sich zunehmend an der digitalen Infrastruktur, wobei Informationen zur universellen Währung werden. Die Verbreitung von Informationen über Gesundheit und deren Auswirkungen auf die Gesundheitsindustrie sowie die Lebensmittelproduktion und -verteilung innerhalb des monopolkapitalistischen Systems wird sich exponentiell weiterentwickeln.

Dies könnte die Entstehung einer politischen Kultur fördern, die sich vom bürgerlichen Individualismus wegbewegt und einen umfassenderen Blick auf Fragen des menschlichen Überlebens und der gemeinsamen Verantwortung ermöglicht.

Technologische Durchbrüche in den Bereichen der Nanotechnologie, der IT-Revolution, 5G und Mikrobiologie führen auch zu Maßnahmen der Künstlichen Intelligenz, um damit das Leben selbst fernsteuerbar zu machen. Nicht nur der menschliche Körper, der durch die experimentellen Impfstoffe beherrscht werden soll, wird angegriffen: Das eigentliche Ziel ist der Zugriff auf das menschliche Denken und auf das Bewusstsein. So kann die Künstliche Intelligenz inzwischen zwar umfangreiche Texte schreiben, die emotionale

Ebene wird aber (noch) nicht erfasst.[605] Eine ähnliche Entwicklung steht in der medizinischen Versorgung bevor.

Fantasien, die menschliche Psyche kontrollieren zu wollen, sind nicht neu und gehen bis in die 1920er Jahre zurück, als erste Vorstellungen davon aufkamen, neben der rein räumlichen Ausdehnung des Universums eine weitere, eine chemisch-physikalische hinzufügen zu müssen, die die Ebene des Bewusstseins miteinschließt. Involution[606] nannte man dies. Man könnte es auch allgemein mit „Psyche" beschreiben, die in jedem unserer kleinsten Körpermoleküle enthalten, aber mit den Augen nicht zu sehen ist, und aus kleinsten Information- oder Intelligenzbestandteilen besteht.[607]

Neben der Biosphäre als Ort des evolutionären Entstehens von Leben existiert eine Bewusstseinssphäre (Noosphäre), ein „Raum aller denkbaren Gedanken"[608]. Wenn Intelligenz und Information das menschliche Leben bestimmen können, hat dies zur Konsequenz, über das Bewusstsein das menschliche Leben sowie den Planeten als Ganzes gestalten zu können. James Lovelock hat in *The Ages of Gaia*[609] (deutsch: Die Gaia-Theorie) das ökologische Weltbild revolutioniert und die Auffassung vertreten, dass der Planet Erde wie ein einziges Lebewesen zu betrachten sei, dass sich durch dynamische Vorgänge in der Biosphäre selbst stabilisiert. Die Selbstregulation sorge im Übrigen auch dafür, dass die Erde kühl bleibe.

Lovelock, ein Genie seines Faches, der mit 99 Jahren sein letztes Buch schrieb, geht über das Anthropozän (das Zeitalter, in dem die Menschheit den dominanten Einfluss auf die Erde hat) hinaus und kommt zum Novozän[610] als neuer Epoche, in dem das Leben

---

605 Roberto J. de Lapuente, *Die Knute der künstlichen Intelligenz*: https://www.rubikon.news/artikel/die-knute-der-kunstlichen-intelligenz

606 Involution meint in der Entwicklungsbiologie ein Absinken von Zellschichten nach innen.

607 Van der Pijl, a.a.O., S. 272

608 https://de.wikipedia.org/wiki/Noosphäre

609 James Lovelock, *Das Gaia-Prinzip. Die Biografie unseres Planeten*, Neuauflage, München 2021

610 John Lovelock, *Novozän*, München 2020

an der Schwelle eines neuen Zeitalters steht, „d[em] Zeitalter der Hyperintelligenz“[611]. Damit meint Lovelock die vom Menschen selbst geschaffene Künstliche Intelligenz, die an für Menschen fast unzugänglichen Orten tätig ist und dort als ein eigenes Bewusstsein wirkt. Stoffliche Basis ist die Informationstechnologie. Sie macht es möglich, das ganze Universum zu einem einheitlichen denkenden Organismus zu machen.[612] Lovelock schreibt:

> *„Schon sehr bald, wird aus der künstlichen Intelligenz eine neue Art von Lebewesen hervorgehen: Cyborgs, die 10.000mal schneller sein werden als wir. Unsere Lebensform wird ihnen ähnlich entwickelt erscheinen wie uns die Pflanzenwelt. Doch diese Intelligenz wird vermutlich nicht von jener grausamen Art sein, die wir aus den Science-Fiction-Spektakeln aus Hollywood kennen. Denn auch sie wird von dem Überleben unseres Planeten abhängen und sich der großen Klimakatastrophe stellen müssen, die auf uns zurollt. Cyborgs könnten in Wahrheit unsere letzte Rettung sein.“*[613]

Folgt man diesem Gedanken, so hat er durchaus etwas Spektakuläres. Die daraus resultierenden Möglichkeiten sind heute kaum präzise zu beurteilen.

> *„Ob diese authentische Intelligenz, die ihre Überlegenheit moralischen Überlegungen und der Intuition verdankt, überleben wird, ist nicht sicher. Immerhin erleben wir bereits die Bemühungen der großen IT-Konzerne, in enger Zusammenarbeit mit US-amerikanischen und anderen Geheimdiensten alle unsere Bewegungen und Gedanken zu verfolgen, um mittels Algorithmen abweichende ‚Intelligenz‘ buchstäblich undenkbar zu machen.“*[614]

---

611 So der Untertitel seines Buches.

612 Schon 1857 (!) schrieb Marx in den *Grundrissen* von sozialen Kräften und einem sozialen Gehirn, in dem alle technischen Möglichkeiten der Arbeit ab einem gewissen Punkt zusammenkommen.

613 So zu lesen in der Verlagsbeschreibung zu Lovelocks Buch.

614 Van der Pijl, a. a. O., S. 273

Allerdings ist einschränkend zu sagen: Diese Entwicklungen vollziehen sich rasant und vielfach unbemerkt hinter dem Rücken der Gesellschaft. Dennoch wird es noch einige Zeit in Anspruch nehmen, bis man von einer wirklich künstlich intelligent gesteuerten Menschheit ausgehen kann. Dazu braucht es mehr Zeit für weitere Forschungen auf dem Weg zu einer machterhaltenden herrschenden Ordnung.

Zugleich steht die Idee (die mancherorts schon mehr als das ist) im Raum, die Digitalisierung durch radikal demokratische Anwendungen für das alltägliche Leben der Menschen zu nutzen und einen Ausstieg aus der profitorientierten Wirtschaftsweise zu organisieren, die außerdem die Art des gesellschaftlichen Lebens und den Schutz von Natur und Umwelt gleichermaßen im Blick hat. Zu dieser Schlussfolgerung kommt Elmar Altvater,[615] einen Gedanken von Friedrich Engels aus dem *Anti-Dühring* (von dem schon Dörre sprach) aufnehmend, wonach „alle Entwicklung der menschlichen Gesellschaft über die Stufe tierischer Wildheit hinaus [anfängt] von dem Tage, wo die Arbeit der Familie mehr Produkte schuf, als zu ihrem Unterhalt notwendig war“[616]. Ab da sprechen wir von einer Gesellschaftsgeschichte, die sich im Austausch mit der Natur stetig höher entwickelt, aber auch destruktiv werden kann. Die Hinterlassenschaften kapitalistischer Überproduktion türmen sich haushoch und weltweit – in den Einkaufsmeilen des Westens, in den Favelas Südamerikas, den Reifendeponien Kuwaits und anderswo. Ist es da nicht berechtigt, statt von einem Anthropozän von einem Kapitalozän zu sprechen?

Ganz offensichtlich lassen sich diese Auswirkungen mit den technischen Lösungen, so Altvater weiter, die in der inneren Logik des kapitaldominierten Handelns liegen, nicht bewältigen. Er bezeichnet diese als „melancholische Lähmung“. Alternativen sind

---

615 Elmar Altvater, *Kapitalozän. Der Kapitalismus schreibt Erdgeschichte. Zeitschrift Luxemburg*, Februar 2018; https://zeitschrift-luxemburg.de/artikel/kapitalozaen/

616 Ebenda

eher in Formen solidarischen, wirtschaftlichen Handelns verbunden mit den Möglichkeiten von gemeinschaftlicher, transparenter und demokratischer Planung zu suchen, die trotz (oder wegen?) ihres „Utopieverdachts" mehr Realismus in sich zu haben scheinen als die sogenannten „realpolitischen" Lösungen. Und dies vor allem aus einem Grund: Weil sie sich auf den Weg gemacht haben, wirtschaftliche Grundlagen und gesellschaftliche Auswirkungen dieses Handelns auch in ihrer Bedeutung für Natur und Umwelt als einer Einheit anzusehen. Kapitalistische Profitwirtschaft kann diese Gesamtsicht nicht herstellen. Ob sich die Prognosen von John Lovelock oder von Elmar Altvater bewahrheiten werden, ist im Moment unentschieden. Beide jedenfalls sind attraktivere Zukunftsentwürfe als die bloße Fortschreibung der Katastrophen der kapitalistischen Raubwirtschaft und führen zur Wiedergewinnung des irdischen Lebens, einer wahrhaftigen *Revolution der Menschlichkeit.*

III. ANHANG

Internetseiten

Zu den hier im Buch behandelten Themen gibt es eine große Anzahl von informativen Internetseiten. Einige sind im Zusammenhang mit der Corona-Politik entstanden, viele vor dieser Zeit. Wenn man die im Buch angeführten Quellen und die empfohlenen Bücher hinzunimmt, hat man umfangreiche Möglichkeiten, sich zu informieren. Es handelt sich dennoch um eine Auswahl.

www.ackersyndikat.org

Ackersyndikat e.V.

Das Leitbild wurde im Januar 2022 beschlossen; Sitz ist in Niederkaufungen; das Ackersyndikat betrachtet sich als Bestandteil der Commons-Bewegung und arbeitet nach den Prinzipien der ökologischen Orientierung und Nachhaltigkeit. Zusammen mit dem *Mietshäuser-Syndikat*, dem Netzwerk Solidarische Landwirtschaft und dem Netzwerk Flächensicherung ist es in einem Netzwerk verbunden.

> *„Das Ackersyndikat ist ein dezentraler Solidarverbund von selbstorganisierten Höfen. Es sorgt dafür, dass landwirtschaftliche Flächen immer den Menschen gehören, die sie ökologisch verantwortlich bewirtschaften und nutzen. Das Land ist dabei nicht Privateigentum, sondern unverkäuflicher Gemeinschaftsbesitz."*

www.agronauten.net

Die Agronauten-Forschungsgesellschaft für Agrar- und Ernährungskultur

Gegründet 2010 als Forschungsgemeinschaft für nachhaltige, regionale Agrar- und Ernährungskultur; zur Gemeinschaft gehören Akteure mit interdisziplinärem Hintergrund.

> *„Die Agronauten ist eine gemeinnützige Forschungsgesellschaft für nachhaltige Land- und Regionalwirtschaft. Ihre Basis ist in der Region von Freiburg im Breisgau."*

www.akademie-zukunft-mensch.com

Akademie Zukunft Mensch

Gegründet von Axel Burkart, Dipl.-Mathematiker und Dipl.-Informatiker aus München, der seit 1976 Kurse im Bereich der Bewusstseinsentwicklung gibt. Die Akademie (Sitz: Anger/Aufham) vermittelt die Geisteswissenschaft von Rudolf Steiner. Burkart arbeitet auch mit der Genossenschaft Menschlich wirtschaften eG zusammen.

www.allmendeland.de

Allmende eG

AllmendeLand eG & Co. KGaA

Gegründet 2018 als Genossenschaft *AllmendeLand eG*, Sitz in Kassel, vertreten durch Heinz-Ulrich Eisner. In der ungewöhnlichen Rechtsform der eG & Co. KGaA können Interessierte investieren, um landwirtschaftliche Flächen zu erwerben und sie so dem Marktgeschehen zu entziehen.

> *„Der neue Ansatz, den das AllmendeLand-Projekt verfolgt, beruht darauf, dass Menschen hier Geld anlegen können, ihre Anteile jedoch später, wenn zum Beispiel im Alter Geld benötigt wird, auch wieder veräußern können. Es handelt sich also nicht um Spenden, sondern um eine Wertanlage."*

www.antizyklischer-boersenbrief.de

Antizyklischer Börsenbrief

Gegründet und herausgegeben von Andreas Hoose mit Sitz in Bad Tölz; es handelt sich um einen unabhängigen Börsenbrief, der sich ausschließlich über Abonnenten finanziert.

Anthroposophische Unternehmen (Auswahl)

Software AG, Darmstadt; *dm Drogeriemärkte*, Karlsruhe; *Weleda AG*, Arznei- und Körperpflegemittel, Schweiz; *Wala Heilmittel GmbH*, Arzneimittel und Kosmetik, Bad Boll; *Rudolf und Clara Kreutzer-Stiftung*, Nürnberg; *Stiftung trias* – gemeinnützige Stiftung für Boden, Ökologie und Wohnen, Hattingen; *GLS Gemeinschaftsbank eG*, Bochum; *Gemeinschaftskrankenhaus Herdecke gemeinnützige GmbH*, Herdecke; *Bündnis Soziale Dreigliederung*, Bad Reichenhall; *Oikopolis Gruppe*, Luxemburg; *Mahle Stiftung*, Stuttgart; *Bernhard Lievegoed Institut e.V.*, Hamburg; *Mira Companions Unternehmensberatung*, Sulzburg.

www.berndsenf.de

Bernd Senf

Bernd Senf ist ein emeritierter deutscher Professor für Volkswirtschaftslehre und Geldtheoretiker. Von 1973 bis 2009 lehrte er an der Hochschule für Wirtschaft in Berlin. Senf ist Verfasser von mehreren Büchern zur Geldtheorie und Kritik am Zinssystem wie *Der Nebel um das Geld* und *Der Tanz um den Gewinn*.

www.bitcoin.org

Bitcoin

Diese Internetseite ist die Hauptseite der Kryptowährung *Bitcoin*, auf der auch das White Paper veröffentlicht ist, das im Text besprochen wird. Eigentümer der Internet-Seite ist die *internationale Bitcoin-Community*.

www.bilbo.calvez.info

Bilbo Calvez

Bilbo Calvez, geboren Anfang der 1960er Jahre in Paris, ist eine französische Filmemacherin, Schriftstellerin und Aktionskünstlerin. Sie lebt u. a. in Berlin. Bundesweit bekannt geworden ist sie mit ihrem Projekt *Die Bärensuppe*, in dem sie die Vision einer geldlosen Gesellschaft verfolgt. Ihr Buch *Saruj – Stell dir vor es gibt kein Geld mehr* handelt ebenfalls davon. Es wird im Kapitel 27 (S. 204) vorgestellt.

www.blackrocktribunal.de

BlackRock Tribunal

Die Internetseite dokumentiert die *BlackRock Tribunale* 2020 und 2021 sowie die Konferenzen 2022 und 2023. Betreiber der Seite ist der Kölner Investigativ-Journalist und Autor Werner Rügemer.

www.buergerstiftung-pfalz.de

Bürgerstiftung Pfalz

Unter dem Dach der Bürgerstiftung in Klingenmünster werden zurzeit acht Partnerstiftungen in der Pfalz verwaltet.

> *„Wir sind eine Gemeinschaftsinitiative von Bürgerinnen und Bürgern der Pfalz und einem besonderen Wertesystem verpflichtet. In dessen Mittelpunkt stehen: der Schutz und die Bewahrung der natürlichen Lebensräume in der Region; die Förderung der Anwendung nachhaltiger Wirtschaftsmethoden; die Verbesserung der Chancen von gesellschaftlich benachteiligten Menschen und die Ermöglichung von sozial-verantwortlichem Handeln; die Belebung und Bereicherung der Region."*

www.buendnis-socialpeace.de

Bündnis Social Peace

Aus der ursprünglichen Band- und Leiharbeitergewerkschaft *Social Peace* hervorgegangenes soziales Bündnis gegen die wirtschaftlichen und unsozialen Folgen der Corona-Pandemie mit regionalem Schwerpunkt in Bayern und München. Vorsitzender ist der Münchener Hans-Christian Lange.

Im Buch wird im Kapitel 17 (S. 132) darüber berichtet.

www.buurtzorg-deutschland.de

Buurtzorg (dt. „Nachbarschaftspflege")

Gegründet 2006 von dem Niederländer Jos de Blok in Almelo als ein Unternehmen zur ambulanten Pflege. *Buurtzorg* geht neue Wege in der Pflege unter Verzicht auf jegliche Hierarchie.

> *„Selbstständige Teams von ungefähr zehn Personen regeln alles selbst, von der Planung ihrer Arbeit bis hin zu den Kontakten zu den Hausärzten. Zu den Zielen gehören auch die Einbeziehung von Familie und Nachbarschaft sowie die aktive Unterstützung und Förderung der Selbstständigkeit der Patienten."*

Derzeit beschäftigt die Organisation nach eigenen Angaben rund 14.500 Mitarbeiter, was etwa 20 % des niederländischen Marktes der ambulanten Pflege ausmacht. Fünf Mal wurde Buurtzorg zum besten niederländischen Arbeitgeber gewählt.

www.chiemgauer.info

Chiemgauer Regiogeld UG

Gegründet 2003 in Priem am Chiemsee durch Christian Gelleri als Folge eines Schülerprojekts einer Waldorfschule; nach eigenen Angaben wird das Regiogeld von etwa 500 Unternehmen und 4.500 Privatpersonen im Landkreis Rosenheim und Traunstein genutzt. Bei 500 teilnehmenden Annahmestellen lag der Umsatz 2020 bei ca. 6 Mio. Euro und der Chiemgauer ist damit die erfolgreichste Regionalwährung im deutschsprachigen Raum.

www.deutschland-steht-auf.de

Deutschland steht auf

Gegründet 2022 in Weimar als Forum Aufstehen; Gründungsimpuls waren Aktionen gegen die Impfpraxis und die bundesweite Einschränkung der Freiheitsrechte. Ziel ist eine bundesweite Vernetzung und gemeinsames Vorgehen der Oppositionsbewegung mit den Zielen: Politikerhaftung, Bargelderhalt und Vetorecht. Die Initiative ist Veranstalter mehrerer größerer Kundgebungen.

www.diedrei.org

Die Drei

Die Drei ist eine „Zeitschrift für Anthroposophie in Wissenschaft, Kunst und sozialem Leben". Sie erscheint seit 1921 und steht in der Tradition Rudolf Steiners. In den Ausgaben erscheinen regelmäßig Beiträge zu den Schwerpunkten anthroposophische Geisteswissenschaft, soziale Dreigliederung und Natur- und Weltanschauung. Die Zeitschrift wird in Stuttgart herausgegeben.

www.dreigliederung.de

Institut für soziale Dreigliederung

Das *Institut für soziale Dreigliederung* wurde 1998 gegründet. Sein Ziel ist die fundierte Verbreitung von Hintergrundwissen zur Sozialen Dreigliederung und den Schriften Rudolf Steiners. Ihre Mitglieder sind auch beratend tätig. Es hat seinen Sitz in Berlin.

www.eike-klima-energie.eu

EIKE e.V.

Gegründet 2007, Sitz in Jena; *Das Europäische Institut für Klima und Energie e.V.* hat einen wissenschaftlichen Beirat, veranstaltet regelmäßige Energie- und Klimakonferenzen und setzt sich in Veröffentlichungen mit der staatlichen Energiepolitik kontrovers auseinander.

www.geldreform.de

Onlinearchiv der FU Berlin

Ein umfassendes Online-Archiv mit Materialien zur Geld-, Zins- und Schuldenproblematik, das im Ergebnis eines Hochschulseminars 1997 an der FU Berlin veröffentlicht wurde.

www.german-foreign-policy.com

German Foreign Policy

„Informationen zur deutschen Außenpolitik: Nachrichten + Interviews + Analysen + Hintergründe". In der Redaktion ist u. a. der deutsche Journalist und Autor Jörg Kronauer tätig.

www.gartenring.org

Ralf Otterpohl

Gegründet 2022 durch Ralf Otterpohl. Er ist Professor und Leiter des Instituts für Abwasserwirtschaft und Gewässerschutz an der Technischen Universität Hamburg. Die Internetseite stellt Projekte und Initiativen von *Neuen Dörfern*, Gärtnerhöfen und Gärtnerdörfern vor.

> *„Mit den neuen Gärtnerdörfern oder dem Neuen Dorf zeigen wir neue und alte Wege einer fürsorglichen Landpflege mit breiter Artenvielfalt und hoher Produktivität hochwertigster Lebensmittel."*

www.gradido.net

Gradido

Gradido wird im Kapitel 30 (S. 215) dargestellt. Es handelt sich um ein alternatives Geldsystem.

www.helfa.org

H.e.l.f.a.-Netzwerk

H.e.l.f.a. ist ein weltweites Netzwerk des kostenlosen Tauschens und Unterstützens und wird von Kal El (Pseudonym) betrieben. Es wird im Kapitel 24 (S. 188) dargestellt.

www.helmut-creutz.de

Helmut Creutz

Helmut Creutz (1923-2017) aus Aachen war ursprünglich als Architekt und Schriftsteller tätig. Ab 1982 betätigte er sich als Wirtschaftsanalytiker und Publizist. Er gehörte auch dem Werkkreis Literatur der Arbeitswelt an. Sein Hauptwerk *Das Geld-Syndrom* 2012 wurde in mehrere Sprachen übersetzt. Er war Anhänger der Lehren von Silvio Gesell und befasste sich in mehr als hundert Aufsätzen u. a. mit Währungs- und Zinsproblematiken.

www.humane-wirtschaft.de

Zeitschrift Humane Wirtschaft

Humane Wirtschaft ist eine Zeitschrift in der Tradition von Silvio Gesell und erscheint zweimonatlich in Essen. Das Anliegen der Zeitschrift: „Es geht vielmehr darum, der Idee einer gerechten Bodenordnung und eines nachhaltigen Geldsystems eine Stimme zu geben. Das geschieht mit Hilfe von Autoren, die jenseits eingefahrenen Denkens Kenntnisse über zukunftsfähige Alternativen vermitteln. Insofern erfüllt die Zeitschrift einen erforderlichen Bildungsauftrag."

www.inwo.de

INWO Deutschland e.V.

Die *INWO* ist ein gemeinnütziger freiwirtschaftlicher Verein mit politischem Bildungsauftrag und Sitz in Frankfurt am Main. Vorstände sind: Felix Fuders, Bastian Kranz und Matthias Klimpel. Sein Ziel ist es, einer möglichst großen Öffentlichkeit Ideen zur Gestaltung eines gerechten und stabilen Geldsystems und einer gerechten und effizienten Bodenordnung zugänglich zu machen. Er fördert die Gedanken des Sozialreformers Silvio Gesell und wurde maßgelblich von Helmut Creutz unterstützt. Der Verein hat eine breite aktuelle Publizistik und verfolgt das Ziel einer Marktwirtschaft ohne Kapitalismus („Fairconomy"). Außerdem betreibt er die Internetseite www.geldreform.eu.

↗ www.kartoffelkombinat.de

Kartoffelkombinat – der Verein e.V.

Gegründet 2012 in München durch Simon Scholl und Daniel Überall als erste genossenschaftlich organisierte Solidarische Landwirtschaft. Derzeit arbeiten über 2.000 Münchner Haushalte zusammen, die ihr Gemüse zusammen mit ausgewählten Partnern selbst anbauen. Ziel dabei ist der Aufbau einer selbstverwalteten und nachhaltigen Versorgungsstruktur sowie ein gemeinwohlorientiertes statt profitmaximierendem Wirtschaften. Damit macht sich das *Kartoffelkombinat* zunehmend unabhängig von den industriellen Agrarstrukturen und kann selbst bestimmen, was und wie angebaut wird.

↗ www.klima-wahrheiten.de

Bernd Fleischmann

Dr. Bernd Fleischmann ist promovierter Elektrotechniker und klärt auf seiner Internetseite wissenschaftlich über die Ursachen und Folgen von Klimaänderungen auf, z. B. über den Treibhauseffekt, die Folgen von Fukushima und über die Medienmachenschaften zu diesem Thema.

↗ www.kolleg-postwachstum.de

DFG-Kolleg Postwachstumsgesellschaft

DFG steht für Deutsche Forschungsgemeinschaft und ist ein Finanzierungsprogramm für wissenschaftliche Projekte. In Jena wurde das *Kolleg Postwachstumsgesellschaft* 10 Jahre lang finanziert.

Im April 2021 wurde die Arbeit nach 10-jähriger Tätigkeit eingestellt. Das Kolleg Postwachstumsgesellschaft wurde von den Professoren Klaus Dörre und Hartmut Rosa geleitet. Vielfältige Arbeitsergebnisse wurden dokumentiert.

↗ www.magma-magazin.su

Magazin der Masse

Das *Magazin der Masse* (kurz: MagMa) ist ein Internetportal der *Freien Linken* aus mehreren europäischen Ländern. Dort werden politische Beiträge veröffentlicht. Außerdem finden internationale Konferenzen (zuletzt 2022 in Prag und 2023 in Wien) statt.

↗ www.margritkennedy.de

Margrit Kennedy

Margrit Kennedy (1939-2013) war Professorin für Architektur, Ökologin, Geldexpertin und Kapitalismus-Kritikerin. Sie gilt als eine der wichtigsten Kritikerinnen des Geld- und insbesondere des Zinssystems und war Anhängerin des Freiwirtschaftssystems. Kennedy initiierte zahlreiche Regiogeld-Projekte und Komplementärwährungen und mit anderen 2011 *Occupy Money*. In der Organisation *Monneta* (Money Network Alliance) bündelte sie ihre Aktivitäten über nachhaltige Finanzstrukturen und komplementäre Geldsysteme. Sie verfasste zahlreiche Bücher und Aufsätze.

↗ www.menschlich-werte-schaffen.de

Menschlich Wirtschaften e.G.

Gegründet 2021 in Stralsund; Menschlich *Wirtschaften e.G.* ist eine Genossenschaft, die nach den Prinzipien der Sozialen Dreigliederung aufgebaut ist. Privatpersonen und Unternehmen können Mitglied der Genossenschaft werden und den Zweck dadurch fördern. Außerdem bestehen vielfältige Möglichkeiten des Mitmachens in Arbeitsgruppen. *Menschlich Werte schaffen* ist der Name des Netzwerkes, das im Umfeld der Genossenschaft entsteht. Die Genossenschaft wird durch Sabine Langer und Heidi Herbig vertreten.

Die Mut-Macherin wird in Kapitel 9 (S. 69) vorgestellt.

www.minutocash.org

Minuto Energie-Gutscheine

Es handelt sich um ein alternatives Geldsystem. *Minuto* wird im Buch im Kapitel 32 (S. 233) behandelt.

www.monneta.org

monneta gemeinnützige GmbH

Monneta ist ein Wissensnetzwerkt über nachhaltige Finanzwirtschaft und den Beitrag komplementärer Währungen. Die Wissensvermittlung erfolgt über Bildungsmaßnahmen, Vorträge, Seminare und Gesprächskreise, Informationsnetzwerke, Bildungskonzepte, Produktion von audio-visuellen Medien u. a. Die Geschäftsführerin ist Kathrin Latsch. Die Gesellschaft hat ihren Sitz in Steyerberg.

99zueins.fireside.fm

99 zu eins

99 zu eins aus Berlin produziert Podcasts und Interviews zu aktuellen politischen Geschehnissen und grundsätzlichen Themen aus kapitalismuskritischer Sicht. Auf *YouTube* wird ein Video-Kanal unter dieser Adresse betrieben.

www.norberthaering.de

Norbert Häring

Norbert Häring ist promovierter Volkswirt, Wirtschaftspublizist, mehrfacher Buchautor und seit 2002 Redakteur für Wirtschaftswissenschaft bei der Wirtschafts- und Finanzzeitung *Handelsblatt*. Er betreibt den kostenlosen Internet-Blog *Geld und mehr*, in dem wirtschaftliche und gesellschaftliche Fragen behandelt werden.

> *„Beim Geldwesen liegt ein Schwerpunkt. Denn die Folgerungen aus der Tatsache, dass wir in einer Geldwirtschaft leben und nicht in einer Tauschwirtschaft, werden – vor allem von Ökonomen – sehr oft falsch dargestellt oder gänzlich ignoriert. Missverständnisse darüber, was Geld (und Kapital) ist, wer es schafft, und was dabei schief gehen kann, sind daher in der Öffentlichkeit sehr weit verbreitet. Wer solchen Missverständnissen aufsitzt, kann Finanzkrisen und Schuldenkrisen weder verstehen noch bewältigen. Er oder sie kann auch das Wesen und die Funktionsweise des Kapitalismus nicht verstehen.“*

www.peterschmuck.de

Peter Schmuck

Peter Schmuck ist emeritierter Professor für Psychologie und Nachhaltigkeitsaktivist. Auf seiner Internetseite informiert er über seine vielfältigen, jahrelangen Aktivitäten. Er betreibt auch die Internetseite über *Zukunftskommunen* und *Energiewendedörfer* und gibt einen monatlichen Newsletter heraus, der im September 2023 aus persönlichen Gründen eingestellt wurde. Das umfangreiche Archiv steht weiterhin zur Verfügung.

www.PIRX-Zeittauschring.de

PIRX-Zeittauschring

Der *PIRX-Zeittauschring* wird von Tilo Rößler aus Heidenau betrieben. Er ist Teil des Kapitel 22 (S. 181).

www.radio-berliner-morgenroete.de

Radio Berliner Morgenröte

Der Radiosender hat seinen Sitz in Berlin und wird von Oliver Schindler betrieben. Der besondere Schwerpunkt des Senders liegt in Berichten über die „Parallelgesellschaft“.

> *„Interviews, Reportagen, Satire und Musik im Zeichen des seltsamen Zeitgeschehens. Ein neues Radio für eine neue Zeit. Mit Mut und Humor."*

www.regionalwert-ag.de

Regionalwert AG Freiburg-Südbaden

Die *Regionalwert AG Freiburg-Südbaden* wurde von Christian Hiß in Eichstätten am Kaiserstuhl (Nähe Freiburg) 2006 als Regionalwert AG gegründet.

> *„Wir sind die Regionalwert AG Freiburg-Südbaden. Mit unserer nachhaltigen Bürger-Aktie investiert [I]hr in ökologische Land- und Ernährungswirtschaft direkt vor [E]urer Haustüre. Gemeinsam mit den teilnehmenden Partnerbetrieben und unserem starken Netzwerk stehen unsere Aktionär:innen mit ihrem Investment für eine bewusste Mitgestaltung lebenswerter Dörfer, Städte und Regionen."*

Die *Regionalwert AG* wird im Kapitel 10 (S. 85) ausführlich vorgestellt.

www.regionalwert-leistungen.de

Regionalwert Leistungen GmbH

Die Gesellschaft erbringt Organisationsleistungen für die Landwirtschaft, insbesondere eine eigene Berechnungsmethode und Leistungsrechnung. Geschäftsführer ist Christian Hiß, Sitz der Gesellschaft ist in Eichstätten.

> *„Basis unserer Arbeit ist die Regionalwert-Bewertungsmethode. Mit Hilfe dieser Bewertungsmethode erarbeiten wir Grenzwerte und Kennzahlen, die wiederum das Herzstück unserer Regionalwert-Instrumente darstellen. Etwa 300 Kennzahlen haben wir in den letzten Jahren intensiver Forschung so erarbeitet."*

www.samarita.de

Samarita Solidargemeinschaft e.V.

Gegründet 1997, seit Februar 2022 gesetzlich anerkannt, Sitz ist Bremen. *Samarita* ist eine Solidargemeinschaft zur finanziellen Absicherung im Krankheitsfall als Alternative zur gesetzlichen und privaten Krankenversicherung.

www.larsschall.com

Lars Schall

Die Seite wird von dem freien Finanzjournalisten Lars Schall ist mit den Schwerpunkten Erdöl, Edelmetalle, Geldsystem und Geopolitik betrieben. Er gilt als einer der außergewöhnlichsten Journalisten seiner Generation und lebt im Ruhrgebiet. „Exklusive Interviews, Berichte, Recherchen und Übersetzungen aus Finanzen, Wirtschaft und Politik. Für den anspruchsvollen Leser."

www.silvio-gesell.de

Stiftung für Reform der Geld- und Bodenordnung

Die Stiftung bietet auf ihrer Internetseite auf authentische Quellen gestützte Informationen über das Leben und Werk von Silvio Gesell. Vorsitzender der Stiftung ist Werner Onken aus Oldenburg. Er ist auch Redakteur der Zeitschrift für Sozialökonomie.

www.society4th.org

Society 4.0

Society 4.0 ist eine Bewegung, die auf die Initiative von Prof. Bob de Wit aus den Niederlanden zurückgeht. Sitz der Gesellschaft ist in Rotterdam/Niederlande.

Die Initiative, die vor allem die Landbevölkerung in den Niederlanden umfasst, hat sich inzwischen in eine Reihe anderer europäischer Staaten ausgedehnt. Ziel ist eine europaweite Vernetzung auf Basis einer eigenen digitalen Plattform und die Sicherstellung der Lebensgrundlagen der Menschen. Siehe Kapitel 14 (S. 108).

www.sozialimpulse.de

Zeitschrift Sozialimpulse

Die Zeitschrift wird vom Institut für soziale Gegenwartsfragen e. V. in Stuttgart herausgegeben. Das Institut fördert die Soziale Dreigliederung Rudolf Steiners, bietet Vorträge und Seminare an und berät bei der Umsetzung der Sozialen Dreigliederung.

www.stiftung-verantwortungseigentum.de

Stiftung Verantwortungseigentum

Die Stiftung wird von den Vorständen/Geschäftsführern Thomas Bruch, Génica Schäfgen, Maike Kauffmann, Armin Steuernagel, Dr. Till Wagner und Gregor Ernst geleitet. In ihr sind eine Reihe prominenter deutscher Unternehmen vertreten, die sich als „Verantwortungseigentümer" verstehen. Stimmrechte der Gesellschaften „und damit die Kontrolle über das Unternehmen liegt bei Menschen, die mit dem Unternehmen verbunden sind und die Werte des Unternehmens langfristig tragen – damit ist das Unternehmen selbstbestimmt. Es gibt keine automatische Vererbung der Stimmrechte, und die Stimmrechte können nicht als Spekulationsgut gehandelt werden."

www.syndikat.org

Mietshäuser-Syndikat GmbH

Gegründet 1999 und Sitz in Freiburg; Geschäftsführer sind Isabella Bischoff, Regina Maier, Rosmarie von Pressentin, Karine Reindlmeier und Jochen Schmidt. „Das Mietshäuser-Syndikat ist eine in Deutschland kooperativ und nicht-kommerziell organisierte Beteiligungsgesellschaft zum gemeinschaftlichen Erwerb von Häusern, die in Kollektiveigentum überführt werden, um langfristig bezahlbare Wohnungen und Raum für Initiativen zu schaffen."

www.tauschringadressen.de

Tauschringadressen

Die Seite wird von Tilo Rößler aus Heidenau betrieben. Es ist ein interaktives Einstiegsportal in die Welt der Tauschringe mit umfangreichen Übersichten und Suchmöglichkeiten nach örtlichen Tauschringen. Siehe auch Kapitel 22 (S. 181).

www.traumaheilung.net

Gopal Norbert Klein

Gopal Norbert Klein ist Dipl.-Informatiker (FH), Heilpraktiker für Psychotherapie, Autor und gehört zu den bekanntesten Traumatherapeuten im deutschsprachigen Raum. Nach Ausbildungen in den unterschiedlichsten Methoden der Traumatherapie begann er seine eigene Methode (FLOATING) zu entwickeln. Gopal Norbert Klein ist Spezialist für Entwicklungstraumata und Bindungstraumata. Er bildet selbst Traumatherapeuten aus. Seine Selbsthilfe-Methode des Ehrlichen Mitteilens wird inzwischen von Menschen in Europa, den USA, Südamerika, Asien, Russland und Australien praktiziert.“ Sein Buch Der Vagus – Schlüssel zur Traumaheilung erschien 2022 und stellt seine Methode umfassend dar.

www.unternehmer-mit-herz.com

Unternehmer mit Herz

Gegründet 2020 in Jena durch den Unternehmer Peter Schmidt; Anlass waren der Lockdown 2020 und die Drangsalierungen der Arbeitnehmer durch Streichung der Lohnfortzahlung. Inzwischen haben sich über 1250 Unternehmer aus ganz Deutschland und darüber hinaus den Forderungen angeschlossen.

Darüber informiert das Kapitel 15 (S. 116).

www.vahrenholt.net

Fritz Vahrenholt

Fritz Vahrenholt war von 1991 - 1997 Umweltsenator in Hamburg und anschließend in der alternativen Energiewirtschaft tätig. Er gilt als ein bedeutender Kenner der Energiebranche mit einer Reihe von Veröffentlichungen zu diesem Thema.

www.werner-onken.de

Werner Onken

Der Dipl.-Ökonom Werner Onken, geboren 1953, war von 1982 bis 2019 als Mitarbeiter der Stiftung für Reform der Geld- und Bodenordnung verantwortlich für die Redaktion der Zeitschrift für Sozialökonomie, das Archiv für Geld- und Bodenreform und die Mitorganisation von zahlreichen Tagungsreihen, u. a. der Ringvorlesung zur Postwachstumsökonomie an der Carl von Ossietzky-Universität Oldenburg (2008-2016) und der Vortragsreihe zur Postwachstumsökonomie in Oldenburg (2016-2018). Herausgeber der Gesammelten Werke (18 Bände, 1974-2022) von Silvio Gesell. Onken gilt als einer der besten Kenner der Arbeiten Gesells.

www.dieweissen.de
www.unternehmerstehenauf.net

Die WEISSEN-Unternehmer stehen auf

Die *WEISSEN* sind 2021 im Umfeld des „Festes der Demokratie" am Hambacher Schloss gegründet worden. Ihr Vorsitzender ist Wolfgang Kochanek. Sitz der *WEISSEN* ist Neustadt in der Pfalz.

> *„Auch wenn die momentanen Zeiten von vielen Krisen geprägt sind und insbesondere die Wirtschaft und die Unternehmen unter dieser Situation leiden, sind wir von die WEISSEN und Unternehmer stehen auf überzeugt davon, dass wir die Zukunft unseres Landes durch eine professionelle Vernetzung und den Aufbau von Unternehmernetzwerken maßgeblich beeinflussen*

und mitgestalten können. Die Unternehmen und deren Mitarbeiter sind das wirtschaftliche Rückgrat dieses Landes und Garanten für unseren Wohlstand. Wenn auch Sie wollen, dass dies so bleibt, treten Sie dem Netzwerk bei."

Eine ausführliche Darstellung findet sich in Kapitel 16 (S. 118).

www.wir.ch

WIR Bank

Gegründet 1934, Sitz ist Basel/Schweiz; die *WIR Bank* ist eine Genossenschaftsbank für Unternehmen und Privatkunden. Mit einer eigenen Komplementärwährung für Betriebe bietet sie alle Bankdienstleistungen einer Vollbank an. Sie hat heute in der Schweiz das größte Netzwerk von klein- und mittelständischen Unternehmen. 2021 hatte die Bank eine Bilanzsumme von fast 6 Mrd. SFr.

www.Zukunftskommunen.de

www.Energiedörfer.de

Zukunftskommunen und Energiedörfer

Diese Internetseiten informieren umfangreich über Energiewendedörfer und Zukunftskommunen der Gemeinwohlökonomie, die die eigene Energiesouveränität erreicht haben. Neue Projekte werden vorgestellt, über eine PLZ-Suche kann man nach Projekten in seiner Nähe suchen und sich regelmäßig einen Newsletter schicken lassen (bis 09/2023). Betreiber der Internetseite ist Peter Schmuck.

In Kapitel 12 (S. 96) ist davon zu lesen.

www.zukunft-pflegebauernhof.de

Pflegebauernhof

www.pflegedienst-natuerlich.de

Pflegedienst Natürlich

Sitz der Gesellschaft ist Marienrachdorf in Rheinland-Pfalz, Geschäftsführer ist Guido Pusch.

Auf diesen Internetseiten findet man wichtige Informationen über den *Pflegebauernhof* im Westerwald und ein Beratungskonzept, wie man einen *Pflegebauernhof* aufbauen kann. Auf einem *Pflegebauernhof* wohnen (lebenslang) und arbeiten ältere Menschen, für die auch ein Pflegedienst zur Verfügung steht. Zur Gruppe gehört der *Pflegedienst Natürlich*. Inzwischen sind etwa 20 Projekte bei steigender Nachfrage bundesweit entstanden.w

Lesenswerte Texte

- Rudolf Steiner, *Ergebenheitsgebet*
- Rudolf Steiner, *Aufruf an das und die Kulturwelt* (1919)
- Nelson Mandela, *Du bist ein Kind Gottes*
- Matthäus, Die *Bergpredigt* (Mt 5,1–7,29)
- Novalis, *Vom merkantilischen Geiste*
- Ezra Pound, *Usura-Cantos*
- Ralf Otterpohl, *Neues Dorf in einem neuen Land*
- Andreas Eschbach, *Die Fußballtheorie des Geldes*
- Yanis Varoufakis, *Der Kapitalismus ist tot: Es lebe der Techno-Feudalismus*
- Menschlich Wirtschaften eG, *Werteleitbild*
- Friedrich Engels, *Anteil der Arbeit an der Menschwerdung des Affen*
- Georg Jochum / Simon Schaupp, *Die Steuerungswende*
- Antonio Gramsci über den Staat

Lesenswerte Bücher

1. Kapitalismusanalyse

Agnoli, Johannes, *Die Transformation der Demokratie und verwandte Schriften*, Konkret Literatur Verlag, Hamburg 2004

Altvater, Elmar, *Das Ende des Kapitalismus, wie wir ihn kennen. Eine radikale Kapitalismuskritik*, Verlag Westfälisches Dampfboot, Münster 2009

Altvater, Elmar, *Marx neu entdecken, Das hellblaue Bändchen zur Einführung in die Kritik der Politischen Ökonomie*, VSA Verlag, Hamburg 2015

Altvater, Elmar, *Engels neu entdecken. Das hellblaue Bändchen zur Einführung in die „Dialektik der Natur" und die Kritik von Akkumulation und Wachstum*, VSA Verlag, Hamburg 2015

Altvater, Elmar/Hecker, Rolf/Heinrich, Michael/Schaper-Rinkel, Petra, *Kapital.doc. Das Kapital (Bd.1) von Marx in Schaubildern mit Kommentaren*, Verlag Westfälisches Dampfboot, Münster 1999

Beckert, Sven, *King Cotton. Eine Geschichte des globalen Kapitalismus*, C.H.Beck Verlag, München 2014

Biermann, Werner/Klönne, Arno, *Kapital-Verbrechen. Zur Kriminalgeschichte des Kapitalismus*, PapyRossa Verlag, Köln 2005

Deppe, Frank, *Antonio Gramsci – das Scheitern der bolschewistischen Revolution im Westen*, in, ders., *Politisches Denken im 20. Jahrhundert*, Bd. 2, *Politisches Denken zwischen den Weltkriegen*, VSA Verlag, Hamburg 2003

Drewermann, Eugen, *Kapital & Christentum*, 3 Bände. Bd. 2, *Finanzkapitalismus*, Patmos Verlag, Ostfildern 2017

Fraser, Nancy, *Der Allesfresser. Wie der Kapitalismus seine eigenen Grundlagen verschlingt*, Suhrkamp Verlag, Berlin 2023

Helmedag, Fritz, *Warenproduktion mittels Arbeit. Zur Rehabilitation des Wertgesetzes*, Metropolis Verlag, Marburg 1992

Hobsbawm, Eric, *Das Gesicht des 21. Jahrhunderts. Ein Gespräch mit Antonio Polito*, Hanser Verlag, München/Berlin 2000

Klein, Naomi, *Schockstrategie*, Büchergilde Gutenberg, Frankfurt am Main 2007

Kuczynski, Jürgen, *Vom Knüppel zur automatischen Fabrik. Eine Geschichte der menschlichen Gesellschaft*, Der Kinderbuchverlag Berlin, o.J.

Mandel, Ernest, *Einführung in die marxistische Wirtschaftstheorie*, Verlag Neue Kritik, Frankfurt 1972

Marx, Karl, *Lohn, Preis und Profit*, VSA Verlag, Hamburg 2022

Marx, Karl, *Das Kapital. Kritik der politischen Ökonomie*, Erster Band, Buch I, *Der Produktionsprozess des Kapitals*, Neue Textausgabe, bearbeitet und herausgegeben von Thomas Kuczynski, VSA Verlag, Hamburg 2017

Mausfeld, Rainer, *Angst und Macht. Herrschaftstechniken und Angsterzeugung in kapitalistischen Demokratien*, Westend Verlag, Frankfurt am Main 2019

Milanovic, Branko, *Kapitalismus global. Über die Zukunft des Systems, das die Welt beherrscht*, Suhrkamp Verlag, Berlin 2020

Rauter, E.A., *Vom Faustkeil zur Fabrik. Warum die Werkzeuge die Menschen und die Menschen die Werkzeuge verändern*, Weismann Verlag, München 1977

Rügemer, Werner, *BlackRock & Co. enteignen! Auf den Spuren einer unbekannten Weltmacht*, Nomen Verlag, Frankfurt am Main 2023

Rügemer, Werner, *Die Kapitalisten des 21. Jahrhunderts*, PapyRossa Verlag, Köln 2018

Rügemer, Werner, *Verhängnisvolle Freundschaft. Wie die USA Europa eroberten*, PapyRossa Verlag, Köln 2023

Schall, Lars, *Notizen zur jüngeren Weltgeschichte. Aufsätze über Gott, Geld und Macht*, Books on Demand (BoD) 2022

van der Pijl, Kees, *Die belagerte Welt. Corona, Die Mobilisierung der Angst – und wie wir uns daraus befreien können*, Der Politikchronist, Ratzert 2021

Zuboff, Shoshana, *Das Zeitalter des Überwachungskapitalismus*, Campus Verlag, Frankfurt am Main 2018

2. Geld- und Finanzsysteme

Broistedt, Philip/Hofmann, Christian, *Goodbye Kapital. Die Alternative zu Geld, sozialem Elend und ökologischer Katastrophe*, PapyRossa Verlag, Köln 2020

Creutz, Helmut, *Das Geld-Syndrom, 2012. Wege zu einer krisenfreien Wirtschaftsordnung*, Wirtschaftsverlag Langen Müller/Herbig, München 1993

Kenawi, Samira, *Vorschlag für eine Geldreform. Grundprinzipien und Regeln*, 4 Bände. Books on Demand (BoD) 2023

Lietaer, Bernard A., *Das Geld der Zukunft. Über die destruktive Wirkung des existierenden Geldsystems und die Entwicklung von Komplementärwährungen*, Riemann/Bertelsmann-Gruppe, München 1999

Mayer, Thomas/Huber, Roman, *Vollgeld. Das Geldsystem der Zukunft. Unser Weg aus der Finanzkrise*, Tectum Verlag, Marburg 2014

Ostrom, Elinor, *Was mehr wird, wenn wir teilen. Vom gesellschaftlichen Wert der Gemeingüter*, Oekom Verlag, München 2011

Sandleben, Guenther, *Gesellschaft nach dem Geld. Arbeitszeitrechnung als Alternative*, PapyRossa Verlag, Köln 2022

Senf, Bernd, *Der Tanz um den Gewinn. Von der Besinnungslosigkeit zur Besinnung der Ökonomie*, Verlag für Sozialökonomie, Lütjenburg 2005

3. Postwachstum, Gemeinwohlökonomie, Genossenschaften, digitale Ökonomie

d'Alisa, Giacomo/Demaria, Federico/Kallis, Giorgos (Hg.), *Degrowth. Handbuch für eine neue Ära*, Oekom Verlag, München 2016

Butollo, Florian/Nuss, Sabine (Hg.), *Marx und die Roboter. Vernetzte Produktion, Künstliche Intelligenz und lebendige Arbeit*, Dietz Verlag, Berlin 2023

Daum, Timo/Nuss, Sabine (Hg.), *Die unsichtbare Hand des Plans. Koordination und Kalkül im digitalen Kapitalismus*, Dietz Verlag, Berlin 2021

Fabricius, Wolfgang, *Profitfreie Räume! Gemeingutökonomie als Transformationsstrategie – eine engagierte Bestandsaufnahme*, Büchner Verlag, Marburg 2022

Felber, Michael, *Gemeinwohlökonomie*, Piper Verlag, München 2018

Helfrich, Silke/Bollier, David, *Frei, fair und lebendig. Die Macht der Commons*, Transcript Verlag, Bielefeld 2020

Mason, Paul, *Postkapitalismus. Grundrisse einer kommenden Ökonomie*, Suhrkamp Verlag, Berlin 2021

Neupert-Doppler, Alexander (Hg.), *Konkrete Utopien. Unsere Alternativen zum Nationalismus*, Schmetterling Verlag, Stuttgart 2018

Notz, Gisela, *Genossenschaften. Geschichte, Aktualität und Renaissance*, Schmetterling Verlag, Stuttgart 2023

Vom Bioenergiedorf zum Energiewendedorf. Hrsg. von der Universität Kassel und der Universität Göttingen, 2022; Auf der Internetseite www.energiewendedörfer.de kann man die Broschüre herunterladen.

4. Komplementär-/Regionalwährungen

Kennedy, Margrit/Lietaer, Bernard A., *Regionalwährungen. Neue Wege zu nachhaltigem Wohlstand*, Riemann Verlag, München 2004

Leinert, Sebastian, *Regionale Komplementärwährungen in Deutschland. Stand und Entwicklungsmöglichkeiten*, Books on Demand (BdO), 2016

5. Gesellschaftliche Alternativen zum Kapitalismus

Cockshott, W. Paul/Cottrell, Allin, *Alternativen aus dem Rechner. Für sozialistische Planung und direkte Demokratie*, PapyRossa Verlag, Köln 2006

Conert, Hansgeorg, *Die Ökonomie des unmöglichen Sozialismus. Krise und Reform der sowjetischen Wirtschaft unter Gorbatschow*, Verlag Westfälisches Dampfboot, Münster 1990

Dunkhase, Helmut, *Plädoyer für Planwirtschaft. Vom Umgang mit Widersprüchen in DDR, Sowjetunion und VR China*, PapaRossa Verlag, Köln 2022

Dörre, Klaus, *Die Utopie des Sozialismus. Kompass für eine Nachhaltigkeitsrevolution*, Matthes & Seitz Verlag, Berlin 2022

Häring, Norbert, *Das Endspiel des Kapitalismus. Wie die Konzerne die Macht übernahmen und wie wir sie zurückholen*, Bastei Lübbe/Quadriga Verlag, Köln 2021

Herrmann, Ulrike, *Das Ende des Kapitalismus. Warum Wachstum und Klimaschutz nicht vereinbar sind – und wie wir in Zukunft leben werden*, Kiepenheuer & Witsch Verlag, Köln 2022

Kreiß, Christian, *Das Mephisto-Prinzip in unserer Wirtschaft*, Tredition Verlag, Hamburg 2019

Lovelock, James, *Das Gaia-Prinzip. Die Biographie unseres Planeten*, Artemis & Winkler Verlag, München 1991

Lovelock, James, Novozän. *Das kommende Zeitalter der Hyperintelligenz*, C. H. Beck Verlag, München 2021

Notz, Gisela, *Theorien alternativen Wirtschaftens. Fenster in eine neue Welt.* Schmetterling Verlag, Stuttgart 2022

Otterpohl, Rolf, *Neues Dorf für Neue Erde. Konkrete Zukunftsvisionen für Stadt, Land und Meer.* Books on Demand (BoD) 2022

Piketty, Thomas, *Der Sozialismus der Zukunft. Interventionen.* C. H. Beck Verlag, München 2021

Shiva, Vandana, *Eine andere Welt ist möglich. Aufforderung zum zivilen Ungehorsam.* Oekom Verlag, München 2019

Wright, Erik Olin, *Reale Utopien. Wege aus dem Kapitalismus*, Suhrkamp Verlag, Berlin 2020

6. Silvio Gesell

Benjes, Hermann, *Wer hat Angst vor Silvio Gesell? Das Ende der Zinswirtschaft bringt Arbeit, Wohlstand und Frieden für alle*, Eigenverlag, Bickenbach 1995

Onken, Werner, *Silvio Gesell und die Natürliche Wirtschaftsordnung. Eine Einführung in Leben und Werk*, Verlag für Sozialökonomie, Lütjenburg 1999

Schwarz, Fritz, *Das Experiment von Wörgl. Ein Weg aus der Wirtschaftskrise*, Synergia Verlag, Basel 2015

7. Anthroposophie/Soziale Dreigliederung

Steiner, Rudolf, *Die Kernpunkte der sozialen Frage in den Lebensnotwendigkeiten der Gegenwart und Zukunft*, Rudolf Steiner Verlag, Basel 2014

Strawe, Christoph, *Marxismus und Anthroposophie*, Klett-Cotta Verlag, Stuttgart 1986

Strawe, Christoph, *Soziale Dreigliederung. Chance für eine neue Bewegung in einem sich wandelnden Europa. Was können wir aus der Dreigliederungsbewegung von 1919 für heute lernen?* Verlag am Goetheanum, Dornach 1989

8. Klima und Energie

Lewin, Bernie, *Wie die Wissenschaftler der Welt für den „Klimawandel" weichgeklopft wurden*, Ahriman Verlag, Freiburg 2021

Vahrenholt, Fritz, *Die große Energiekrise – und wie wir sie bewältigen können*, Verlag Langen-Müller, München 2023

Wernicke, Jens/Pohlmann, Dirk (Hg.), *Die Öko-Katastrophe. Den Planeten zu retten, heißt die herrschenden Eliten zu stürzen*, Rubikon Verlag, Mainz 2019

9. Romane

Bogdanow, Alexander Alexandrowitsch, *Der rote Planet. Ingenieur Menni*, Utopische Romane, Verlag Volk und Welt, Berlin 1989

Brandhorst, Andreas, *Das Bitcoin Komplott*, Roman. Fischer Verlag, Frankfurt am Main 2022

Eschbach, Andreas, *Eine Billion Dollar*, Roman. Bastei-Lübbe Verlag, Bergisch Gladbach 2001

Frank, Leonhard, *Links wo das Herz ist*, Roman. Aufbau Verlag, Berlin 1955

Mann, Heinrich, *Der Untertan*, Roman. S. Fischer Verlag, Frankfurt am Main 2021 (Neuausgabe)

Sinclair, Upton, *Hundert Prozent*, Roman. Neuer Malik Verlag, Kiel 1988

Gebrauchte Bücher kann man preiswert erwerben bei Booklooker, medimops oder ZVAB und (soweit in der DDR erschienen) im Antiquariat von Peter Sodann: www.antiquariat-peter-sodann.de. Hilfreich ist auch die Meta-Suchmaschine www.buchhai.de. Neuerscheinungen kauft man lokal beim Buchhändler, direkt beim Verlag oder bei www.buch7.de.

Über den Autor

Ulrich Gausmann wurde 1960 in Ostwestfalen geboren und begann seine berufliche Laufbahn mit einer Ausbildung als Buchhändler in einer konservativen Universitätsbuchhandlung in Paderborn. Durch die Liebe zur Literatur zog es ihn bald auch in die benachbarten Kammerspiele mit ihrem politisch engagierten Ensemble und der ebenso kritischen Theaterleitung. Es folgten erste Veröffentlichungen in der Theaterzeitschrift *Die Lästerzungen*.

Die in den 1980er Jahren geplante Stationierung von Atomraketen und sein Engagement in der sich gleichzeitig formierenden Friedens- und Ostermarschbewegung motivierten den (nicht anerkannten) Kriegsdienstverweigerer Ulrich Gausmann ebenso zu einer kritischen Auseinandersetzung mit den interessengeleiteten Hintergründen der Kriegsindustrie wie zahlreiche Gespräche mit kapitalismuskritischen Weggefährten und mündeten in einem Studium der Fächer Geschichte, Soziologie, Politologie und Wirtschaftswissenschaften in Paderborn.

Unter seinem Doktorvater Arno Klönne, der sein lebenslanges Vorbild und engster Freund wurde, verfasste er zum Ende seiner Studien die Dissertation *Für das Vaterland ohne Volk*, in der er die Politik der KPD zur nationalen Frage 1945-1949 aufarbeitete (Münster 2022, 2. Aufl.). Seine Interessenschwerpunkte sind seitdem Kapitalismusanalyse und -kritik, die Soziologie sozialer Bewegungen und politische Gegenwartsfragen.

Nach Jahren der Selbständigkeit entschied er sich 2014, lernbehinderte Kinder und Jugendliche zu unterrichten, und er unterstützte sie dabei, einen eigenen Weg ins Leben zu finden.

Früh kritisch geworden gegenüber den offiziellen Darstellungen einer Corona-Pandemie und animiert durch Menschen, die auf Protestdemonstrationen vermehrt danach fragten, wie eine wirtschaftlich sichere Zukunft für sie aussehen könne, recherchierte er in der entstehenden Parallelwelt, führte zahlreiche Interviews mit den Urhebern diverser Initiativen und legte mit dem Buch *Revolution der Menschlichkeit* eine fundierte und lösungsorientierte Darstellung über alternative Wirtschafts- und Finanzsysteme vor. Weitere Veröffentlichungen sind in Planung.

Dank

Diese Schrift ist wie in aller Regel nicht nur aus den Bemühungen des Autors entstanden, der aber allein verantwortlich ist. Natürlich waren viele Stichwort- und Hinweisgeber für das Zustandekommen dieses Buches, das mich manches Mal an den Rand meiner Kräfte gebracht hat, wichtig. Sie alle zu erwähnen, würde meine eigene Bedeutung unzulässig inflationistisch aufblähen. Ohne diejenigen, die mich dabei unterstützten, meine materielle Basis mit Lohnarbeit zu sichern und sich um die Reproduktion meiner Arbeitskraft nach besten Kräften einsetzten, wäre alles nicht möglich gewesen. Mein tiefempfundener Dank gehört daher besonders ihnen.

Das vorliegende Buch wäre weiterhin ohne die vielen Aktivisten und Initiatoren, die bereit waren, mir Hintergrundinformationen zur Verfügung zu stellen und geduldig meine Fragen zu beantworten, nicht zustande gekommen. Sie sind im Buch namentlich genannt. Ihnen danke ich ebenfalls, vor allem für ihr Engagement und ihren Mut, die mir die Kraft gaben, unverdrossen am Projekt festzuhalten.

Da ist zuerst Katja Siebke, die mit ihrer norddeutschen Ruhe und Gelassenheit als umsichtige und akribische Lektorin den Text von meinen Unrichtigkeiten befreit, Ordnung in den Wust von Gedanken und Textteilen gebracht und durch kritische Fragen zur Qualität des Textes wesentlich beigetragen hat. Ohne sie wäre dies Buch nicht das geworden, was es ist. Dafür danke ich ihr sehr herzlich.

Und nicht zuletzt war es Martin Sell und sein massel Verlag, der das unternehmerische Risiko einging, den Sprung in ein spannendes, publizistisch-politisch bewegtes Fahrwasser eines „We Set" zu wagen. Es ist ihm sehr zu wünschen, dass es sich für ihn auszahlt.

Sollten Sie Fehler im Text entdecken oder etwas vermissen, lassen Sie es uns bitte wissen, damit wir es korrigieren können. Wir geben unser Bestes, perfekt sind wir nicht. Entsprechende Hinweise bitte per E-Mail an: verlag@massel.net.

Wir bitten sie, Bestellungen direkt im massel Shop aufzugeben unter www.masselverlag.de/shop. So haben alle mehr davon.

www.the-great-weset.de

Im ersten Band stellt Walter van Rossum Alternativen in Medien und Recht vor.

Während der Corona-Pandemie der Jahre 2020 bis 2023 wurden von der Regierung Maßnahmen ergriffen, die mit bislang ungekannten Freiheitsbeschränkungen und einer Aushebelung der Grundgesetze einhergingen. Die Politik – im Verbund mit Medien und einer gekauften Expertokratie – erklärte den Ausnahmezustand. Auch die Rechtsprechung beugte sich dem Pandemieregime. Jede Diskussion wurde unterbunden, einen Pluralismus der Meinungen gab es nicht mehr. Zweifelnde und Andersdenkende waren Repressalien ausgesetzt, viele wurden gar zu Irren oder Kriminellen erklärt.

Aber schon bald regte sich Widerstand, und das in unterschiedlichster Form. In den vergangenen Jahren hat sich eine bemerkenswert breite Gegenöffentlichkeit gebildet. Dieses Buch stellt einige Protagonisten und Initiativen dieser Opposition vor, die sich über den Anlass ihrer Entstehung hinaus zu verstetigen scheint. Denn es ist an der Zeit zu sichten, was Journalisten sowie mutige Anwälte, Richter und Polizisten bislang geleistet haben, und darüber nachzudenken, was in Zukunft zu leisten ist und vor welchen Herausforderungen wir stehen.

Walter van Rossum:
Alternativen in Medien und Recht

Softcover
224 Seiten
Größe: 13,5 × 21,5 cm

ISBN 978-3-948576-06-6

Walter van Rossum
ALTER-
NATIVEN
IN
MEDIEN
UND
RECHT
THE GREAT WESET
SPIEGEL
Bestseller-
Autor
massel

Weitere Titel im massel Verlag

Alice im Neuland erzählt die Geschichte des Internets irgendwo zwischen Bilderbuch und Märchen, Sachbuch und Erziehungsratgeber. Das Buch ist eine Zumutung für die ganze Familie. Kreuz und quer zerrt der Autor seine Leser zusammen mit Alice durch das Neuland, bis die grauen Zellen Funken sprühen. Die Geschichte muss weitergesponnen werden: Computer Frischlinge und alte Hasen diskutieren am Küchentisch über ihre Entdeckungen. *Alice im Neuland* will nichts erklären, sondern Kreativität und freies Denken fördern.

Paul Andersson:
Alice im Neuland

Hardcover, Fadenheftung:
148 Seiten
Größe: 21 × 21 cm
8 - 99 Jahre

ISBN 978-3-948576-00-4
Oktober 2019

Ein Buch von der Suche in der Natur

und dem Ankommen bei sich selbst!

Bastian Barucker:
Auf Spurensuche nach Natürlichkeit

Softcover mit Kupferprägung
224 Seiten
Größe: 13,5 × 21,6 cm

ISBN 978-3-948576-04-2
Juni 2022

Bastian Barucker beschreibt anhand mehrerer Artikel, die in zwei großen Teilen zusammengefasst sind, seine intensive Lernreise in die innere & äußere Natur.

Erscheint vorrauss. Frühjahr 2024

Eva Urban:
WAR DA WAS? Kirchengeschichte(n) seit Abraham –
Überraschungen und Chance

Hardcover mit Schutzumschlag
ca. 160 Seiten
Größe: 12,5 × 20,5 cm

ISBN 978-3-948576-08-0

Lohnt sich die Frage nach dem Glauben im 21. Jahrhundert überhaupt noch? Ja, sie lohnt sich, ist die Autorin überzeugt. Ein Buch für Enttäuschte und Zweifelnde, die das Fragen und Hoffen noch nicht ganz aufgegeben haben – oder einfach für alle Neugierigen.

Lob und Kritik

Teilen Sie Ihre Leseeindrücke! Autor und Verlag freuen sich über vielfältige **Rezensionen** unter:
www.the-great-weset.de

Für einen lebhaften Dialog abonnieren Sie gerne auch unseren **Newsletter**. Wir informieren Sie über neue Bücher und Lesungen von Ulrich Gausmann.

Impressum

massel Verlag Martin Sell
Herzog-Wilhelm-Str. 25
80331 München
Germany
www.masselverlag.de
verlag@massel.net

Lektorat: Katja Siebke, Paul Andersson
Autorenfoto: Wicher Broer
Gestaltung: jedernet GmbH, München
Druck: Kreiter Druckservice GmbH, Wolfratshausen

Wir freuen uns über Leserbriefe, Manuskripte von Neuautoren und Empfehlungen! Sie haben einen Fehler im Buch entdeckt? Schreiben Sie uns bitte eine E-Mail an: verlag@massel.net